CHRISTIANE NORTHRUP

Weisheit

arkana

Dr. Christiane Northrup

Weisheit

Die ureigene Mitte finden

Aus dem Englischen von Susanne Gerold

arkana

Die amerikanische Originalausgabe erschien 2016 unter dem Titel
»Making Life easy«
im Verlag Hay House Inc., USA

MIX
Papier | Fördert gute Waldnutzung
FSC® C014496

Penguin Random House Verlagsgruppe FSC® N001967

2. Auflage
Deutsche Erstausgabe

Arkana, München
in der Penguin Random House Verlagsgruppe GmbH,
Neumarkter Straße 28, 81673 München

Lektorat: Anne Nordmann
Umschlaggestaltung: Uno Werbeagentur, München
Umschlagmotiv: FinePic®, München
Satz und Layout: Buch-Werkstatt GmbH, Kim Winzen
Druck und Bindung: GGP Media GmbH, Pößneck
Printed in Germany
ISBN 978-3-442-34219-8

www.arkana-verlag.de

Für alle, die den Mut haben,
selbstständig zu denken
und die innere Wahrheit zu leben,
die sie in ihren Herzen fühlen

Inhalt

Einleitung

Falls Sie eines meiner anderen Bücher gelesen oder meine Arbeit mitverfolgt haben, wissen Sie vermutlich, dass ich eine nach westlichen Standards ausgebildete Frauenärztin, Geburtshelferin und Chirurgin bin und seit Jahrzehnten Frauen wirkungsvolle Alternativen zu Medikamenten und Operationen anbiete. Ich bemühe mich, Menschen dabei zu helfen, die Macht zu erkennen, die sie über ihre Gesundheit und ihren Körper haben. Was Sie vielleicht nicht wissen, ist, dass ich schon als Jugendliche von spirituellen und metaphysischen Dingen fasziniert war, also von jenen Kräften, die unsichtbar sind und uns dennoch stark beeinflussen. Auch wenn Gespräche über Engel, Reinkarnation und Geistführer in den Krankenhäusern und Kliniken, in denen ich viele Jahre gearbeitet habe, nicht üblich sind, bin ich zu dem Schluss gelangt, dass das Leben ohne eine spirituelle Basis sehr schwierig ist – ganz besonders, wenn man mit Schmerz oder Verlust konfrontiert wird. Ohne den Glauben an ein sehr viel größeres Ganzes empfinden wir uns viel zu oft als ohnmächtige Opfer von Kräften, über die wir keine Kontrolle haben. Mehr und mehr setzt sich dann die Überzeugung in uns fest, dass das Leben, wie der Volksmund sagt, hart und ungerecht ist.

Aber so muss das Leben nicht sein. Es muss nicht halb so schwer sein, wie die meisten von uns es sich machen. Nötig ist lediglich eine Verschiebung der Perspektive, die Bereitschaft, das größere Bild zu sehen. Ich weiß das schon lange – mein ganzes Leben lang, um genau zu sein –, und jetzt ist der Zeitpunkt gekommen, an dem ich mein Wissen darüber, wie man sich das Leben leichter machen kann, weitergebe. Darum geht es in diesem Buch.

Die Essenz dessen, was Sie hier erfahren werden, besteht darin, dass wir uns mit dem göttlichen Teil von uns verbinden müssen, wenn wir Weisheit erlangen und unsere ureigene Mitte finden wollen. Und ja, auch wenn wir uns schlicht wünschen, dass unser Leben leichter sein möge. Dafür müssen Sie zulassen, dass das Göttliche Ihr Leben leitet. Damit ist nicht gemeint, dass außerhalb von Ihnen eine göttliche Kraft existiert, die irgendwann zu Ihnen geschwebt kommt, um Sie aus Ihrem Leben zu retten. So funktioniert das nicht. Sie müssen sich selbst bemühen, wenn Sie wollen, dass sich etwas ändert. Wenn Sie aber Ihren persönlichen Willen in Übereinstimmung bringen können mit dem göttlichen Willen, werden Sie in der Lage sein, Berge zu versetzen.

Vieles von dem, was ich Ihnen in diesem Buch näherbringen möchte, folgt nicht den Gesetzen der Logik, daher wird die linke, logisch arbeitende Hälfte Ihres Gehirns diese Informationen als Herausforderung empfinden. Sie ist der Teil von Ihnen, der stets wissenschaftliche Beweise verlangt. Doch so funktioniert das Leben nicht. Wir sind hier, um Vertrauen zu entwickeln – Vertrauen in etwas, das unsere Sinne nicht sehen, nicht fühlen und nicht hören können und das unser Verstand nicht beweisen kann. Man hat uns beigebracht zu glauben, dass randomisierte, kontrollierte Doppelblindstudien Sicherheit bringen und uns sagen können, was wir zu tun haben. Aber genau dieses Festhalten am logischen, rationalen, linearen Denken macht uns das Leben schwer. Wir bleiben in der Opferrolle und im Schmerz stecken, wenn wir von einer anderen Autorität als unserer Verbindung mit dem Göttlichen hören wollen, was wir tun sollen.

Stellen Sie sich dieses Buch als eine Betriebsanleitung dafür vor, wie man den Himmel auf die Erde bringt. Wenn Sie lernen, sich mit Ihrem göttlichen Selbst zu verbinden und sich nach ihm auszurichten, wird Ihr Leben leichter werden. Sie bekommen dann Zugang zu einer Führung, die Sie in die richtige Richtung bringt. Sie werden in der Lage sein, Entscheidungen zu treffen, die wirklich in Ihrem Interesse sind. Die Dinge werden einfach im Fluss sein, und Sie selbst werden sich glücklich und friedvoll fühlen.

Meine Reise mit dem Göttlichen begann vor vielen Jahren. Ich war etwa zwölf Jahre alt, als ich bei einer befreundeten Familie zum Babysitten war und dort ein kleines Päckchen fand, das jemand mit der Post geschickt hatte. Auf dem Päckchen standen die Worte *Natives of Eternity*, und es kam von einem Ort namens Christward Ministry. Ich war extrem fasziniert davon und verspürte den starken Drang, das Päckchen zu öffnen. Mir war klar, dass es falsch war, dies zu tun, aber ich war einfach überwältigt von dem Bedürfnis, mehr zu erfahren.

In dem Päckchen befand sich ein Buch mit dem Titel *Natives of Eternity*, geschrieben von der christlichen Mystikerin Flower Newhouse. Es ging um Engel. Und Naturgeister. Um Devas des Windes, des Wassers und der Luft. Es gab Beschreibungen und gemalte Bilder von all den Wesen, die die Pflanzen, den Wind, die Geburt, den Tod und sogar die Musik beaufsichtigen.

Plötzlich war etwas in mir hellwach. Dieses Buch bestätigte all das Wissen, das ich seit meiner Geburt in mir trug. Es sagte mir, dass ich recht hatte, wenn ich glaubte, dass das Leben viel mehr ist als nur das, was wir mit unseren Augen sehen und mit unseren Ohren hören können. Es sagte mir, dass das Königreich des Himmels überall um uns herum ist, bereit und darauf wartend, das Leben auf der Erde zu unterstützen. Jede einzelne Seite dieses Buches war eine Offenbarung. Ich konnte gar nicht aufhören, darin zu lesen.

Als ich nach Hause kam, erzählte ich meiner Mutter von dem Buch – und dass ich das Päckchen geöffnet hatte. Auch wenn sie mein Fehlverhalten bekümmerte, freute sie sich doch gleichzeitig über meine Aufregung. Sie rief Gretchen an, die mich zum Babysitten engagiert hatte, um sich bei ihr zu entschuldigen – und um mehr über das Buch zu erfahren. Nicht lange danach besaß ich mein eigenes Exemplar – Gretchen hatte es mir geschenkt. Und sie schenkte mir noch etwas anderes: Sie schlug vor, dass wir uns zum Brunch treffen sollten und ich ihr erzählte, was ich über das Buch dachte. Sie war mehrmals im Christward Ministry in Kalifornien gewesen und kannte Reverend Newhouse persönlich. Und so begann eine Reihe von vergnüglichen Treffen mit Gretchen, bei denen wir uns über Engel, Naturgeister und die Wunder des Lebens unterhielten.

Je öfter wir uns trafen, desto stärker wurde mein Interesse an allem, was unsichtbar war. Ich fing an, alles zu lesen, was ich zu dem Thema fand. So erfuhr ich auch etwas über Reinkarnation und dass unsere gegenwärtigen Probleme und Kämpfe in Wirklichkeit aus vergangenen Leben stammen – und dass sie Lektionen sind, keine Strafen, weil wir irgendwie »schlecht« wären. Sie dienen vielmehr dazu, die Evolution unserer Seelen voranzutreiben, indem sie Licht in die Dunkelheit bringen.

Ich erfuhr auch etwas über die wahre Natur unseres Selbst – dass unsere Identität aus unseren Egos, unserem Geist und unseren Seelen gebildet wird. Wir sind Seelen in Körpern, aber unsere Verbindung mit dem Göttlichen ist immer da, stets bereit, uns zu führen.

Ich erfuhr von der Macht des Geistes, unseren Körper und unser Leben zu verändern. Unsere Gedanken manifestieren sich in physikalischen Ereignissen; wir haben die Macht, das Geistige zu Materie zu machen.

Meine Treffen mit Gretchen und meine Beschäftigung mit dem Unsichtbaren gingen so lange weiter, bis ich anfing, Medizin zu studieren. Am Ende unserer vielen Unterhaltungen hatte sich in mir das tiefe und bleibende Wissen verfestigt, dass Leben mehr bedeutet als das, was man uns beigebracht hat, und dass Körper, Geist und Seele wirklich miteinander verbunden sind. Kein Teil von uns kann vollständig gesund sein, wenn nicht jeder Teil von uns es ist.

Während des Medizinstudiums konnte ich über dieses intuitive Wissen allerdings nicht offen sprechen. Ja, ich vertraute all dem auch selbst nicht mehr ganz. Tief in meinem Inneren war ich zwar nach wie vor davon überzeugt, dass es stimmte, aber diese Einstellung beizubehalten fiel mir schwer, wo sie doch gegen alles verstieß, was ich tagtäglich lernte.

Die westliche Medizin basiert auf einem veralteten Denken – dem Newton'schen Gesetz von Ursache und Wirkung. Sind Sie einem Krankheitserreger ausgesetzt, werden Sie krank. Es ist eine Formel, in der keinerlei Magie liegt. Die moderne Medizin benutzt Statistiken und große Bevölkerungsgruppen, um diese Formeln zu entwickeln; wir alle werden entsprechend der Bevölkerungsstatistiken und der »Schwarmmentalität« behandelt. Wenn Sie 50 sind, brauchen Sie eine Darmspiegelung, denn ab diesem Alter beginnt Ihr Darm abzubauen. Dem liegt die Überzeugung zugrunde, dass Ihr Körper wie eine Maschine ist, ohne Verbindung zu Ihren Gedanken, Ihren Emotionen oder Ihrer Seele. Wenn Sie gut für ihn sorgen, müsste er eigentlich funktionieren – zumindest so lange, bis er es nicht mehr tut. Denn wie alle Maschinen wird auch er sich abnutzen. Und es gibt nichts, das Sie dagegen tun können.

Diese Vorstellung wurde mir während des Universitätsstudiums, während der Assistenzzeit und bis in die Anfangszeit meiner Karriere immer wieder vorgebetet. Obwohl ich spürte, dass sie nicht stimmen konnte, war ich zu erschöpft und müde vom ständigen Arbeiten und Lernen, um meine Einwände dagegen vorzubringen.

Im Laufe der Zeit konnte ich aber die Rufe, die aus der Tiefe meines Inneren kamen, nicht mehr ignorieren. Ich konnte nicht mehr mit gutem Gewissen einfach nur Symptome mit Medikamenten oder Operationen behandeln. Ich musste meinen Patientinnen etwas Besseres bieten. Ich musste zurückkehren zu dem, was ich gewusst hatte, als ich angefangen hatte: Kein Teil von uns kann vollständig gesund sein, solange es nicht jeder Teil ist. Seele, Geist und Körper lassen sich nicht voneinander trennen.

Wenn Sie also einen gesunden Körper wollen, müssen Sie Ihren Blick auch auf die Gesundheit Ihres emotionalen und geistigen Körpers richten. Wenn Sie das tun, wird jeder Teil Ihres Lebens zu fließen beginnen, geschmeidig und leicht. Und genau darum geht es in diesem Buch: wie Ihr Leben leicht wird.

Sie werden sehen, wie Körper, Geist und Seele miteinander verbunden sind, und dass man sich, wenn man sich um einen dieser Teile kümmert, unweigerlich auch um die anderen kümmert. Mit einfachen Übungen und praktischen Ratschlägen werde ich Ihnen beibringen, Ihre körperliche Gesundheit nicht nur zu stärken, indem Sie gut essen und sich regelmäßig bewegen – was zweifellos dazugehört –, sondern indem Sie auf die Stimme Ihrer Seele hören und der göttlichen Führung vertrauen.

Sie haben tatsächlich die Macht, dafür zu sorgen, dass Ihr Leben auf allen Ebenen leicht wird. Der Schlüssel dafür, dass Sie Ihren eigenen persönlichen Himmel auf Erden leben können, liegt in Ihrer Bereitschaft, sich bewusst und absichtlich von Ihrer Seele führen zu lassen. Wenn Sie das tun, erfahren Sie, wie Sie das Leben erschaffen können, das Sie haben möchten. Wenn Sie allerdings glauben, dass Sie keine Macht haben und Ihre Probleme auf unglückliche Umstände und Pech zurückzuführen sind, auf schlechte Gene oder die falsche Familie, wird für Sie langfristig nicht viel funktionieren.

Die Arbeit mit diesem Buch ist einfach und leicht. Die einzige Herausforderung besteht darin, dass Ihr Ego die Führung übernehmen will, statt zu lernen, Ihrem göttlichen Selbst zu dienen. Aber genau das wird dieses Buch Ihnen beibringen. Es sind ein bisschen Disziplin und Fokussierung nötig, aber glauben Sie mir, Sie können sich nicht annähernd vorstellen, wie wunderschön das sein kann.

Kapitel 1

Sie sind ein göttliches Wesen, das vorübergehend in einem menschlichen Körper wohnt

Der menschliche Körper ist das beste Bild der menschlichen Seele.

Ludwig Wittgenstein

Als Teenager habe ich jedes Buch über Edgar Cayce gelesen, das ich finden konnte. Cayce, den wir heute als Geistheiler bezeichnen würden, war bekannt als der Schlafende Prophet. Wenn er sich in hypnotische Trance begab, konnte er mit nichts anderem als dem Namen und der Adresse einer Person deren Erkrankung diagnostizieren und die richtige Behandlung vorschlagen – und zwar fast immer dann, wenn alles andere bereits versagt hatte. Cayce, der 1877 auf einer Farm in Kentucky geboren worden war, besaß keinerlei Kenntnisse in Medizin oder Anatomie. Er hatte nur die Grundschule besucht, nichts anderes als die Bibel gelesen und als Fotograf gearbeitet. Das ließ ihn natürlich nicht gerade geeignet erscheinen, um jemandem medizinische Ratschläge zu erteilen. Im Alter von 24 Jahren verlor er jedoch seine Stimme. Er probierte alles aus, um zu genesen, und wandte sich schließlich als letztem Ausweg der Hypnose zu, die damals gerade in Mode kam. Als Cayce in Trance war, beschrieb er zutreffend den Zustand seiner eigenen Stimmbänder und sagte auch, was zu tun war, um sie zu heilen; als er aus der Trance erwachte, waren seine Stimmbänder wiederhergestellt. Cayce und seine Familie waren verblüfft. Die Sache sprach sich herum, und schon bald begann er mit seinen diagnostischen und heilerischen Fähigkeiten, Tausenden von Leuten zu helfen, wieder gesund zu werden.

Vom Jahr 1923 an beließ Cayce es nicht dabei, nur medizinische Ratschläge zu erteilen, er beantwortete auch sehr viel schwerwiegendere Fragen: »Welchen Sinn hat das Leben?« »Was ist die wahre Natur des Menschen?« »Wieso sind wir hier?« Die Antworten, die in ihm auftauchten, basierten auf den Readings von mehreren tausend Menschen – Informationen über ihre vorherigen Leben. Auf die Frage, wie er an seine Informationen gelangte, nannte er zwei Quellen. Zum einen den unbewussten oder unterbewussten Geist desjenigen Menschen, mit dem er gerade arbeitete. Zum anderen das, was Carl Gustav Jung als das kollektive Unbewusste bezeichnet hat und das auch als Akasha-Chronik bekannt ist. Cayce' Gedanken über das Leben und die Gesundheit führten ihn zu einer machtvollen Schlussfolgerung, was körperliche Gesundheit betrifft:

Der Geist ist das Leben.
Der Verstand ist der Erbauer.
Das Physische ist das Ergebnis.

Das Zitat berührte eine Wahrheit tief in meinem Inneren, und diese Wahrheit leitet mich seither – durch das Medizinstudium, durch die Assistenzzeit, durch meine Jahre als praktizierende Ärztin und darüber hinaus. Als ich zu studieren begann, wusste ich, dass Krankheiten nicht einfach aus dem Nichts über uns herfallen. Sehr viel größere Kräfte sind da am Werk. Göttliche Kräfte.

Durch dieses Wissen hat sich mein Umgang mit den Menschen, die mit gesundheitlichen Problemen zu mir kommen, verändert, und es hat die Art und Weise geprägt, wie ich selbst lebe. Denn diese größeren Kräfte nicht anzuerkennen, die wir mit dem Verstand nie ganz erfassen können, heißt Gefahr zu laufen, dass das Leben auf diesem Planeten zu einer erbärmlichen Hölle wird, in der wir von der ständigen Sorge um unsere Gesundheit geplagt werden. Ganz zu schweigen davon, dass wir dann unablässig gegen unseren Körper ankämpfen, den wir dazu zu bringen versuchen, sich zu »benehmen«. Man hat uns eingeredet, dass wir unseren Körpern nicht trauen können, dass wir jederzeit anfällig für alles sind, was draußen gerade »umgeht«, und dass unsere Körper ständig überwacht und mit verschreibungspflichtigen Medikamenten versorgt werden müssen, damit sie gesund bleiben. Unsere einzige Chance besteht angeblich darin, die Krankheit so früh wie möglich zu erkennen oder entsprechend geimpft zu sein. Und der Tod wird immer als Scheitern betrachtet.

Eine derartige auf Angst basierende Geisteshaltung führt nicht selten auch zu Zweifeln und Frustration in anderen Lebensbereichen. Wenn wir die Macht des Göttlichen nicht anerkennen, bleiben wir womöglich in schmerzhaften Situationen stecken, die alldem widersprechen, woran wir sonst glauben. In Jobs, die wir hassen. In Beziehungen, die das Leben beeinträchtigen, statt es zu fördern. In dem Gefühl, verloren und orientierungslos zu sein und nicht zu wissen, wie wir uns entscheiden sollen.

Aber es gibt einen anderen Weg. Einen sehr viel besseren. Wenn wir anerkennen, dass das Göttliche ein Teil von uns ist, wenn wir also die Vorstellung zulassen, dass Gott durch uns selbst zu uns kommt, verändert sich das ganze Spiel. Und auf einmal funktioniert das Leben. Wenn wir uns mit dem Göttlichen – also mit unserer Seele und dem Geist – in Einklang bringen und zu Mitschöpfern werden, wird das Leben zu einem großartigen und aufregenden Abenteuer, in dem wir bewusst das

Unsere dafür tun, dass sich Geist manifestieren kann. Gleichzeitig genießen wir unser körperliches Dasein, wohl wissend, dass wir nicht gleichzusetzen sind mit unseren Körpern. Wir sind nicht länger die unwissenden Opfer unserer Umstände, wir sind vielmehr mächtige Akteure in dem Spiel des Lebens! Wir können ein Leben erschaffen, das strahlende Fülle ist und Glück und Gesundheit und Freude. Wir können ganz Mensch und ganz körperlich sein, während wir zugleich tief im Inneren wissen, dass wir unsterbliche, grenzenlose Wesen sind.

Also, wie zeigt sich dies in unserem Leben? Was meine ich damit, dass das Leben »einfach funktioniert«? Nun, ich meine, dass wir in allen Aspekten des Lebens widerstandsfähig sind – in körperlicher, emotionaler und spiritueller Hinsicht.

Wenn wir mit dieser Sichtweise an das Leben herangehen, wissen wir auf einer körperlichen und emotionalen Ebene, dass es sich bei schmerzhaften Symptomen physischer oder emotionaler Natur in Wirklichkeit um Hinweise unserer Seelen handelt. Sie versuchen, unsere Aufmerksamkeit zu erregen, und bitten uns, nach innen zu gehen und zu schauen, was wirklich geschieht. Sie sind Schlüssel, die uns helfen, ein Leben zu führen, das von mehr Fülle und mehr Bedeutung geprägt ist – keine »Strafe« dafür, dass wir in der Vergangenheit etwas nicht richtig gemacht haben!

Wenn Sie sich in Ihrer ureigenen Mitte befinden, treffen Sie – spirituell gesehen – Entscheidungen, die sowohl geistig als auch körperlich gut für Sie sind. Sie sind in Kontakt mit Ihrer wahren Essenz, und das gestattet Ihnen, Ihren Leidenschaften zu folgen und bei den Menschen und Umständen, mit denen Sie zu tun haben, Licht und Liebe zu verbreiten. Ihre Arbeit, Ihre Freundschaften, Ihre Unternehmungen – alles arbeitet darauf hin, Sie auf eine höhere Ebene zu bringen, so dass Sie ein außergewöhnliches Leben führen können.

Wenn Sie Weisheit erlangt und Ihre ureigene Mitte gefunden haben, leben Sie länger. Ihr Körper und Ihr Geist funktionieren besser. Sie erfahren Gesundheit und Glück. Sie sind in der Lage zu erkennen, was wirklich wichtig ist, und deshalb werden Sie in einer Weise leben, die keinerlei Bedauern erzeugt.

Von der Angst zum Glauben: Der Schlüssel zu einem leichteren Leben

Bei der Suche nach einem guten Leben ist die Einheit von Körper, Geist und Seele lange unberücksichtigt geblieben. Wenn wir nach körperlicher Gesundheit streben, suchen wir als Erstes Hilfe bei der westlichen Medizin, die mit einem reduktionistischen und überholten Modell arbeitet. Symptome werden demzufolge als etwas Lästiges angesehen, dem man mit Medikamenten oder manchmal auch Operationen Herr werden muss. Die beängstigenden Statistiken über Medikamentenmissbrauch in den Vereinigten Staaten sprechen da eine klare Sprache. Forscher der Mayo Clinic haben herausgefunden, dass 70 Prozent aller Amerikaner mindestens ein verschreibungspflichtiges Medikament einnehmen – und viele mehr als nur eins. Zu denen, die am häufigsten verordnet werden, zählen vor allem Antibiotika, schmerzstillende Opiate und Antidepressiva. Die Überzeugung, dass man »mit Chemie besser lebt«, ist so tief verwurzelt, dass Menschen wie meine 90-jährige Mutter oder Gladys, eine befreundete 95-jährige Ärztin, beim Arztbesuch Aufsehen erregen, weil man nicht glauben kann, dass sie keine Medikamente nehmen. Man ist sicher, dass das ein Versehen ist.

Wenn die Mehrheit der Bevölkerung ständig Medikamente nimmt, läuft ganz offensichtlich irgendetwas furchtbar schief. Symptome dauerhaft mit Medikamenten zu behandeln ist so ähnlich, als würde man Klebeband über die Anzeigenleuchte eines Autos kleben, statt zu versuchen herauszufinden, was das Auto braucht, indem man einen Blick unter die Motorhaube wirft.

Wenn wir anerkennen, dass unsere körperliche und geistige Gesundheit dramatisch durch unsere Gedanken, Überzeugungen, Umstände und die Aufgabe unserer Seele beeinflusst wird, können wir beginnen, die Macht jener Puzzleteile zu sehen, die Edgar Cayce als Geist, Verstand und Körper beschrieben hat. Wenn wir uns mit der immensen Macht des Göttlichen verbinden, haben wir fast buchstäblich die Schlüssel zu unserem eigenen Königreich in der Hand.

Die Beziehung zwischen Körper, Geist und Seele voll und ganz zu verstehen bedeutet zu erkennen, dass es genau genommen keine Trennung zwischen diesen Teilen gibt und dass sie sich gegenseitig beeinflussen. Sich darauf zu konzentrieren, das eine zu verbessern, bedeutet, auch den anderen Teilen Gesundheit und Wohlergehen zu bringen. Wir können uns nicht allein die körperliche Gesundheit ansehen. Oder die geistige. Oder die seelische. Wir müssen alle zusammen betrachten. Wir müssen dafür sorgen, dass alle drei in bestmöglichem Zustand sind, wenn wir ein erfülltes, gesundes und glückliches Leben führen wollen.

Der Geist ist das Leben

Betrachten wir zunächst die erste Aussage von Cayce' Philosophie: *Der Geist ist das Leben.* Für mich bezieht sich das auf beide Aspekte des Göttlichen, also sowohl auf die Seele als auch auf den Geist. Unser physischer Körper ist nur ein kleiner Teil all dessen, was wir wirklich sind – wie bei einem Tropfen Wasser im Ozean. Unsere Körper bewahren unsere Seelen, die mit dem Geist verbunden sind. Dieser Geist, den manche auch als unser inneres Sein oder Höheres Selbst bezeichnen, befindet sich außerhalb der materiellen Welt. In Verbindung mit dem Göttlichen zu treten bedeutet daher, in Verbindung mit dem höchsten Teil von sich selbst zu treten. Wir sind alle ein Teil von Gott. Und es ist Ihnen selbst überlassen, wie Sie das Göttliche nennen: Ihre Höhere Macht, Buddha, Gott, Jesus, Allah, die Göttin, den Großen Geist – suchen Sie sich etwas aus. Hier gibt es kein »Richtig« oder »Falsch«. Aber ganz egal, welchen Namen Sie wählen, wenn Sie Zugang zum göttlichen Teil in Ihnen finden wollen, müssen Sie Ihre Schwingung erhöhen und versuchen, sich an diesen Teil zu erinnern und direkt mit ihm zu kommunizieren. Aber machen Sie es sich nicht zu kompliziert. Es genügt zu wissen, dass Sie ein Teil von Gott sind.

Ich stelle mir den Geist als den erleuchteten Teil von uns vor, der immer im Licht ist – er ist der nichtphysische Teil von uns, der nicht eigentlich in unseren Körpern ist, sondern auf einer sehr viel höheren Frequenz schwingt. Der Geist-Teil von uns ist allwissend und allsehend. Es ist äußerst wichtig, dass wir diesen Teil von uns kennen. Unser Geist betrachtet das Gefecht, bleibt aber stets darüber – dabei bietet er Einsichten an, jedoch ohne an dem Schmerz und dem Leiden teilzunehmen, mit denen das Leben im Körper einhergeht.

Die Seele dagegen ist verkörpert. Sie bringt uns in den Körper hinein, dorthin, wo die Seelenarbeit stattfindet. Sie spricht durch unseren Körper mit uns, und ihre Lektionen äußern sich auf verschiedene Weise, unter anderem durch Schmerz und Krankheiten. Diese Erfahrungen sind aber wie gesagt keine Strafen dafür, dass wir böse gewesen sind, sondern Gelegenheiten, die die Seele hervorbringt. Die Seele ist die Mittlerin zwischen dem Geist und dem Ego.

Das Ego ist zuständig für unseren persönlichen Willen – für jenen Teil von uns, der genug entwickelt sein muss, damit wir morgens aufstehen, zur Schule gehen und unsere Hausaufgaben machen oder uns vom Sofa erheben, um Sport zu machen. Ohne persönlichen Willen können wir nichts vollbringen, das von Wert ist. Es besteht kein Zweifel daran, dass unser persönlicher Wille entwickelt werden muss, doch die Art und Weise, *wie* wir das tun, ist von großer Bedeutung. Die Entwicklung des individuellen Willens ist häufig ein wesentlicher Grund, weshalb wir überhaupt geboren wurden. Auf jeden Fall muss unser persönlicher Wille in Einklang mit dem göttlichen Willen gebracht werden – dies ist die Lebensaufgabe, die sich unsere Seele vor unserer Geburt ausgesucht hat.

Den Geist, die Seele und das Ego miteinander zu verbinden ist einer der Schlüssel, damit das Leben leicht ist. Wenn Sie wissen, wie Sie mit Ihrer Seele und Ihrem Geist auf irdischer Ebene richtig arbeiten, können Sie die Gedanken und Gefühle kontrollieren, durch die Sie entweder Ihren eigenen persönlichen Himmel oder Ihre eigene persönliche Hölle erschaffen.

Der Verstand ist der Erbauer

»Jedem Gefühl entspricht eine ganz bestimmte Geisteshaltung.« Dieses Zitat stammt von Napoleon Hill, dessen 1937 erschienenes Buch *Denke nach und werde reich* zum Klassiker wurde. Hier finden wir die exakte Erklärung für das, was Cayce gemeint hat, als er sagte, »Der Verstand ist der Erbauer«: Gedanken, die wir über eine längere Zeit hinweg denken, beeinflussen alle Bereiche unseres Lebens. Die Qualität der Gedanken, die wir denken, erschafft die Qualität des Lebens, das wir führen.

Jeder Mensch weiß, dass unsere Gedanken und Gefühle uns in eine unglückliche Gemütsverfassung versetzen können, doch wie wir gesehen haben, wirken sie sich auch auf die körperliche Gesundheit aus. Jeder Gedanke, den wir denken, wird von einem Gefühl begleitet, und jedes dieser Gefühle ist mit einer bestimmten biochemischen Reaktion verbunden. Gedanken, die mit Stärkung, Liebe und Unterstützung zu tun haben, fühlen sich gut an und bewirken einen Anstieg von Immunkräften und einem Rückgang an Stresshormonen, die den Körper belasten. Gedanken der Rache, des Kummers oder der Wut fühlen sich schlecht an. Bleiben sie längere Zeit bestehen, verbinden sie sich mit chemischen Substanzen, die im Körper entzündliche Prozesse verursachen – die Hauptursache der meisten degenerativen Erkrankungen. Ziemlich einfach, oder?

Aber die Wirkung von Gedanken reicht noch tiefer, sie betrifft nicht nur den Einfluss der Hormone auf unseren gegenwärtigen physischen Körper. Wird nämlich ein Gedanke immer wieder gedacht, entwickelt er sich zu einer Überzeugung. Und Überzeugungen, die längere Zeit bestehen, werden zu unserer Biologie. Unsere Überzeugungen haben die Macht, unsere Genexpression zu verändern. Biologische und neurochemische Veränderungen in unseren Körpern, die mit diesen Überzeugungen zusammenhängen, bestimmen darüber, welche Gene eingeschaltet werden und welche im Schlafzustand bleiben. Wir haben also mehr Kontrolle über unsere Biologie, als uns bisher glauben gemacht wurde.

Die Verbindung zwischen unseren Gedanken, unseren Emotionen, unseren Überzeugungen und unserer Biologie ist inzwischen umfassend belegt worden – unter anderem in dem Buch *Intelligente Zellen* von Dr. Bruce Lipton oder in *The Mindbody Code* von Dr. Mario Martinez. In Letzterem geht der Autor auch auf die zerstörerischen biologischen Auswirkungen von Scham, Vernachlässigung und Verrat ein.

Entscheidend ist: Wir haben immer die Möglichkeit, uns für den Gedanken zu entscheiden, der sich besser anfühlt. Dies ist sehr viel einfacher, wenn wir mit unserem Geist und unserer Seele im Einklang sind. Wählen Sie Gedanken, die mit Ihrer wahren Natur zu tun haben und nicht auf Angst gründen, und Sie werden stets mit der Kraft verbunden sein, die Sie am meisten ermächtigt. Es ist äußerst wichtig, diese Fähigkeit zu entwickeln, da unsere Gedanken, Gefühle und unsere Biologie miteinander verbunden sind.

Das Physische ist das Ergebnis

Der Körper wird von unseren Überzeugungen und Gedanken erschaffen – ob sie nun im Einklang mit dem Geist stehen oder nicht. Um einen physischen Körper zu haben, der einem das Leben leicht macht, reicht es allerdings nicht, sich auf die Gedanken zu konzentrieren. Und auch, sich einer spirituellen Praxis zu widmen oder die eigene Seele und den eigenen Geist zu kennen, ist nicht genug. Wenn Sie wirklich aufblühen wollen, müssen Sie sich auch Ihrem Körper zuwenden, sich um ihn kümmern und seine Bedürfnisse erfüllen. Ganz egal, wie viel Sie auch beten oder meditieren, Sie müssen trotzdem essen. Um den Körper zu bekommen, der am besten geeignet ist, Ihnen das Leben leicht zu machen, müssen Sie wissen, wie Sie sich bewegen, ausruhen und sich ernähren sollten. Einfache Bewegungsübungen und die richtigen Nahrungsmittel helfen, die Qualität Ihres Körpergewebes und Ihres Gehirns zu erhalten.

Wie alles, das daran beteiligt ist, das Leben leicht zu machen, ist auch der Körper eng mit einer Vitalität verknüpft, die über ihn hinausgeht. Er ist buchstäblich mit derselben Quelle verbunden, wird von derselben Quelle genährt wie die, die das Universum erschaffen hat.

Mit Körper, Geist und Seele arbeiten

Schon seit Jahren faszinieren mich Nahtoderfahrungen und die damit in Zusammenhang stehenden Berichte über den Himmel. Auch die wunderbaren Genesungen von vermeintlich tödlichen Krankheiten als Folge von Nahtoderfahrungen finde ich hochinteressant. Diese Genesungen hängen mit der Verbindung mit dem Göttlichen zusammen und der Möglichkeit, auf die Informationen zuzugreifen, die nötig sind, um Leben und Gesundheit zurückzubringen. Man muss jedoch nicht fast sterben, um die Wahrheit über unsere Seelen und unsere Verbindung mit dem Göttlichen zu erkennen. Wir können mit dieser Kraft arbeiten, während wir noch hier sind.

Genau das möchte ich in diesem Buch tun. Ich werde Ihnen zeigen, wie Sie mit all diesen Aspekten von sich arbeiten können – Körper, Seele, Geist und Verstand –, so dass Sie in der Lage sind, sich Ihren eigenen Himmel auf Erden zu erschaffen, Ihr Leben wirklich zu genießen und es in seiner ganzen Fülle zu leben. Kurz gesagt, ich möchte Ihnen helfen, Ihr Leben leicht zu machen – auf allen Ebenen. Fangen wir an.

Kapitel 2

Sie sind ein ewiges Wesen mit einer unsterblichen Seele

Wir alle sind Reisende auf dem Weg
durch den Kosmos – durch Sternenstaub,
Planetenwirbel und die Strudel
der Unendlichkeit. Das Leben ist ewig.
Aber die Ausdrucksformen des Lebens
sind flüchtig und vorübergehend.

Deepak Chopra

Das Erste, was Sie wissen müssen, wenn Sie Ihre ureigene Mitte finden wollen, ist, dass Sie sehr viel mehr sind als Ihr Körper. Sie sind in Wirklichkeit eine Seele, die bereits viele Leben hinter sich hat und viele weitere vor sich. Sie sind immer wieder reinkarniert, um zu lernen, wie Sie Geist zu Materie werden lassen. Ihr hochschwingendes göttliches Selbst ist dabei zu lernen, in Lehm zu tanzen, indem es die dichteste Substanz des Universums überhaupt betritt – die Materie.

Das höchste Ziel besteht darin, ein göttlicher Mitschöpfer hier auf dieser Erde zu werden. Der Pfad, dem wir dabei folgen, wird von unserer Seele bestimmt, die uns zu unserer Quelle bringt. Jedes unserer Leben auf dieser Erde ist mit neuen Lektionen verbunden, die uns dabei helfen, zur bewussten Verbindung mit dem göttlichen Teil von uns zu gelangen, der Gott ist. Jeder erreicht dieses Ziel der Erleuchtung irgendwann, aber hier auf dieser Erde sind zweifellos verschiedene Stufen des Bewusstseins am Werk.

Indem wir voll und ganz begreifen, dass wir unsterblich sind und unsere gegenwärtige Erfahrung für unsere Seele nur eine von vielen ist, fällt es uns leichter zu erkennen, was nötig ist, damit unser Leben leicht wird. Es wird uns helfen zu verstehen, warum wir uns mit bestimmten Herausforderungen konfrontiert sehen und was wir tun können, um sie zu meistern. Es wird uns auch unserem Seelenpfad gegenüber öffnen, so dass wir erkennen, was uns auf unserer Reise zur Erleuchtung und zur Verbindung mit Gott weiterbringen wird. Mit diesen beiden Dingen werden wir Frieden und Gesundheit in dieses Leben bringen.

Dies ist nicht Ihr erstes Mal

Widmen wir uns zuerst der Reinkarnation, denn wenn Sie anerkennen, dass die Reinkarnation ein wesentlicher Bestandteil unserer Existenz ist, wird sich Ihr Leben in jeder Hinsicht verbessern.

Viele Menschen glauben nicht an Reinkarnation, aber es gibt so viele außergewöhnliche Beispiele, dass es immer schwerer wird, sie zu bezweifeln. Die älteste Tochter einer Freundin von mir ist mit acht Jahren bei einem Brand ums Leben gekommen. Einige Jahre später bekam meine Freundin wieder eine Tochter. Als diese sprechen konnte, sagte sie zu ihrer Mutter: »Ich war Kayla und bin in einem Feuer gestorben. Jetzt bin ich wieder zurück.« Mütter, die abgetrieben haben, hören Ähnliches von ihren Kindern. »Ich bin damals zum falschen Zeitpunkt zu dir und Dad gekommen. Jetzt ist es der richtige.« Es sind Geschichten von Kindern, die sich an ihr vergangenes Leben erinnern.

An die Reinkarnation zu glauben ist in emotionaler Hinsicht wichtig, weil es uns hilft, die vielen dornigen Erfahrungen, die wir in diesem Leben machen, zu verstehen, mit ihnen umzugehen und sie letztlich zu heilen. Denn alle diese Umstände – seien es Probleme mit Ihrer sozialen Stellung, mit der Familie, Todesfälle von geliebten Menschen und die eigene Gesundheit – werden von Ihrer Seele eigens gewählt, um Ihnen zu helfen, auf dem Weg zur Erleuchtung voranzuschreiten.

Wir alle haben bereits Tausende von Leben gelebt. Und die Menschen, die jetzt in unserem Umfeld sind, waren auch schon früher bei uns – insbesondere Mitglieder unserer Familie, die häufig unsere größten Herausforderungen darstellen. Meine Freundin Dr. Gladys McGarey, die »Mutter der ganzheitlichen Meditation« beschäftigt sich seit langem mit Reinkarnation und der Arbeit von Edgar Cayce. Als sich einmal zwei ihrer Kinder stritten, sagte sie: »Vergesst nicht, dass ihr beide euch diese Familie ausgesucht habt.« Ihr Sohn konterte daraufhin, auf seinen Bruder deutend: »Ja, aber ich wusste nicht, dass ER auch hier sein würde!«

Die Herausforderungen und schmerzhaften Umstände, die Sie in Ihrem Leben erfahren – besonders jene, die sich dem Verstand entziehen –, tun übrigens trotzdem weh, auch wenn Sie sie verstehen, aber die Bedeutung, die sie so erhalten, wird Ihnen in diesen Situationen Trost spenden. Ein buddhistischer Lehrer sagte einmal, dass Mengen von Seelen Schlange stehen, weil sie auf das Privileg warten, in einem Körper hier auf der Erde wiedergeboren zu werden. Kein anderer Ort im ganzen Universum ist so eine hervorragende Spielwiese, auf der »Geist zu Materie« gewandelt wird, und wir daran arbeiten, Licht in die Dunkelheit zu bringen. Allein die Vorstellung – eine lange Reihe von Seelen, die nur zu gern genau die Erfahrung machen möchten, die

Sie gerade machen, auch wenn sie schmerzhaft ist. Damit Ihr Leben leichter wird, sollten Sie wissen, dass Sie nicht deshalb hier in einem Körper sind – auch wenn dieser Körper krank ist oder sich um jemanden kümmert, der krank ist –, weil Sie von irgendeinem urteilenden und von Ihnen getrennten Gott für etwas bestraft werden. Das ist ein grundlegendes Missverständnis.

Wirklich herzzerreißende Erfahrungen wie eine Totgeburt, die Krebserkrankung eines Kindes oder der sehr frühe Verlust eines Elternteils können schwere Traumatisierungen zur Folge haben, wenn sie als nichts anderes als die Erfahrung selbst angesehen werden. Indem wir aber die tiefere Bedeutung dieser Vorkommnisse verstehen, sind wir sehr viel besser in der Lage, den Kummer und die Trauer zu transformieren, die mit dem unausweichlichen Verlust einhergehen, der zum Menschsein dazugehört. Ohne diese Sichtweise kann es gut sein, dass Sie sich ein Leben lang mit Wut und Schuldvorwürfen herumplagen.

Als ich kürzlich mein Elternhaus besuchte, ging ich unter anderem zu dem Friedhof, auf dem die Northrups begraben liegen. Dort hörte ich von einem Kind, das um die Zeit der Jahrhundertwende zum 20. Jahrhundert gestorben war. Das Kind war der einzige Sohn eines Vorfahren von mir gewesen und zum Zeitpunkt seines Todes gerade ein Jahr alt. Sein Vater hat den Rest seines Lebens damit verbracht, Gott wegen des Verlustes zu zürnen. Er hat sich nie davon erholt.

Wenn wir unsere Seelen und Gott nicht bitten, uns das größere Bild zu zeigen, können unser Herz und unser Geist über derart sinnlose Verluste einfach nicht hinwegkommen. Dann sind wir dazu verurteilt, mit der Überzeugung durchs Leben zu gehen, dass unser Schicksal durch nichts anderes als den glücklichen oder unglücklichen Zufall bestimmt wird. Und so eine Herangehensweise macht das Leben auf der Erde ehrlich gesagt zur Hölle. Wenn wir das größere Bild nicht sehen, verpassen wir auch die

Lektionen, die wir in diesem Leben lernen sollen, was bedeutet, dass wir abermals in einen Körper inkarnieren und uns erneut bemühen müssen – nur dass es beim nächsten Mal noch schwerer werden wird.

Was immer Ihnen im Leben begegnet – es hat einen Grund. Ihre Seele zeigt Ihnen, welche emotionale Arbeit nötig ist, damit Sie Licht an die dunklen Orte bringen. Sie sind hierhergekommen, um das Leben auf der Erde zu meistern und Ihre Schwingung zu erhöhen. Dies wird nur möglich sein, wenn Sie die Unterstützung des Göttlichen hinzuziehen. Ansonsten sind Sie verloren.

Trost finden

Die Einsicht, dass wir Seelen sind und keine Körper, bekommt noch einmal eine ganz andere Bedeutung, wenn wir den Tod eines nahestehenden Menschen miterleben. Als ich in Boston meine Facharztausbildung als Frauenärztin und Geburtshelferin absolvierte, erhielt ich einen Anruf, der meine ganze bisherige Welt erschütterte. Meine jüngere Schwester Cindy war in Buffalo, New York, bei einem Autounfall ums Leben gekommen, als sie auf der Rückfahrt von einer Gymnastikstunde gewesen war.

Cindy war 23 Jahre alt und hatte gerade an der Universität von Alaska ihren Abschluss als Sportlehrerin gemacht. Sie war ein freier Geist und ging auf drei verschiedene Colleges, ohne sich irgendwelche Gedanken darüber zu machen, wie das in ihrem Lebenslauf aussehen würde. Nachdem wir zusammen eine langersehnte Reise nach Europa gemacht hatten, ging ich zur Universität, um Medizin zu studieren, und sie kehrte nach Alaska zurück, um an der berühmten Alaska-Pipeline mitzuarbeiten. Sie lebte damals in der Transportkiste eines Bulldozers, die zu einer Hütte umfunktioniert worden war. Stets versorgte sie uns mit amüsanten Geschichten darüber, wie sie auf einem dieser Montage-Rollbretter durch neu errichtete Teile der Pipeline raste – während an beiden Enden der Pipeline Pink Floyd aus Lautsprechern dröhnte. Sie war so eine Frohnatur und voller Licht, dass ihr Tod uns alle besonders schwer traf.

Kurz nach Cindys Tod fand sich meine Mutter einmal auf dem Parkplatz einer spiritistischen Kirche wieder, die von der Freundin einer Freundin geleitet wurde. Sie wusste nicht genau, wie sie dort hingekommen war. Als sie die Kirche betrat, in der gerade ein Gottesdienst stattfand, hörte sie die Pastorin mit Geistern kommunizieren. Sie sagte vom Altar aus: »Jemand ist hier, deren Name mit einem C beginnt. Sie möchte ihre Mutter wissen lassen, dass es ihr gut geht und dass ihre Großmutter bei ihr im Auto war.« (Die Mutter meiner Mutter – meine Großmutter – war etwa neun Monate vor meiner Schwester beim Schneeschaufeln an einem Herzinfarkt gestorben.)

Dieser eine Satz beruhigte meine Mutter so sehr, dass sie sich mit der Pastorin, Margaret Haney, verabredete. Sie sollte zu einer speziellen Channelling-Sitzung zu uns nach Hause kommen. Ich befand mich damals in Boston, aber meine Schwester Penny war dabei, als Ms. Haney sich in eine Art Trance begab und ihre Gesichtszüge und ihre Stimme sich komplett veränderten. Eine Männerstimme kam aus ihrem Mund, stellte sich als Dr. Andre vor und sprach über den Tod meiner Schwester. Er sagte uns, dass sie keine Schmerzen gelitten habe und zum Zeitpunkt ihres Todes nicht allein gewesen sei. Meine Familie machte eine Aufnahme von dieser Sitzung, und ich werde niemals vergessen, wie ich ihr gelauscht habe. Es bestand kein Zweifel daran, dass eine Seele namens Dr. Andre den Körper von Ms. Haney übernommen hatte, um zu lehren und zu heilen. Dr. Andre half uns allen dabei, mit dem Verlust unserer Schwester fertigzuwerden. Er hat uns auch dabei geholfen zu begreifen, dass sie nicht wirklich tot war. Sie hatte nur ihren Körper verlassen.

Die Gegenwart der Vergangenheit spüren

Wenn man die Reinkarnation als gegeben akzeptiert, fällt es einem nicht nur leichter, mit Schmerz und Verlust umzugehen; auch unerklärliche Dinge, die in unserem aktuellen Leben passieren, lassen sich dadurch besser erklären. So bin ich zum Beispiel damals, als die erste Ausgabe meines Buches *Frauenkörper, Frauenweisheit* herauskam, oft mitten in der Nacht schreiend aufgewacht, weil ich fest davon überzeugt war, dass sich jemand mit einem Gewehr im Haus befand und mich töten wollte. Sie können meine Töchter fragen, sie hatten richtig Angst. Aber nicht so schreckliche wie ich. Schließlich fand ich heraus, dass ich – wie wahrscheinlich viele von Ihnen, die das hier lesen – bei mehr als einer Gelegenheit als Hexe auf einem Scheiterhaufen verbrannt worden bin. Glücklicherweise wurde ich in diesem Leben nicht dafür getötet, dass ich mich der Frauengesundheit mit einem ganzheitlichen Ansatz widmete. Trotzdem gab es genügend Konfrontationen mit Autoritäten meines Berufsstands – und die meisten davon waren auch in der Vergangenheit meine Inquisitoren gewesen.

Ich habe mit unzähligen Frauen gesprochen, die ebenfalls eine »irrationale« Angst empfinden, wenn sie Autoritäten gegenüber ihre Wahrheit ausdrücken wollen. Manchmal witzeln wir gemeinsam über all die verschiedenen Arten, wie wir zum Schweigen gebracht worden sind. Das ist nicht bloß Fantasie. Schließlich sind in den Zeiten der Hexenverfolgungen unzählige Heilerinnen und Geburtshelferinnen – und Männer, die sie unterstützt haben oder selbst Heiler waren – auf dem Scheiterhaufen verbrannt worden, nicht zuletzt in der Folge des 1486 erschienenen berüchtigten Werks *Malleus Maleficarum* (dt. *Hexenhammer*), das dazu gedient hat, Hexen leichter zu identifizieren. Und meines Wissens waren damit alle Frauen (oder Männer) gemeint, die die Heilkräfte der Erde nutzten oder ihre eigenen intuitiven Fähigkeiten einsetzten, um zu heilen.

Wie gelangt also die Vergangenheit in die Gegenwart? Der berühmte britische Biologe Rupert Sheldrake spricht von einem »morphischen Feld« aus Energie und Informationen, das außerhalb von Zeit und Raum existiert. In diesem Feld ist alles aufgezeichnet, was jemals auf diesem Planeten geschehen ist. Manchmal manifestieren sich diese Informationen in unserem Leben als Angst, als Sorgen oder sogar als Krankheiten. Wenn es gut läuft, können Sie den Einfluss der Vergangenheit erkennen, und dann lässt sich das Symptom, unter dem Sie leiden, zur Heilung nutzen – und zu einer Klärung des morphischen Felds.

Vor vielen Jahren litt meine Mutter unter unregelmäßig auftretenden Schmerzen im Bauch. Sie wusste intuitiv, dass ein Arzt ihr nicht würde helfen können; stattdessen hatte sie das Gefühl, sie müsse meine Schwester besuchen, was bedeutete, dass sie quer durchs Land fahren musste. Irgendetwas an dieser Pilgerfahrt rief sie.

Während der Fahrt wurde der Schmerz immer stärker, bis er irgendwann so schlimm war, dass sie anhielt und die Knie an die Brust zog. Sie rechnete schon damit, dass sie Blut spucken würde. Aber das war nicht der Fall. Und dann hatte sie eine Vision – einen Flashback –, die so real für sie war, als würde das Ganze just in diesem Moment passieren. Sie war ein Wikinger mit einem Schwert, und sie stieß das Schwert in den Bauch einer schwangeren Frau, wodurch sie sowohl das Baby wie auch die Frau tötete. In diesem Moment – also in der Gegenwart – begriff sie, dass sie die Erfahrung von beiden miterlebte, sowohl die vom Täter (dem Wikinger) als auch die von der Frau, die durch das Schwert zu Tode kam. Und das Schwert bohrte sich genau dort in ihren Körper, wo meine Mutter den Schmerz spürte. Sie wurde überwältigt von Trauer darüber, was sie als Wikinger getan hatte.

Die qualvollen Schuldgefühle und die Reue blieben bestehen. Als sie bei meiner Schwester ankam, machte sie mit einer Schamanin aus der Umgebung ein Ritual. Sie schrieb alles auf, was ihr zu dem Vorfall einfiel. Dann verbrannte sie den Zettel in einer Vollmondnacht und vergrub die Asche. Anschließend schlief sie stundenlang. Als sie wieder aufwachte, waren der Schmerz und die Trauer verschwunden. Sie hatte die Energie der Vergangenheit irgendwie »gereinigt« – und ein bisschen Karma aufgelöst. Wie meine Mutter erzählte, hatte sie ohne die Spur eines Zweifels gewusst, dass sie eine tödliche Magen-Darm-Erkrankung bekommen hätte, wenn sie diesen ganzen Prozess nicht durchgemacht hätte. Ich bin sicher, dass sie recht hat.

Interessanterweise unterbrach sie die Rückfahrt einmal, um einen Verwandten zu besuchen. Während ihres Aufenthalts dort führte er sie in sein Schlafzimmer, weil da etwas wäre, das er ihr geben wolle. Er reichte ihr eine fast einen Meter große Statue. Es war ein Wikinger. Mit einem Schwert.

Das morphische Feld der Vergangenheit reinigen

Von solchen Geschichten hört man so gut wie nie im Umfeld der westlichen Medizin. Im Laufe der Jahre habe ich jedoch erkannt, dass Gesundheit, Krankheit, Trauma und Genesung weit rätselhafter sind, als man uns glauben macht. Wenn Sie die Auffassung vertreten, dass Erreger und Unfälle die einzigen Dinge sind, die Sie krankmachen können, irren Sie sich. Im morphischen Feld herrschen magnetische Kraftwirkungen. Es geht um das Gesetz der Anziehung, demzufolge Ähnliches von Ähnlichem angezogen wird. Oder anders ausgedrückt, »Gleich und Gleich gesellt sich gern«. Das ist ein universelles Gesetz, und es präsentiert uns so lange die gleichen Umstände, bis wir ihnen mit Liebe und Verständnis begegnen. Dann verändert sich das morphische Feld, und auch die Ausrichtung der Anziehung wird eine andere.

Damit das Leben leicht wird, ist es wichtig, die Wunden der Vergangenheit zu heilen – ob Sie nun Opfer waren oder Täter (wir alle sind schon beides gewesen). Schieben Sie unerklärliche Krankheiten oder Gefühle nicht einfach beiseite. Immerhin könnten sie ein Zeichen Ihrer Seele sein, dass die Zeit für Heilung gekommen ist. Unsere Seelen versuchen ständig, die negativen Muster in uns zu heilen, daher holen sie sie hoch, damit sie geklärt und aufgelöst werden können. Manchmal handelt es sich bei dieser Heilung um eine bewusste Entscheidung in einem konkreten Moment, manchmal ist sie aber auch ein lebenslanger Ruf. Ich habe einmal eine Frau getroffen, die Nummerologie, Astrologie und das alte hebräische System Kabbala miteinander verband, um anderen Menschen zu helfen, besser mit dem Leben zurechtzukommen. Ich erzählte ihr, wie wunderbar der Operateur sei, der mir ein Myom aus der Gebärmutter entfernen würde. Ich hatte ihm viele Patientinnen geschickt, und er hatte stets alles in seiner Macht Stehende getan, um die Organe im Beckenbereich wiederherzustellen und nicht zu entfernen. Ihre Antwort lautete: »Ich frage mich, was er in einem früheren Leben mit dem weiblichen Unterleib getan hat.« Sie wollte damit andeuten, dass seine erstaunliche Hingabe an die Gesundheit der weiblichen Beckenorgane in diesem Leben dazu diente, Taten der Vergangenheit wiedergutzumachen oder einen Ausgleich dafür zu schaffen.

Für manche Menschen ist es eine ziemliche Herausforderung, den Grund für ihre gegenwärtigen Probleme in den Taten eines vergangenen Lebens zu suchen, doch diese Sichtweise breitet sich trotzdem immer mehr aus. Es gibt Menschen, die schon seit vielen Jahren von diesen Möglichkeiten wissen, die aber aus Angst davor, für verrückt erklärt zu werden, geschwiegen haben. Ich erinnere mich, dass ich vor Jahren Dr. Raymond Moodys Bericht über Kinder mit Nahtoderfahrungen las. Viele erhielten durch die Erfahrung außerordentliche Gaben – ein photographisches Gedächtnis, die Fähigkeit, beeindruckende Musik zu komponieren, oder eine lebenslange Verbindung mit einem Geistführer. Wenn diese Kinder aber mitteilen wollten, was sie wirklich erlebt hatten, bekamen sie zu hören, dass sie sich all das nur einbildeten. Deshalb hörten sie auf, ihre Erfahrungen weiterzugeben und behielten sie stattdessen für sich. Einer Kultur, die nur glaubt, was sie sehen und mit den fünf Sinnen messen kann, sind dadurch viele Wunder verlorengegangen.

Aber früher oder später – und ich hoffe, eher früher als später – werden wir alle begreifen, dass unsere Seelen uns seit jeher mit göttlicher Kraft führen. Die Seele ist eine Kraft, die weit größer ist als der Verstand. Sie können sie als innere Führung bezeichnen, als Ahnung oder ein Gefühl, das eine Gänsehaut erzeugt – welche Worte Sie auch wählen, es ist Ihre Aufgabe, sich an diese Instanz zu wenden, wenn Sie Unterstützung und Führung brauchen. Wir sind mit dieser inneren Führung geboren. Sie ist da, um uns zu der Aufgabe zu begleiten, die zu erfüllen unsere Seele hierhergekommen ist. Wie Sie sie auch nennen, es gibt ein paar besondere Wege, die Ihnen helfen zu lernen, mit der Stimme Ihrer Seele bewusst zusammenzuarbeiten.

Rückführungen in vergangene Leben

Nach meinem Empfinden sind Rückführungen eines der machtvollsten Werkzeuge, um sich mit Erfahrungen aus der Vergangenheit zu verbinden und so die Gegenwart zu heilen. Sie können dies mit Hilfe von CDs sogar allein machen, etwa mit denen des renommierten Rückführungstherapeuten und Psychiaters Dr. Brian Weiss, der in Harvard studiert hat. Es gibt auch eine ganze Menge guter Bücher zu dem Thema, darunter die von Dr. Weiss. Auch David Wells, ein sehr bewanderter Astrologe und Kabbalist aus Portsmouth, England, hat einige exzellente Bücher über vergangene Leben geschrieben. Das Buch *Repetition. Past Lives, Life, and Rebirth* von Doris E. Cohen hilft Ihnen wirklich dabei, die Geschichte Ihrer vergangenen Leben zusammenzusetzen, indem Sie die Muster erkennen, die sich in Ihrem jetzigen Leben wiederholen.

Mein Kollege Bob Fritchie, Gründer des World Service Institute und Autor von *Being at One with the Divine* und *Divine Love Self Healing: The At Oneness System,* zeigt auf, dass Menschen, die auf das übliche Heilprogramm der göttlichen Liebe nicht reagieren (im nächsten Kapitel gehe ich näher auf dieses Programm ein), häufig wegen bestimmter Ereignisse in einem vergangenen Leben nicht weiterkommen. Viele Menschen haben Angst vor dem Blick in die Vergangenheit, aber wenn Sie sich in Einklang mit dem eigenen Geist und der göttlichen Liebe bringen, können Sie es ohne Angst tun. Schließen Sie dazu die Augen und sprechen Sie dieses Bittgesuch aus *Divine Love Self Healing:* »Mit dem mir innewohnenden Geist und der göttlichen Liebe gehe ich in der Zeit zurück zu dem Vorfall oder den Vorfällen, die mein gegenwärtiges Problem [benennen Sie es] voll und ganz erklären.« Nachdem Sie dieses Bittgesuch ausgesprochen haben, atmen Sie tief durch die Nase ein. Dann zählen Sie bis vier. Danach atmen Sie stoßweise wieder aus – so, als würden Sie sich die Nase putzen. Normalerweise steigen in Ihnen jetzt Bilder von den Situationen auf, die das betreffende Problem verursachen. Wie Fritchie erklärt, handelt es sich so gut wie immer um eine lieblose Tat in der Vergangenheit, die Sie vom Göttlichen getrennt hat. Diese Trennung wird zur Seelenschuld, die in Ihr jetziges Leben hineingetragen wird. Aber die Seele kann reingewaschen werden, indem man aufhört mit den Schuldvorwürfen und dem Bewerten und sich stattdessen in Selbstakzeptanz und Liebe übt.

Obwohl es großartig ist, allein an sich zu arbeiten, kann es auch hilfreich sein, einen qualifizierten Rückführungstherapeuten hinzuzuziehen. Wenn Sie jemanden suchen, hören Sie sich um; lassen Sie sich jemanden empfehlen. Häufig werden Sie genau in dem Moment, in dem Sie zu dem Schluss kommen, dass Sie für so eine Rückführung bereit sind, mit einer guten Möglichkeit in Kontakt kommen. So leicht kann das Leben sein, wenn Sie sich mit der Seele und dem Göttlichen in Einklang bringen.

Die Seele hat einen Plan

Wenn Sie sich als eine Seele begreifen, die sich in verschiedenen Leben verkörpert und deren Verkörperungen Teil einer größeren Reise sind, hilft Ihnen das nicht nur dadurch, dass der Schmerz eine Bedeutung bekommt. Eine solche Sichtweise öffnet Ihnen auch die Augen gegenüber der Seelenreise an sich. Zu wissen, dass Sie auf etwas hinarbeiten und sich auf einem Weg befinden, gibt Ihnen die Möglichkeit, diesen Weg auch als Weg zu erkennen, so dass Sie ihn besser gehen können. Ein Horoskop – erstellt von einem erfahrenen Astrologen – ist hierfür eines der besten Hilfsmittel, das ich kenne.

Ihr Horoskop ist eine Karte, die die Himmelssituation so zeigt, wie sie zum Zeitpunkt Ihrer Geburt war. Dieser Zeitpunkt wurde von Ihrer Seele gewählt, noch bevor Sie den ersten Atemzug getan haben. Es ist auch eine Karte, die Ihre Seelenreise durch die Zeit hindurch zeigt. Es gibt Ihnen eine sehr gute Vorstellung davon, zu welchem Zweck Sie hierhergekommen sind und was Sie tun und sein sollen.

Ihr Horoskop bildet die Planetenpositionen am Himmel in dem Augenblick Ihrer Geburt ab, und zwar sowohl oberhalb als auch unterhalb des Horizonts. Es beschreibt Ihre Neigungen, Ihre Eigenschaften, Ihre Herausforderungen und Ihr Potential. Es kann Ihnen auch einige sehr konkrete Informationen über die Herausforderungen vergangener Leben geben, darüber, welche Aufgaben Sie diesmal zu erfüllen haben. Man findet diese Information im sogenannten Mondknoten – dem absteigenden (südlichen) und dem aufsteigenden (nördlichen). Der südliche Knoten sagt Ihnen, wo Sie gewesen sind, der nördliche Knoten teilt Ihnen mit, wohin Sie gehen und welche Aufgabe Sie hier meistern sollen.

Ich spreche hier nicht über die Art von Astrologie, die man in Zeitungen und Zeitschriften findet. Die Horoskope dort basieren ausschließlich auf Ihrem Sonnenzeichen, auch Sternzeichen genannt, und sind nichts weiter als ein interessantes Gesellschaftsspiel. Die Sonnenzeichen-Deutungen in den Zeitungskolumnen begannen im 20. Jahrhundert und sollten in erster Linie den Verkauf steigern. Das Sonnenzeichen ist jedoch nur ein einziger Aspekt Ihrer individuellen astrologischen Signatur, und wenn Sie nicht auch den Rest Ihres Horoskops kennen, werden Sie nicht sehr viele Informationen über sich bekommen.

Ein vollständiges Horoskop beinhaltet das Mondzeichen, das Sonnenzeichen, den Aszendenten, eine Reihe von Planeten, die Mondknoten und oft einige Asteroide. Ihr Sonnenzeichen (Waage, Widder, Zwilling) ist nur ein sehr kleiner Teil Ihres ganzen Horoskops. Dennoch kann Ihnen Ihr Sonnenzeichen ein paar Dinge mitteilen – der Astrologe Daniel Giamario nennt unsere

Sonne den Brennstoff, den wir benutzen, um unseren gegenwärtigen Lebenszweck zu erfüllen. Wenn Sie also eine Steinbock-Sonne sind, sind Sie sehr wahrscheinlich praktisch und bodenständig, je nachdem, wo die anderen Planeten sind und welchen Einfluss sie ausüben.

Es gibt viele verschiedene Richtungen in der Astrologie – die evolutionäre, die schamanische, die vedische und die Sonnenzeichenastrologie, um nur ein paar zu nennen –, und jede einzelne wird Ihnen etwas anderes über Ihren Weg verraten können.

Keine Angst vor Astrologie

Viele Menschen betrachten ihr Horoskop und fragen: »Ist das schlecht?« Diese Frage ist jedoch unnötig, denn die Antwort lautet immer nein. Astrologie ist lediglich ein Werkzeug und hat keine andere Macht als die, die Sie ihr geben. So ähnlich, wie wenn Sie sich die Wettervorhersage anschauen, um zu erfahren, ob Sie einen Regenmantel einpacken sollen. Astrologie verrät Ihnen nichts über Ihr Schicksal. Wie das ausfällt, liegt ganz bei Ihnen. Ein Horoskop schlägt den Handlungsverlauf des Schauspiels vor, in dem Sie eine Rolle übernehmen. Es sagt aber nichts darüber aus, wie Sie Ihren Teil spielen sollen, was Sie dabei tragen sollen oder wie es endet.

Die Astrologie gibt Ihnen allerdings eine Landkarte für die Reise Ihrer Seele. Diese Karte dient dazu, Ihnen zu helfen, den bestmöglichen Zugang zu dem ursprünglichen Plan Ihrer Seele zu bekommen. Jedes Horoskop hat seine eigenen Herausforderungen und Geschenke, es gibt keine »schlechten« Horoskope.

Noch immer hat die Astrologie als Orientierungshilfe keinen guten Ruf, aber im Laufe meines Lebens ist er immerhin besser geworden. Als ich vor Jahren mein erstes Horoskop erstellen ließ, sagte mir die Astrologin, dass sie irgendwann einmal eine Cocktailparty geben würde, zu der sie alle Ärzte – meine Kollegen – einladen wolle, die regelmäßig zu ihr kämen. Sie sagte: »Alle werden erstaunt sein, wen sie dort treffen.« Ich begriff, dass viele Leute, darunter auch viele sehr bekannte und erfolgreiche Menschen, der Astrologie zugewandt sind. Sie sprechen nur nicht darüber.

Immer wieder lenkt unsere allzu verstandesmäßig orientierte Gesellschaft uns von genau dem weg, was die Macht besitzt, unseren Seelenweg zu bestärken und unserem Leben Bedeutung zu verleihen. Jahrelang wurde mir von meinen Mainstream-Verlagen gesagt: »Bitte schreiben Sie nicht über Astrologie, das schreckt die Leute ab.« Deshalb habe ich es in den Jahren, in denen ich mich »einzupassen« versuchte, auch tatsächlich weitgehend vermieden. Aber diese Jahre sind vorbei.

Viele von denen, die sich negativ über Astrologie äußern, haben sich nie ernsthaft damit beschäftigt. Wie sagte Rob Brezsny, Astrologe und Autor von *Pronoia Is the Antidote for Paranoia*, so treffend: »Sie haben keine klugen Astrologen wie Dane Rudhyar gelesen, sie wissen nicht, dass der bahnbrechende Astronom Johannes Kepler bewandert in Astrologie war, und sie sind sich auch nicht bewusst, dass der berühmte Psychologe C. G. Jung Horoskopberechnungen vornahm und glaubte, dass ›Astrologie die Summe all des psychologischen Wissens der Vorzeit abbildet‹. Dieser uralten Kunst am nächsten kommen die unaufrichtigen ›Skeptiker‹ gewöhnlich, wenn sie einen Blick in die Horoskope einer Boulevardzeitung werfen. Das ist so ähnlich, als würde ich an einem Einkaufszentrum vorbeifahren und daraufhin den Beruf der Architekten für geistlos und minderwertig erklären.«

Ein Reading machen lassen

Wie ich schon erwähnte, können Horoskope enorm hilfreich sein, *wenn sie von erfahrenen Astrologen erstellt werden.* Ich würde gern sagen, dass Sie dies auch selbst tun können, aber um wirklich zu verstehen, was in einem Horoskop vor sich geht, ist jahrelange Übung erforderlich. Es ist eine Kunst. Wenn Sie sich die Weisheit der Astrologie nutzbar machen möchten, ist es also am besten, Sie arbeiten mit jemandem zusammen, der oder die Ihnen empfohlen worden ist. Ein Mensch, der seit Jahren Horoskope erstellt. Gehen Sie nicht einfach in irgendein Geschäft und hoffen Sie, gute Erfahrungen zu machen. Holen Sie sich Empfehlungen. Erkundigen Sie sich.

Auf jeden Fall sollten Sie einen Bogen um Weltuntergangs-Astrologen machen, wenn Sie sich auf die Suche nach einer vertrauenswürdigen Person begeben, mit der Sie arbeiten wollen. Diese Leute neigen dazu, Ihnen Dinge auf eine Weise mitzuteilen, die bei Ihnen Hilflosigkeitsgefühle erzeugen können. Zu viele Menschen sind von Astrologen geradezu »verflucht« worden und bekamen das Gefühl, ihre Horoskope seien Warnungen des Göttlichen. Einer Freundin von mir teilte eine Astrologin mit, dass sie nicht mit Gruppen arbeiten solle, weil ihr dazu die Fähigkeiten fehlen würden. Glauben Sie mir, in ihrem Horoskop stand nichts, das so etwas angedeutet hätte. Ein Teil Ihrer Seelenreise wird darin bestehen, Astrologen, Medien und andere Führer aufzutun, die Ihnen auf Ihrem Weg helfen können.

Übergänge verstehen: Saturn, Uranus und Chiron

Auch wenn es am besten ist, ein vollständiges Horoskop von jemandem erstellen zu lassen, der oder die darin bewandert ist, helfen Ihnen einige universelle Wahrheiten in der Astrologie dabei, die Herausforderungen zu verstehen, die Sie zu bestimmten Zeiten Ihres Lebens zu meistern haben. Bestimmte planetarische Anordnungen berühren uns alle auf ähnliche Weise, und häufig ergeben sich diese Anordnungen zu ganz bestimmten Zeiten in unser aller Leben. Drei der mächtigsten, die man sich merken sollte, hängen mit Saturn, Uranus und Chiron zusammen.

- **Saturn:** Bei Saturn geht es immer um Grenzen und Abgrenzungen und darum, sie zu respektieren und innerhalb von ihnen zu arbeiten. Im Leben der meisten Menschen kehrt der Saturn zwischen ihrem 28. und 32. Lebensjahr und dann wieder um das 58. Jahr herum an die Stelle zurück, an der er bei ihrer Geburt gestanden hat. Dann ist es Zeit, erwachsen zu werden. Die Pubertät ist vorbei, und es geht darum herauszufinden, wie es ist, auf eigenen Beinen zu stehen. Die erste Saturn-Rückkehr wird häufig von einer Art Verlust oder Trauma begleitet, das uns zwingt aufzuwachen. Einigen Menschen gelingt das nicht. Es gibt sogar so etwas wie den 27er-Club, damit ist eine Gruppe von Musikern gemeint, die alle im Alter von 27 Jahren gestorben sind. Hierzu gehören Kurt Cobain, Jim Morrison, Janis Joplin, Brian Jones und Jimi Hendrix. Die zweite Saturn-Wiederkehr findet statt, wenn unsere Seelen uns drängen, vom Überlebensmodus in die Phase der Entfaltung überzugehen.

- **Uranus:** Uranus ist bekannt als der große Erwecker; bei ihm geht es darum, Grenzen zu überwinden. Er gibt uns die Gelegenheit, uns in die Lüfte zu schwingen statt zu tauchen. Die Regeln zu brechen und über den Tellerrand hinauszuschauen. Die Uranus-Opposition tritt im Alter von 42 Jahren auf, dem Zeitpunkt, wenn die »Familien-Trance«, in die wir hineingeboren werden, wegzubröckeln beginnt, während unsere Seelen sagen: »Warte. Soll das alles gewesen sein?« Die Uranus-Opposition ist ein großer Weckruf, unser eigenes, authentisches Leben zu leben – nicht das, welches unsere Eltern oder Arbeitgeber für uns vorgesehen haben. Unsere Kultur bezeichnet diese Phase als Midlife-Crisis. Und viele Frauen machen dafür die Menopause verantwortlich. Aber es geht um weit mehr als nur das. Es geht um ein spirituelles Erwachen, das von Ihrer Seele und dem Universum gestaltet wird. Der Uranus ist außerdem um unser 21., 63. und 84. Lebensjahr herum rückläufig. Da diese Transite uns mit Umständen konfrontieren, die dazu bestimmt sind, uns vom Ist-Zustand zu befreien, stellt die Uranus-Opposition das größte Ereignis mit Uranus dar.
- **Chiron:** Chiron, der verwundete Heiler, kehrt in unserem Leben ebenfalls einmal zurück. Diese Wiederkehr findet statt, wenn wir ungefähr 52 Jahre alt sind, und bei der Situation, die sie uns bringt, geht es darum, dass wir unsere Fähigkeit, allen anderen zu helfen, nicht auf uns selbst anwenden können. Häufig fühlt sich dieses Ereignis an, als müssten wir sterben. Und das tun wir auch. Unsere alte Weise zu sein stirbt. Wenn wir versuchen, an ihr festzuhalten, werden wir vermutlich erkranken. Während der Chiron-Rückkehr ist es Zeit, unseren Seelen zu trauen und vertrauensvoll weiterzugehen.

Die Seelenreise

Zu verstehen, dass unsere wahre Natur unsterblich ist und dass sich unsere Seelen auf einer Reise durch viele Leben befinden, ist ein fundamentaler Baustein, wenn es darum geht, unsere ureigene Mitte zu finden. Die Erkenntnis, dass universelle Kräfte in uns wirken, die wir nicht kontrollieren können, kann darüber hinaus dazu beitragen, dass unser Leben an Bedeutung gewinnt. Praktiken wie Rückführungen und Astrologie versetzen uns in die Lage, bewusst mit diesen Kräften zu arbeiten und unser Leben so wirkungsvoll und erfüllt wie möglich zu leben. Wir bekommen dadurch die Gelegenheit, die Lektionen zu lernen, die wir lernen müssen. Und diese Lektionen sind ziemlich einfach: Es geht darum, Liebe, Vergebung und Verständnis in jene Lebensbereiche zu bringen, in denen sie bisher gefehlt haben. Und dem Leben ohne Angst zu begegnen. Das schließt ein, sich selbst zu lieben und zu vergeben.

Auch wenn wir uns auf dem Weg befinden, uns mit dem Göttlichen zu vereinen, so existieren wir doch auf dieser Erde. An diesem materiellen Ort. Mehr Licht und Liebe hierherzubringen bedeutet, das ganze Universum zu verändern und seine Entwicklung zu unterstützen. Das ist ein gewaltiger Dienst an allem, das ist, nicht wahr? Diese beiden Wirklichkeiten zu vermischen und in ihnen geschickt zu agieren ist die wichtigste, erfüllendste und praktischste Arbeit, die wir vollbringen können.

Kapitel 3

Mit dem Göttlichen kommunizieren

Mit Gott zu kommunizieren ist die
außergewöhnlichste Erfahrung, die man sich vorstellen kann.
Aber es ist gleichzeitig die natürlichste Erfahrung überhaupt,
weil Gott jederzeit in uns allen ist. Allwissend, allmächtig,
persönlich – und er liebt uns bedingungslos.
Wir sind eins mit Gott – an ihn angeschlossen
durch unsere göttliche Verbindung.

Eben Alexander

Jahrhundertelang hat man uns weismachen wollen, nur ein paar auserwählte Menschen könnten mit Gott sprechen. Nur jene, die mystische Erfahrungen gemacht oder sich mit brennenden Büschen unterhalten haben. Gewöhnliche Sterbliche besaßen diese Fähigkeit angeblich nicht. So kam es, dass ganze Völker von ein paar wenigen kontrolliert wurden – und nicht wenige von ihnen haben das Vertrauen, das ihnen geschenkt wurde, schamlos missbraucht. Sie wissen, von wem ich spreche, daher werde ich nicht näher darauf eingehen.

Aber wir alle haben die Fähigkeit, direkt mit Gott zu kommunizieren, und Ihre Beziehung zum Göttlichen ist sogar einer der wichtigsten Wege, wie Sie Ihr Leben leichter machen können und Ihre ureigene Mitte finden. Die direkte Verbindung zu Gott, dem Schöpfer, unterstützt Sie auf eine Weise, wie es sonst nichts vermag. Sie hilft Ihnen, auf Ihrer Seelenreise voranzukommen, außerdem können Sie sich an ihn wenden, falls es so aussieht, als wären die Dinge hoffnungslos oder gerieten außer Kontrolle.

Ich erinnere mich daran, wie ich mich an einem Abend vor vielen Jahren mit meinem ganzen Sein an Gott gewandt habe.

Lassen Sie mich dazu etwas ausholen. Meine Kollegen und ich hatten damals, in den 1980ern, Women to Women ins Leben gerufen, ein Projekt im Bereich der Frauengesundheitsfürsorge. Bis dahin war der Erfolg von Gesundheitsfürsorge nicht an der Heilung bemessen worden. Obwohl meine Kollegen alle hingebungsvolle Ärzte waren, richtete das System, in dem wir arbeiteten, den Fokus eher auf die Anzahl der durchgeführten Operationen und behandelten Patienten. Es ging nie darum, zur Ursache eines Problems vorzudringen – wie es zum Beispiel der sexuelle Missbrauch sein kann –, weil das System nicht darauf ausgerichtet war (und es immer noch nicht ist).

Als wir noch in diesem Umfeld arbeiteten, brach sich eine meiner Kolleginnen die Hüfte; während ihrer Genesung malte sie einmal einen Cartoon, der das Dilemma, in dem wir alle steckten, ziemlich gut auf den Punkt brachte. Auf dem Bild war ein Grabstein zu sehen, und darauf stand: »Hier ruht JCG« (das sind nicht ihre echten Initialen). Darunter hatte sie die Statistiken aufgelistet, die zeigten, woran unser »Wert« und unsere Produktivität gemessen wurde: Erstkonsultation: 9326; Geburtshilfe bei neuen Patientinnen: 7390; Kaiserschnitte: 4500. Das Bild fasste das Glaubenssystem, das unser tägliches Leben bestimmte, auf eindrückliche Weise zusammen.

Mir war klar, dass sich etwas ändern musste. Ich hatte eine Vision im Kopf, wie wir mit den Patientinnen würden umgehen müssen, um ihre Körperweisheit miteinzubeziehen. Ich sah auch Räumlichkeiten vor mir, die eine ganz andere Atmosphäre ausstrahlten als die üblichen Krankenhaus- oder Praxisräume. Sie erinnerten eher an zu Hause, so dass die Frauen sich dort geborgen und mit ihrer ganzen Geschichte aufgehoben fühlen konnten. In unserer Nähe hatten zwei Ärztinnen das Projekt Women to Women gegründet, und wir beschlossen, uns daran zu beteiligen, statt nur zu jammern. Uns schwebte vor, eine völlig neue Art der Gesundheitsfürsorge zu betreiben. Dafür kauften wir ein altes viktorianisches Haus, machten aus den Schlafzimmern Untersuchungsräume und aus den Wandschränken Umkleidekabinen. Wenn die Frauen zu uns kamen und auf den Sofas Platz nahmen, weinten sie vor Erleichterung. Das hier war ein Ort, an dem sie sich in ihrer Ganzheit – mit Körper, Geist und Seele – wahrgenommen und angehört fühlten.

So weit, so gut. Doch es gab ein Problem. Nicht nur, dass niemand von uns Ahnung von betriebswirtschaftlichen Dingen hatte, sondern wir hatten unsere alten Überzeugungen in die Ausgestaltung der neuen Vision mit hineingenommen. Und das Bewusstsein unserer Patientinnen hatte sich ebenfalls nicht sehr verändert. Dies führte zu unrealistischen Erwartungen an uns, man hielt uns für Heilerinnen. Gab es denn keine Pille oder Methode, die den Schmerz stillen konnte, der mit sexuellem Missbrauch einherging, mit Scheidung, der Angst vor Krebs oder Scham? Kein Wunder, dass das alte Modell es belohnte, mehr zu operieren oder einfach Medikamente zu verschreiben. Der langen Rede kurzer Sinn – wir hatten Mühe, unsere Rechnungen zu bezahlen, ganz zu schweigen davon, uns selbst –, sofern wir nicht vorhatten, wieder zu dem zurückzukehren, was wir hatten vermeiden wollen.

In der Nacht, in der ich mich an Gott wandte, hatte ich bis spät abends in der Praxis gesessen, und es war bereits dunkel, als ich den Haufen Krankenakten auf meinem Tisch abgearbeitet hatte. Ich hatte die Nase ziemlich voll von unseren harten Arbeitsbedingungen, den nächtlichen Rufbereitschaften und der Tatsache, dass anscheinend gar nicht so viele Patientinnen wissen wollten, wie ihr Geist, ihr Körper und ihre Seele miteinander verbunden waren. Sie wollten einfach nur ein Medikament, das die Sache regelte. Ich fürchtete mich vor der Missbilligung meiner etablierten Kollegen und dem Medical Board. Nicht einmal mein eigener Mann konnte dem, was ich tat, viel abgewinnen.

Da stand ich also im dunklen Eingang zu unserem Zentrum, hob den Blick zu den Sternen und sagte laut: »Bitte hilf mir, es dieses Mal richtig zu machen. Ich will nicht zurückkommen und es noch einmal machen müssen.« Ich flehte Gott an, mir den Weg zu zeigen, der mich aus dem Dilemma herausführen würde – mir zu zeigen, wie ich die Lektion lernen konnte, deretwegen ich hier war, und wie ich den Beitrag leisten konnte, den zu leisten ich mir vor meiner Geburt vorgenommen hatte. Ich wusste damals nicht, wie ich mit dem Schöpfer direkt kommunizieren konnte, aber ich war fest davon überzeugt, dass es möglich war. Und ich wusste auch, dass ich nur dann aus meinem Dilemma herausfinden würde, wenn ich zu Gott betete und ihn um Unterstützung und Hilfe bat. Mir war klar, dass meine Arbeit mehr als alles andere eine Wahl meiner Seele gewesen war. Ich hatte meiner Seele versprochen, das zu lehren, was ich in diesem Leben als wahr erkannt hatte. Es war nur einfach nicht leicht. Ganz und gar nicht leicht. Dennoch war es für mich von größter Bedeutung, ganz klar zu wissen, dass meine Kraft und Hilfe aus meiner Verbindung mit dem Schöpfer kamen und nicht nur aus mir selbst.

Einige Zeit später stand ich an meinem Nachttisch und sprach laut ein Gebet, zu dem mich Florence Scovel Shinn inspiriert hat. Es lautet: »Unendlicher Geist, sende mir ein Zeichen. Zeige mir, wie ich meine Gaben und Talente am besten einsetzen kann.« Es war Freitagmorgen um 11 Uhr. Um 14 Uhr am gleichen Tag erhielt ich einen Anruf von einem befreundeten Literaturagenten. Er sagte: »Ich denke, du solltest ein Buch schreiben.« Bingo! Ich fing sofort an.

Mit dem Buch *Frauenkörper, Frauenweisheit* fand ich nicht nur eine eigene Sprache für Frauengesundheit – die auch das betont, was beim weiblichen Körper richtiglaufen kann –, sondern es gab mir auch die Möglichkeit, das, was ich als wahr erkannt hatte, an Millionen Frauen überall auf der Welt weiterzugeben und ihnen damit zu helfen. Die Reaktion auf das Buch war umwerfend. Sie eröffnete mir eine Welt der Freude und Erfüllung, die weit über das hinausreichte, was ich ohne Gott hätte schaffen können.

Sich mit Gott verbinden

Wenn Sie vor irgendeinem Problem stehen und nicht wissen, was Sie tun sollen, brauchen Sie nichts weiter zu machen, als zu sagen: »Hilf mir! Ich weiß nicht weiter«, um sich mit dem Schöpfer zu verbinden. Aber natürlich brauchen Sie nicht erst ein Problem zu haben, um die Verbindung mit Gott herzustellen. Sagen Sie einfach »Danke«, wenn Sie einen so herrlichen Sonnenuntergang sehen, dass Sie am liebsten auf die Knie sinken würden. Ich habe Gottes Anwesenheit häufig im Kreißsaal gespürt, wenn ein Neugeborenes den ersten Schrei tat. Das ist ein Moment, der niemanden kaltlässt.

Sie können sich mit dem Göttlichen auch durch Gebete oder Bittgesuche verbinden, wie etwa »Ich nehme die göttliche Liebe an«, oder indem Sie ebenso wie ich um ein Zeichen bitten. Warten Sie ab, was dann passiert. Vielleicht möchten Sie auch mit Gleichgesinnten an einem Gottesdienst teilnehmen. Es gibt nur wenige Dinge im Leben, die sich heiliger anfühlen, als gemeinsam mit anderen Menschen inbrünstig freudige Lobeshymnen auf Gott zu singen. Erst recht, wenn die Sänger begabt sind. Aber das ist nicht unbedingt nötig. Wirklich nicht. Lassen Sie sich so etwas von niemandem einreden.

Vielleicht halten Sie das Göttliche für nicht so wichtig in Ihrem Leben. Aber nichts könnte wichtiger sein. In ihrem großartigen Buch *Unverschämt optimistisch. Warum wir grenzenlos vertrauen dürfen* fragt Tosha Silver: »Was, wenn es wirklich um Gott geht?« Es geht tatsächlich die ganze Zeit um Gott, von dem wir alle ein Teil sind. Und wenn Sie Ihre Beziehung zu diesem göttlichen Teil in Ihnen an erste Stelle stellen, wird sich alles Weitere fügen. Was immer in Ihrem Leben passieren mag, wenn diese Beziehung an erster Stelle steht, werden Sie Beruhigung, Führung und Weisheit erleben. Nichts kann eine persönliche Beziehung zu der Quelle ersetzen, von der Sie erschaffen wurden. Absolut nichts. Kein Ruhm, kein Geld, kein Lover. Nichts. Ihre Beziehung zum Göttlichen ist das Einzige, auf das Sie sich absolut verlassen können. Und es ist das Einzige, das Ihnen immer wieder Wunder bescheren wird. Und Mysterien. Und unerschütterliches Vertrauen und Freude. Alles andere ist flüchtig.

Das Ego

Im ersten Kapitel haben wir bereits ein bisschen über das Ego gesprochen. Es kann Ihr Freund sein oder Ihr Feind. Es ist das Einzige, das sich Ihnen in den Weg stellt, wenn Sie begreifen, welche Beziehung Sie zum Göttlichen haben. Es ist dieser lästige ewige Zweifler in Ihrem Kopf, der alle möglichen Entschuldigungen vorbringt, nur um sich nicht mit dem Göttlichen verbinden zu müssen. Haben Sie allerdings erst einmal verstanden, wie Sie bewusst mit Ihrem Ego arbeiten können, ist es der Schlüssel für den Himmel auf Erden. Dann wird es zu einem schöpferischen Partner.

Ich möchte noch einmal betonen, dass das Ego an sich nichts Negatives ist. In spirituellen Kreisen hat es einen sehr schlechten Ruf. Dort bringt man uns bei, dass wir es irgendwie transzendieren oder uns von ihm befreien müssen. Dass es für all unser Leiden verantwortlich ist. Und auch wenn das in gewisser Hinsicht stimmt, ist Ihr Ego absolut notwendig für Sie, um Ihr Selbst zu entwickeln. Was ist damit gemeint? Das Selbst ist Ihre wahre, einzigartige Natur, es schließt jeden Teil von Ihnen ein, den göttlichen, den körperlichen und auch Ihre Persönlichkeit. Ihr Ego verbindet diese einzigartige Kombination aus Geist und Seele zu einer sehr spezifischen Einheit, die dazu gedacht ist, Ihre Erfahrung in diesem Leben zu erschaffen. Das sind dann Sie. Sie können Ihr Ego nicht loswerden – Sie brauchen es, um in Ihrem gegenwärtigen verkörperlichten Zustand zu leben, als ein Individuum, das von anderen getrennt ist.

Die Prägung unseres Egos beginnt in der Kindheit durch das, wofür wir belohnt werden und das, was wir von unseren Eltern lernen. Sie hat mit dem zu tun, was wir arbeiten, damit, wie alt wir sind, wie viel wir wiegen, und so weiter. Das Ego denkt in Begriffen wie gut und schlecht. Auch wenn es uns Sicherheit zu gewähren scheint – und das tut es in bestimmtem Maße sogar –, hält es uns gleichzeitig in der Illusion fest, all unsere Probleme würden sich auflösen, wenn wir nur von den richtigen Leuten geliebt würden, mehr Geld hätten oder den richtigen Lover, das richtige Haus, die richtige Garderobe und viele materielle Dinge besitzen würden. Es denkt auch, dass es in der Lage sein muss, alles allein zu bewältigen und zu bewerkstelligen. Wenn dies nicht gelingt, hält es sich für schwach.

Trotzdem dient das Ego neben alldem einem sehr wichtigen Zweck. Seine wahre Aufgabe besteht nämlich darin, Anweisungen von unserer Seele zu bekommen, wie unsere individuelle Version vom Himmel auf Erden zu erschaffen ist. Wenn Sie kein gesundes, starkes Ego haben, das in der Lage ist, die Aufgaben zu übernehmen, für die Sie geboren sind, werden Sie auf Ihrer Seelenreise nicht sehr weit kommen. Aber wenn Sie Ihrem Ego gestatten können, Befehle von Ihrer Seele anzunehmen, werden

Sie oft mit Situationen versorgt werden, die weit befriedigender sind als alles, was Ihr Ego hätte hervorbringen können, wäre es sich selbst überlassen geblieben. Mit anderen Worten, wäre es ohne Gott geblieben.

Das Ego dazu bringen, mit Ihnen zu kooperieren

Was also ist zu tun? Sie müssen verstehen, woher Ihr Ego kommt und wofür es wirklich steht. Die mitfühlendste, einfühlsamste und praktischste Art und Weise, sich dem Ego zu nähern, habe ich bei Matt Kahn gefunden, einem spirituellen Lehrer, Empathen und Autor von *Whatever Arises, Love That.* Matt ist der Auffassung, dass das Ego von einem überstimulierten Nervensystem herrührt.

Wenn wir geboren werden, ist unser Bewusstsein reine Liebe, und unser Nervensystem ist weitgehend ruhig. (Daher kommt der Satz: »Schlafen wie ein Baby«.) Wenn Kinder einem neuen Stimulus begegnen, weinen sie. Das tun sie auch, wenn sie eine nasse Windel oder Hunger haben. Bewegung, Laute und Tränen sind die Ausdrucksweisen, mittels derer unser Nervensystem den Stress, der mit dem Leben einhergeht, verarbeitet. Das gilt nicht nur für menschliche Babys; alle Tiere reagieren auf diese Weise. Wenn eine Gazelle von einem Löwen gejagt worden ist, zittert sie. Wenn eine Frau ein Kind geboren hat, zittert sie. Dieses Zittern beruhigt uns wieder und verbrennt die überschüssigen Stresshormone.

Auf jeden Reiz reagiert das Nervensystem eines Babys mit einer Erregungsspitze, bevor es wieder in seinen natürlichen Zustand des reinen, liebevollen Bewusstseins zurücksinkt. Wenn diese Erregungsspitzen jedoch im Laufe der Zeit aufgrund der unausweichlichen neuen Lebenserfahrungen immer häufiger auftreten, trifft das Unterbewusstsein eine Entscheidung. Es ist für das Nervensystem leichter, Energie einzusparen und einen gleichmäßigen Zustand aufrechtzuerhalten, wenn es von vornherein in einem höheren Erregungszustand verbleibt. Dies ist der Moment, in dem das Ego geboren wird – der Moment, in dem wir Gedankenmuster und Ideen entwickeln, die den höheren Erregungszustand als Reaktion auf unsere Lebensumstände aufrechterhalten sollen. Leider kehrt das Baby, wenn es sich erst in diesem Zustand der Übererregung befindet, nicht mehr so leicht in den des reinen, liebevollen Bewusstseins zurück, und im Laufe der Zeit gelangt das Unterbewusstsein zu der Entscheidung, dass diese Übererregung der neue »Normalzustand« ist – ein verzerrter Zustand, der uns von unserem uns angeborenen liebevollen Bewusstsein wegführt. Dadurch wird das Ego noch verstärkt. Es ist immer da, um uns zu schützen und dabei zu helfen, die Hindernisse zu überwinden, denen wir uns gegenübersehen.

Die Prägung des Egos ist von den Umständen abhängig, in denen wir aufwachsen. Wir sind alle Teil von »Stämmen« – Gruppen von Menschen, die gemeinsame Überzeugungen und Werte haben. Einige davon werden von unseren Seelen als hilfreich angesehen, andere dagegen fühlen sich absolut falsch an. Doch so oder so müssen wir uns anpassen, um zu überleben. Denn wenn wir uns nicht anpassen, laufen wir Gefahr, bloßgestellt, verlassen oder verraten zu werden. Diese drei Verletzungen sind den Forschungen des Neuropsychologen Dr. Mario Martinez zufolge die drei Urverletzungen, mit denen alle Stämme überall auf der Welt arbeiten, um diejenigen Mitglieder zu bestrafen, die sich jenseits des von der Gruppe vertretenen Glaubenssystems bewegen. Wenn eine diesem System zugehörige Überzeugung dem zuwiderläuft, was unsere Seele als wahr erkannt hat, wir sie aber trotzdem vertreten, um uns unserem Stamm anzupassen, erregt das unser Nervensystem noch mehr – und gibt so den Ego-Überzeugungen über die Welt weiter Macht. Zum Beispiel könnte es heißen: »In dieser Familie werden alle Anwälte. Wir werden dich keinesfalls unterstützen, wenn du Musikerin wirst.« Die Seele der Musikerin widerspricht dem Gebot des Stammes. Und so ist eine solche Frau in Gefahr, sich und ihre Seele für die Anpassung an den Stamm zu opfern. Aber wenn sie sich davon befreit und mit dem Göttlichen verbunden ist, kann sie in sich die Liebe und die Stärke finden, ihrem Herzen und dem Gebot ihrer Seele zu folgen. (Der Sippe gefällt das normalerweise nicht, aber die Seele jubelt!)

Oder werfen wir einen Blick auf das Diktat einer Religion. Stellen Sie sich vor, Sie erleben in Ihrer Jugend zwei Dinge: (1) Sie erkennen, dass Sie homosexuell sind und (2) Sie werden ständig daran erinnert, dass homosexuell zu sein eine Sünde gegenüber Gott ist. Stellen Sie sich weiter vor, mit welcher Übererregung Ihr Nervensystem auf diesen Konflikt reagiert. Sie werden gezwungen sein, das Innerste Ihrer Identität zu verbergen. Scham stellt sich ein. Sie fangen an zu glauben, dass Sie *falsch* sind, ein Fehler.

Wir entwickeln Ego-Strategien, die uns von dem Schmerz abschirmen, den wir bei dieser Trennung von unserem wahren Wesen spüren, während wir versuchen, uns an unsere Gruppe anzupassen. Im Laufe der Zeit führen die Muster der Übererregung dazu, dass unser Bewusstsein begrenzt wird, und das Nervensystem löscht tatsächlich alles, was unseren tiefsten Überzeugungen entgegensteht – Überzeugungen, die sich aus dem ergeben, was wir brauchen, um uns sicher und passend zu fühlen.

Sie sehen also, unser Stamm trägt zur Entstehung mächtiger Egos bei, und das tut er nicht nur emotional, sondern auch körperlich. Wenn wir uns schämen, verlassen fühlen oder verraten werden, produziert unser Körper Stoffe, die entzündliche Prozesse in Gang setzen können. Dadurch sind unser Nervensystem, das Hormonsystem und das Immunsystem ständig in einem hypervigilanten Zustand. Und dies wiederum kann Krankheiten hervorrufen, die unser Verständnis dessen, wer wir in Bezug auf die Welt sind, beeinflussen und formen.

Meiner Erfahrung nach ist die Anfälligkeit für Krankheiten sehr stark von dem Auftrag der Seele abhängig. Hören Sie nicht regelmäßig auf die Weisungen Ihrer Seele, wird sie sich Ihre Aufmerksamkeit durch Ihren Gesundheitszustand verschaffen. Nach dem Motto: »Wer nicht hören will, muss fühlen.« Das ist übrigens keine Bestrafung, es ist lediglich die Art und Weise, mit der unsere Seele das Spiel der gegenwärtigen Verkörperung spielt.

Alles folgt einem göttlichen Zweck

Die gute Nachricht ist, dass sich alte Überzeugungen auflösen und ein neues Leben entfaltet, wenn wir unser Bewusstsein ausweiten. Wir brauchen keine Krankheiten oder Unfälle als Resetknopf. Aber wenn wir davon betroffen sind, heißt das nicht, dass wir etwas falsch gemacht haben und uns deshalb irgendeine Schuld trifft. Diesen Schluss zieht das Ego als Erstes. Wenn Sie dem immer wieder glauben, werden Sie kaum Ihre ureigene Mitte finden. Vielleicht sogar viele Leben nicht.

Bitte erinnern Sie sich daran, dass diese ganze Ego-Entwicklung und sogar die Verletzungen in der Kindheit einem göttlichen Zweck dienen. Das übererregte Nervensystem aus Ihrer Kindheit wirkt wie ein psychischer Kokon, der den schlafenden Schmetterling Ihrer ursprünglichen Unschuld beschützt. In der Zwischenzeit hilft Ihnen Ihr Ego, die Fähigkeiten und Erfahrungen zu entwickeln, die Sie brauchen, um Ihre Seelenaufgabe zu vollenden – das göttliche Abenteuer, das Sie gerade erleben. Wenn Sie Ihr übererregtes Nervensystem als das erkennen, was es wirklich ist, nehmen Sie das, was geschieht, nicht mehr so persönlich. Sie beobachten es. Bedingungslos. Und Sie sind fasziniert davon, wie sich Ihre Welt öffnet, während Sie sich entspannen. Wie eine Blume. Ein Blütenblatt nach dem anderen. Organisch, in ihrem eigenen Tempo.

Matt Kahn schreibt in *Whatever Arises, Love That:* »Ganz egal, wie viele Jahre und wie intensiv Sie sich mit Spiritualität beschäftigen, die lebendige Erfahrung der Wahrheit wird Ihnen erst dann zugänglich sein, wenn Ihr Nervensystem entspannt ist. Dies gilt sogar für die mystische Ebene, denn das Ausmaß der Entspannung des Nervensystems bestimmt darüber, wer Engel, Geister und andere Dimensionen sehen kann oder gar intuitive Botschaften erhält.«

In Kapitel 5 werde ich Ihnen zeigen, wie Sie mit Ihren Emotionen umgehen können und darlegen, warum Ihre Gefühle der Schlüssel sind, um Ihr Ego dazu zu bringen, Ihnen zu dienen, statt Sie zu fesseln. Hier nur ein Hinweis: Wenn Sie zu Tränen gerührt sind oder lachen müssen oder Wut in Ihnen aufsteigt, ist dies ein Zeichen dafür, dass Ihr Nervensystem sich entspannt. Viele von uns haben gelernt, starke Gefühle zu verbergen, doch es gibt eine Zeit und einen Ort, um sie auszudrücken. Machen Sie sich klar: Wenn Sie etwas emotional berührt, ist dies ein sicherer Hinweis, dass Sie auf dem richtigen Weg sind.

Das Einmaleins der Kommunikation mit Gott

Jetzt, wo Sie den Widerstand des Egos verstanden haben, ist es Zeit, sich dem Göttlichen zuzuwenden. Wenn Sie sich darum bemühen, Kontakt mit ihm aufzunehmen, denken Sie daran, dass Gott sich Ihnen durch Ihren Geist und Ihre Seele mitteilt. Es ist für jeden von uns möglich, direkt mit Gott zu kommunizieren, und zwar so, als würden wir uns zusammen mit ihm hinsetzen und eine Tasse Kaffee trinken. So einfach ist das.

Wie Sie bereits wissen, sind Ihr Geist und Ihre Seele zwei Aspekte des Göttlichen in Ihnen. Es ist hilfreich, sich zu vergegenwärtigen, dass der größte Teil von dem, was Sie wirklich sind, sich nicht in Ihrem physischen Körper befindet! Ja, genau – der größte Teil ist nichtkörperlich. Wenn Sie eine Beziehung zu Gott aufbauen, richten Sie sich eigentlich an den nichtphysischen Aspekt von Ihnen. Den Teil Gottes, der in Ihnen zum Ausdruck kommt. Das Selbst sozusagen. Oder das Höhere Selbst, die Höhere Macht. Sie stellen eine Kommunikation her zwischen dem Selbst, das hier in einem Körper ist, und dem Höheren Selbst, das Sie durch den Meisterschaftskurs führt, den das Leben darstellt.

Wahrscheinlich kennen Sie das Bibelzitat »Bittet, so wird euch gegeben«. Nun, das ist so ziemlich die Art und Weise, wie die Kommunikation mit Gott funktioniert. Sie müssen zuerst – aufrichtig und ehrlich – um Hilfe bitten. Dann müssen Sie Ihren Widerstand gegen die Antwort aufgeben, denn die Antwort ist immer schon in Ihnen und wartet. Wenn wir sie nicht immer erkennen, dann deshalb nicht, weil die Antworten für gewöhnlich auf einer höheren Ebene schwingen als die, auf der wir uns befinden, während wir die Frage stellen. Wenn Sie sich in einem niederen Schwingungszustand wie bei Wut, Traurigkeit und Angst befinden, kann die einer höheren Quelle entspringende Inspiration Sie nicht erreichen. Wollen wir uns ihr öffnen, dürfen wir uns selbst nicht im Wege stehen, während wir versuchen, mit dem Schöpfer in Kontakt zu treten. Dies ist die elementare Aufgabe, die mit dem Leben in einem Körper einhergeht. Zu bitten ist das Gebet. Die Antwort ist Intuition oder innere Führung.

Also müssen Sie bitten und dann lauschen. Sprechen Sie Ihr Gebet und vertrauen Sie auf das, was als Antwort zu Ihnen kommt – was immer es auch ist. Lassen Sie nicht zu, dass Ihr Ego die Kommunikation behindert. Sie sind von Geburt an mit einem direkten Kanal zur Quelle ausgestattet, aber das Ego kann sich Ihnen in den Weg stellen. Und das Ego wird stärker, je älter Sie werden. Es gibt diese Geschichte über einen kleinen Jungen, dessen Mutter mit anhört, wie er zu seinem jüngeren Bruder sagt: »Bitte erzähl mir von Gott. Ich fange an zu vergessen.«

Denken Sie daran, dass das Ego sich aus einem überstimulierten Nervensystem und einem Geist entwickelt, der daraus Geschichten über uns und unsere Lebensumstände macht. Diese Geschichten wirken auf einer unterbewussten Ebene. Sie sind unserem bewussten Verstand nicht gut zugänglich, und doch leiten sie unser Leben. Wenn Ihre Mutter zum Beispiel Alkoholikerin ist und sich selbst nicht lieben und wertschätzen kann – und Sie als ihr Kind schon gar nicht –, gelangen Sie zu dem Schluss, dass Sie nicht liebenswert sind, weil Ihre Mutter nicht für Sie da ist. Das ist aber gar nicht wahr. Sie haben sich das nur ausgedacht, damit Ihre Lebensumstände einen Sinn ergeben. Der einzige Ausweg aus diesem Dilemma und all den anderen liegt darin, dass Sie eine bewusste Verbindung mit dem Göttlichen herstellen.

Das Ego durch Liebe zum Verschwinden bringen

Wenn Sie sich mittels Gebeten oder anderen Methoden mit dem Göttlichen verbinden und dann auf Führung oder Unterstützung horchen, machen Sie sich wahrscheinlich Gedanken darüber, ob die Stimme, die Sie hören, wirklich die Ihrer Seele ist und nicht die Ihres Egos. Dies führt zu Zweifeln an der Information, die zu Ihnen kommt. *Höre ich wirklich das Göttliche? Wer bin ich überhaupt, dass ich glaube, mit Gott reden zu können?* So etwas ist unvermeidlich. Es liegt daran, dass wir in einer Kultur aufwachsen, die uns beibringt, dass es keinen Zugang zu so etwas wie einer inneren Führung gibt und wir diese stattdessen bei Autoritätsfiguren suchen müssen.

Wenn Sie also anfangen, mit dem Göttlichen zu kommunizieren, werden Sie wahrscheinlich denken, dass Sie sich die Antworten, die Sie bekommen, nur einbilden. Aber das tun Sie nicht. Abhängig von Ihrem Hintergrund und Ihrer Konditionierung kann es jedoch sein, dass es eine Weile dauert, bis Sie sie glauben.

Wenn Zweifel auftauchen oder Sie anfangen, sich selbst fertigzumachen, rufen Sie sich in Erinnerung, dass das gerade Ihr Ego ist, das versucht, Sie auf die bestmögliche Weise zu schützen, die es kennt. Entweder wie gesagt durch die Vermutung, dass Sie sich das alles nur einbilden, oder dass Sie größenwahnsinnig sind, oder was sonst Sie an Prägungen von Ihren Eltern und anderen Autoritätsfiguren übernommen haben. Kämpfen Sie nicht dagegen an. Sagen Sie lieber, wenn diese negativen Gedanken auftauchen: »Ich liebe mich dafür, dass ich diese Gedanken habe. Bin ich nicht liebenswert?« Die Negativität des Egos kann in einer Atmosphäre des Humors, der Akzeptanz und des Lichts nicht überleben. Sie schmilzt weg wie Morgentau in der Frühlingssonne.

Denken Sie daran: Die Stimme Ihres Egos ist voller Angst, Zweifel, Selbstablehnung, Urteile, Scham und Schuld. Göttliche Führung hingegen enthält *niemals* diese Eigenschaften. Und der einzige Weg, das Ego aufzulösen, besteht darin, Liebe und Vertrauen in das Göttliche zu haben.

Wenn Sie mittels eines Bittgesuchs oder eines Gebetes um Hilfe bitten, wird das Göttliche zu Ihnen sprechen und Sie leiten. Im Laufe der Zeit werden Sie lernen, ihm zu vertrauen. Ich höre es immer in meinem linken Ohr. Passen Sie also gut auf und merken Sie sich, was Sie unterstützt und freundlich klingt. Wenn sich Zweifel einschleichen, erkennen Sie sie an und danken Sie ihnen dafür, dass sie zu helfen versuchen. Spielen Sie ein bisschen mit den Zweifeln und lassen Sie sie dann los, schütteln Sie sie ab. Buchstäblich. Es hilft, den Körper wirklich zu bewegen.

Wenden wir uns jetzt einigen besonderen Formen der Kommunikation mit Gott zu. Ich mag besonders Bittgesuche an die göttliche Liebe, Wandle-mich-Gebete und Gespräche mit den Engeln, aber es gibt natürlich noch viele andere.

Bittgesuche an die göttliche Liebe

In Kapitel 2 habe ich Ihnen die Bittgesuche an die göttliche Liebe von Bob Fritchie vorgestellt, die Ihnen helfen, einen Blick in Ihre Vergangenheit zu werfen. Jetzt möchte ich tiefer in den Heilungsprozess einsteigen, weil die Gebete um göttliche Liebe meiner Erfahrung nach universell einsetzbar und besonders praktisch sind, um sich mit dem Schöpfer zu verbinden. Bob hat jahrelang daran gearbeitet, Heilungsprozesse durch göttliche Liebe zu verbessern, und die Erfahrungsberichte auf seiner Webseite, auf der es um Heilung von allem Möglichen geht – von Fettleibigkeit bis hin zu Bauchspeicheldrüsenkrebs –, sind so ermutigend!

Bob, ein Ingenieur, der sich sehr intensiv mit Energieheilung beschäftigt hat, bezeichnet den Körper als eine Art Batterie, ein elektromagnetisches Potentialfeld. Er sagt, dass die göttliche Liebe über die kristalline Matrix unseres Bindegewebes beinahe unmittelbar in unserem Körper verteilt wird. Ein Bittgesuch an die göttliche Liebe ist im Grunde ein Prozess, bei dem wir den Geist darum bitten, die göttliche Liebe auf eine bestimmte Angelegenheit zu lenken, und dann beobachten, was geschieht. Wenn Sie das Göttliche um Hilfe bitten, werden Sie auch Hilfe bekommen. Der Prozess ist im folgenden Kasten dargestellt.

Das Göttliche um Hilfe bitten

Sie können diesen Prozess nutzen, um Führung, Heilung oder Hilfe bei allem zu erbitten, bei dem Sie sie brauchen. Wandeln Sie dazu das Bittgesuch einfach so ab, dass es zu dem Problem passt, für das Sie eine Lösung suchen.

1. Setzen Sie sich bequem mit nicht gekreuzten Armen und Beinen hin und nehmen Sie allen Schmuck ab.
2. Bereiten Sie sich darauf vor, durch die Nase einzuatmen, sobald Sie das Bittgesuch geäußert haben.
3. Sprechen Sie das Folgende laut aus: »Mit meiner Seele und der Hilfe der Engel (Sie können auch den Namen eines bestimmten Engels verwenden) lenke ich die göttliche Liebe zu mir. Ich möchte meine Seele bitten herauszufinden, ob es irgendeine Ursache oder eine Situation gibt, die mich vom Schöpfer trennt, und dann diese Ursache oder Situation mit göttlicher Liebe zu entfernen, entsprechend dem Willen des Schöpfers.«
4. Atmen Sie tief durch die Nase ein und halten Sie dann den Atem an, während Sie bis vier zählen. Dadurch gelangt das Bittgesuch in Ihren Körper.
5. Atmen sie stoßweise durch die Nase wieder aus, als würden Sie sich die Nase putzen. Auf diese Weise schicken Sie das Bittgesuch ins Universum.
6. Bleiben Sie ruhig sitzen und konzentrieren Sie sich auf Ihre Thymusdrüse direkt unter dem Brustbein – die Stelle, auf die Sie klopfen würden, wenn Sie sagen: »Oh je!« Durch diese Drüse gelangt die göttliche Liebe in den ganzen Körper.

   Was nehmen Sie jetzt wahr? Die meisten Menschen spüren ein Kribbeln in der Brust oder in den Händen oder an anderen Körperstellen. Einige empfinden einen tiefen Frieden. Wenn Sie irgendwo Schmerz verspüren oder zu lachen beginnen, atmen Sie noch einmal stoßweise aus und schicken Sie göttliche Liebe in den Bereich, der Sie plagt. Jetzt sind Sie mit dem Schöpfer verbunden.

7. Das Folgende ist sehr leicht. Stellen Sie im Stillen eine Frage oder formulieren Sie ein konkretes Bittgesuch und dann lauschen Sie einfach, was kommt: »Mit meiner Seele und der Hilfe der Engel lenke ich göttliche Liebe zu mir. Ich erkenne mein Problem an [benennen Sie es] und bitte darum, dass mir gezeigt wird, was ich über diese Angelegenheit entsprechend dem Willen des Schöpfers wissen muss.«

   Atmen Sie durch die Nase ein. Halten Sie den Atem an. Jetzt atmen Sie stoßweise durch die Nase aus. Bleiben Sie etwa eine Minute still so sitzen. Stellen Sie sich vor, wie sich eine Tür oder ein Fenster öffnet und Ihnen zeigt, was Sie wissen müssen. Vertrauen Sie dem Bild.

   Wenn Sie keine Antwort erhalten, machen Sie ein weiteres Bittgesuch, um die Blockade zu entfernen, die die Antwort verhindert!

   »Mit meiner Seele und der Hilfe der Engel bitte ich die göttliche Liebe, mir zu zeigen, was ich wissen muss, und auch diese Angelegenheit mit göttlicher Liebe entsprechend dem Willen des Schöpfers zu heilen.«

   Denken Sie daran, dass es sich bei der göttlichen Liebe und dem Schöpfer *nicht* um Kräfte außerhalb von Ihnen handelt, die beurteilen, ob Sie schlecht oder gut sind. Diese Beurteilungen sind Folgen der Ego-Konstrukte, von denen uns viele von Kindheit an ungünstig beeinflussen. Es kann also sein, dass Sie manchmal einfach nur sagen müssen: »Ich lasse diese Muster jetzt mit Hilfe der göttlichen Liebe los.« Punkt. Auf diese Weise erwarten Sie nicht, dass wie durch ein Wunder eine göttliche Macht von außen eingreift. Vergessen Sie nicht, das alles sind *Sie*.

8. Machen Sie ein letztes Bittgesuch, um die ganze Angelegenheit dem Schöpfer zu übergeben. Sagen Sie einfach nur: »Ich übergebe diese Angelegenheit jetzt dem Schöpfer und bitte darum, dass sie mit göttlicher Hilfe geheilt wird.« (Sie können auch eigene Worte finden.)

Bob Fritchie schlägt vor, dass Sie mit der göttlichen Liebe in Kontakt bleiben, indem Sie die Absicht, sich mit ihr zu verbinden, jedes Mal erneuern, wenn Sie ins Badezimmer gehen. Sagen Sie einfach nur: »Ich verbinde mich jetzt mit der göttlichen Liebe«, und atmen Sie dann stoßweise aus. Dann sind Sie wieder in Kontakt! Denn es ist tatsächlich so, dass wir die Verbindung mit der göttlichen Liebe jedes Mal verlieren, wenn unser lästiges Nervensystem wieder übererregt ist oder wenn wir Angst haben oder wütend werden. Deshalb müssen wir immer wieder üben, verbunden zu bleiben.

Wenn ich das Bittgesuch an die göttliche Liebe mache, stelle ich den Timer in meinem Handy auf zwei Minuten. Dann sitze ich schweigend da und achte einfach nur auf die Bilder oder Lieder, die in mir auftauchen. Ja, Lieder sind ein wichtiger Bestandteil meiner inneren Führung.

Das Bittgesuch an die göttliche Liebe können Sie in jedem Bereich Ihres Lebens anwenden – überall dort, wo Sie sich Führung wünschen oder Heilung brauchen: bei der Gesundheit, bei

Beruflichem, bei Ihren Beziehungen und so weiter. Nennen Sie die Angelegenheit einfach in Ihrem Bittgesuch.

Seit mehr als drei Jahrzehnten arbeite ich nun mit meiner Geschäftspartnerin Diane Grover zusammen. Sie war meine erste Arzthelferin und leitet jetzt das ganze Unternehmen. Zwischen uns herrscht eine tiefe Seelenverbindung. Als ich mit meiner jüngsten Tochter schwanger war und die Wehen einsetzten, träumte sie, dass sie ein Kind gebären würde, woraufhin sie ins Büro fuhr und allen Patientinnen für diesen Tag absagte, weil sie wusste, dass ich in den Wehen lag. Als diese Tochter ihr erstes Kind bekam (meine erste Enkelin), wachte Diane mit Bauchkrämpfen auf, die so lange anhielten, bis meine Tochter die kleine Penelope auf die Welt gebracht hatte!

Jeden Werktag treffen Diane und ich uns in dem hundert Jahre alten Schulhaus, das mein Büro beherbergt, und sprechen die Bittgesuche an die göttliche Liebe für unser Unternehmen. Manchmal auch für Freunde und Familienmitglieder.

Wir beginnen mit einem geschäftlichen Anliegen, bei dem wir Führung benötigen oder das uns irgendwie Sorgen bereitet. Im Laufe der Jahre fanden wir heraus, dass wir beide Bilder erhalten, die sehr spezifisch und hilfreich für berufliche Entscheidungen sind. Darüber hinaus reinigen wir auf diese Weise regelmäßig die Energie der Vergangenheit. Wir nutzen das Bittgesuch an die göttliche Liebe auch, wenn wir entscheiden müssen, ob wir ein bestimmtes Projekt annehmen oder nicht.

Das Bittgesuch lautet etwa so: »Mit unserer Seele und der Hilfe der Engel lenken wir göttliche Liebe durch unser System. Wir denken an die bevorstehende Reise nach Denver (zum Beispiel) und bitten darum, dass unser Weg von göttlicher Kraft geführt und unsere Seelenreise erleichtert wird. Mit göttlicher Liebe entsprechend dem Willen des Schöpfers.« Dann atmen wir stoßweise durch die Nase aus und sitzen zwei Minuten einfach nur da. Danach tauschen wir uns darüber aus, was wir »gesehen«

oder welches Lied wir gehört haben. Häufig hören wir auch Bibelverse, die für uns bedeutsam sind. Da wir beide in christlichen Traditionen aufgewachsen sind, wirken diese Texte immer noch in uns nach.

Im Laufe der Zeit haben sich auf diese Weise unsere intuitiven Fähigkeiten sehr entwickelt, und wir bleiben unserer wahren Mission auf dem Planeten treu, ohne uns durch all die Schätze der Welt, die letztlich nichts bedeuten, ablenken zu lassen. Manchmal erscheint auf einem inneren Bildschirm in unserem Geist das Wort *NEIN* als Antwort auf ein bestimmtes Projekt. Manchmal geht es darum, eine Lektion zu lernen, wenn wir mit einem bestimmten Projekt weitergemacht haben, es sich aber nicht so entwickelt, wie wir es wollten. So habe ich zum Beispiel zwei Jahre unter beträchtlichen Kosten an einem Vertrag mit einer Gruppe von Geschäftsleuten gearbeitet, die wollten, dass ich ihnen als eine Art Pressesprecherin für ein von ihnen verkauftes Produkt zur Verfügung stehe. Ich sollte ihr »Aushängeschild« sein. Zuerst fühlte ich mich geschmeichelt und war aufgeregt, aber da eine meiner Lebenslektionen die Entwicklung des Egos betrifft, sollte speziell dieses Arrangement niemals Früchte tragen. Stattdessen war es dazu bestimmt, mir beizubringen, auf eigenen Füßen zu stehen – und so gründete ich schließlich meine eigene Firma, die ein ähnliches Produkt verkaufte.

Wenn Sie also nicht immer die Antworten bekommen, die Ihr Ego hören will, heißt das nicht, dass Sie irgendetwas falsch machen!

Die Zwiebel schälen

Das Heilen mit göttlicher Liebe ist so ähnlich, als würde man eine Zwiebel schälen. Bei allen Aspekten der Heilung oder schwierigen emotionalen Themen kann es eine Weile dauern, bis Ihr Nervensystem so weit entspannt ist, dass Sie zu dem Punkt gelangen, der Ihr Problem wirklich verursacht. Aber auch, während Sie durch den Prozess hindurchgehen, hilft göttliche Liebe enorm.

Wenn Bob Fritchie den Prozess der Bittgesuche an die göttliche Liebe unterrichtet, zeigt er häufig das Foto einer Zwiebel, in die er blaue Farbe injiziert hat. Wird die Zwiebel geschält, kann man sehen, dass die Farbe bis in ihre tiefsten Schichten vorgedrungen ist und sie verfärbt hat. Genauso ist es mit der Heilung. Sie geht in Schichten voran. So hatte ich im vergangenen Sommer plötzlich Schmerzen im linken Knie, wenn ich in die Hocke ging. Körperlich war mit dem Knie alles in Ordnung, das wusste ich, weil ich meine Pilates-Übungen immer noch so wie sonst machen konnte. Als Ärztin war mir klar, dass so etwas nicht gegangen wäre, hätte ich ein echtes körperliches Problem gehabt. Weder Faszientraining, das für Knieprobleme eigentlich exzellent ist, half, noch Akupunktur. Der Schmerz verging auch nicht mit Bittgesuchen an die göttliche Liebe, selbst dann nicht, als ich mit Bob direkt an dieser Sache arbeitete. Dann rutschte ich eines Tages auf glattem Eis aus und verletzte mir das rechte Bein, was ziemlich weh tat. Jetzt hatte ich gar kein Bein mehr, auf dem ich richtig stehen konnte. Buchstäblich. Ich wusste, dass all dies in höchstem Maße symbolisch war. Also machte ich ein Bittgesuch, um meine alte Art und Weise, mich in der Welt fortzubewegen, loszulassen, wobei ich darauf achtete zu sagen, dass ich dieses Muster aus eigenem Willen auflösen wollte. Der Schmerz in meinem rechten Bein löste sich fast sofort auf. Der Schmerz im linken Knie ließ etwas nach, ging aber nicht vollständig weg.

Das lag daran, dass ich gerade in einem Entwicklungsprozess steckte, in dem es darum ging, mich in Bezug auf die Frauen in meinem Leben und in Bezug auf mein eigenes weibliches Sein anders in der Welt zu verhalten als bisher. (Die linke Seite repräsentiert die Mutter, die Frauen in unserem Leben und unsere weibliche Seite.) Die alten Programmierungen in diesem Bereich verließen meinen Körper erst nach und nach, eine Schicht nach der anderen.

Wenn Sie eines meiner anderen Bücher kennen, wissen Sie, dass ich in den Jahren meiner Perimenopause ein großes Gebärmuttermyom hatte. Ich wusste eine ganze Menge über Gesundheit und Heilung, da ich zu diesem Zeitpunkt bereits jahrelang als Geburtshelferin und Frauenärztin gearbeitet hatte, und so wusste ich auch, dass Myome ein Zeichen für noch nicht geborene Kreativität sind. Allerdings war mir nicht bekannt, dass sie auch mit der kreativen Energie zu tun haben, die in einem Job oder einer Beziehung feststecken, die sich als Sackgasse herausstellt. Was mich betraf, gab mir meine Seele – durch meine Gebärmutter – einen ziemlich deutlichen Hinweis. Das Myom wurde so groß wie ein Fußball. Als ich es operativ entfernen ließ, bat ich den Anästhesisten, während meiner Bewusstlosigkeit folgende Worte zu sagen: »Wenn du aufwachst, wird das Muster, das es erschaffen hat, den Körper verlassen haben.« Zwei Jahre später war ich Single. Ich hatte die Schichten dieser ganz besonderen Zwiebel sechs Jahre lang abgeschält, bevor ich die komplette Botschaft verstand und schließlich der Wahrheit nachgab, die jetzt in diesem Buch zu lesen ist. Meine allererste Beziehung muss die mit dem Göttlichen sein. Alles andere kommt erst danach!

Wandle-mich-Gebete

Meine Freundin und Kollegin Tosha Silver, deren bahnbrechendes Buch *Unverschämt optimistisch – Warum wir grenzenlos vertrauen dürfen* das Leben so vieler Menschen zum Guten verändert hat, entwickelte die Wandle-mich-Gebete und schrieb ein ganzes Buch darüber mit dem Titel *Change Me Prayers. The Hidden Power of Spiritual Surrender.* Im Wesentlichen ist ein

Wandle-mich-Gebet ein Gebet, das Ihr Ego an Ihr göttliches Selbst richtet. Tosha zufolge ist es die Antwort auf die Frage: »Wie ändert man ein Muster, das hartnäckig ist und bei dem Sie schon alles versucht haben, um es zu ändern?«

Ein Wandle-mich-Gebet geht ungefähr so:

> Göttlich-Geliebtes, bitte wandle mich in jemanden,
> die bereit ist zu empfangen.
> Göttlich-Geliebtes, bitte wandle mich in jemanden,
> die ihren Willen ganz und gar DIR übergeben kann und
> die Führung VERTRAUENSVOLL dem Göttlichen überlässt.
> Göttlich-Geliebtes, bitte wandle mich in jemanden, die
> ihren Wert wirklich kennt. Ich bin dein, du bist mein,
> wir sind eins.

Toshas Seminare dazu, wie man dem Göttlichen die Führung überlässt, sind lebensverändernd. In einer verrückten Kultur allerdings, die uns einredet, wir könnten alles schaffen, was wir wollen, wenn wir nur die richtige Liste machen, die richtigen Dinge tun und die richtigen Affirmationen sprechen, kann es für das Ego sehr schwer sein, die Zügel wirklich loszulassen. Ich bezeichne das als Macher-Krankheit. Schließlich wird uns von früh an beigebracht, dass Erfolg, Liebe, Gesundheit und Glück davon abhängen, dass wir das tun, was unsere Kultur uns aufträgt. Selbst, wenn es dem entgegensteht, was wir in unseren Herzen als richtig erkennen.

Wandle-mich-Gebete sind enorm hilfreich und praktisch, um zu lernen, uns selbst zu vertrauen und uns vor den Fallen zu hüten, die unser Ego für uns errichtet. Im Grunde geht es darum: Das Göttliche hat für jeden von uns einen Plan. Sie haben ihn gewählt, bevor Sie geboren wurden. Dieses Göttliche ist in Ihrem Inneren und spricht beständig mit Ihnen. Ihre Aufgabe ist es, sich nach diesem Plan auszurichten und von ihm leiten zu lassen. Aber nur wenigen Leuten hat man beigebracht, dieser Führung zu lauschen. Also sagt das Wandle-mich-Gebet im Grunde: »Wandle mich in jemanden, der dem göttlichen Teil in sich selbst vertraut.«

Dies erfordert Übung, aber im Laufe der Zeit werden Sie feststellen, dass es funktioniert.

Und noch etwas: Dem Göttlichen die Führung zu übergeben bedeutet nicht, dass Sie einfach nur dasitzen und darauf warten, dass Gott den Abwasch macht. Es bedeutet, dass Sie offen sind für die Botschaften und die inneren Aufforderungen, die Sie erhalten, und dann entsprechend dem, was Sie gezeigt bekommen, handeln.

Die Hilfe der Engel

Seit ich mit zwölf Jahren aufgeregt *Natives of Eternity* gelesen habe, sind Engel immer populärer geworden, und das ist wahrlich ein Geschenk des Himmels. Die Beliebtheit dieser Führer wurde von Autorinnen wie Doreen Virtue und Kyle Gray befördert, die die Engel auf eine ganz andere Weise darstellen, als es zum Beispiel in der Heiligen Schrift der Fall ist. Diese Lehrerinnen gehen mit einer wunderbaren Energie und frischen Perspektive an das Thema heran. So weist Kyle darauf hin, dass Engel nicht immer kleine Putten sein müssen. Sie können kämpferisch und mächtig sein. Richtig beeindruckend. Engel tauchen auch in Büchern über viel weiter gefasste Themen auf. Anthony William half, Tausende von Menschen zu heilen, indem er einer Stimme in seinem Kopf lauschte, die er als »Geist des Allerhöchsten« bezeichnete und die sich selbst als »gestaltgewordenes Mitgefühl« bezeichnete. In seinem Buch *Mediale Medizin* gibt es ein eigenes Kapitel über die Hilfe von Engeln, in dem William die 21 bekanntesten Engel auflistet, die hier sind, um zu helfen. Er erwähnt aber auch, dass es 144 000 unbekannte Engel gibt, die wir zusätzlich anrufen können. Anthony empfiehlt, drei oder vier Engel gleichzeitig anzurufen bei was immer uns zusetzt.

Ich habe seit jeher an die Hilfe durch Engel geglaubt, und ich habe sie in meinem eigenen Leben auch immer wieder erlebt. Wir alle haben Schutzengel, die uns an die Hand nehmen, auch wenn wir es nicht merken. Wir können immer auf sie zählen, darauf, dass sie uns in die richtige Richtung führen, sofern wir uns entscheiden, auf sie zu hören. Wir können sie auch anrufen, wenn wir Hilfe brauchen – wir müssen einfach nur darum bitten. Aber um diese Verbindung mit der Hilfe der Engel herzustellen, müssen Sie laut sprechen! Ihre Stimme hat eine besondere Signatur und Resonanz, die die Engel hören werden. Bob Fritchie hat seinen Bittgesuchen die Worte »und mit der Hilfe der Engel« hinzugefügt, weil er herausgefunden hat, dass die Bittgesuche durch sie noch machtvoller werden.

Wenn Sie also mit etwas zu tun haben, von dem Sie nicht wissen, wie Sie damit umgehen sollen, bitten Sie einfach um Hilfe. Wieso auch nicht? Auf diese Weise machen wir uns das Leben leichter; so erschaffen wir unseren eigenen persönlichen Himmel auf Erden. Und wie der verstorbene Peter Calhoun, ein Schamane und ehemaliger Priester, einmal in einem Workshop sagte: »Wenn Sie zahlenmäßig und waffenmäßig unterlegen sind, müssen Sie sich an eine höhere Autorität wenden.« Die Engel sind ganz sicher so eine Autorität!

Kapitel 4

Die Botschaften des Universums verstehen

Was du suchst, sucht dich

Rumi

Mit dem Göttlichen zu kommunizieren ist keine Einbahnstraße nach dem Motto, Sie sprechen, und das Göttliche antwortet. Und es wartet auch nicht immer darauf, dass Sie die Initiative zu einem Gespräch ergreifen. Das Universum spricht jeden Tag mit uns. Diese Verlautbarungen können eine Antwort auf ein Bittgesuch sein oder werden Ihnen einfach nur geschickt, damit Sie etwas über Ihre Reise erfahren.

Wie das Universum nun genau mit uns kommuniziert? Mit Zeichen und Symbolen, die uns erklären, dass wir uns auf dem richtigen Weg befinden. Sie sind wie Zurufe, mit denen Gott uns anfeuert – uns sagt, dass wir in die richtige Richtung marschieren. Oder er gibt uns Hinweise darauf, wohin wir uns als Nächstes wenden sollen. Manchmal weist er uns auch an, stehenzubleiben und umzukehren. Gestern zum Beispiel rief mich eine Freundin lachend an. Sie hatte aus einem schlechten Gewissen und Pflichtgefühl heraus zugesagt, einen Vortrag zu halten, obwohl sie das gar nicht wirklich wollte – und es auch sofort danach bereut. Sie rief mich von unterwegs an, als sie auf dem Weg zu der Veranstaltung war. Normalerweise hätte sie für die Fahrt nur wenig mehr als eine Stunde gebraucht, aber diesmal waren es drei Stunden. Es gab nämlich eine Überschwemmung. Überall standen blinkende Warnschilder, auf denen so etwas stand wie »Langsam fahren« und »Nicht weiterfahren! Extreme Hochwassergefahr!« Sie verstand die Zeichen in ihrer ganzen Deutlichkeit, wie sie sagte. Wann immer sie in Zukunft noch einmal in Versuchung geraten wird, etwas zuzusagen, das sie eigentlich gar nicht tun will, wird sie sich an diese Reise erinnern.

Die Zeichen sind überall – Sie müssen nur offen dafür sein, dann können Sie sie sehen. In der Zeit, als ich am ersten Entwurf für dieses Buch arbeitete, las ich eines Morgens ein bisschen in Kyle Grays Buch *Hallo Engel,* um mich inspirieren zu lassen, ehe ich mich ans Schreiben machte. Das Buch war erst am Tag zuvor mit der Post gekommen. Ich hatte es abends auf meinen Nachttisch gelegt. Als ich es am nächsten Morgen an einer beliebigen Stelle aufschlug, fiel mein Blick auf eine Seite, auf der es um Erzengel Metatron ging. Dort stand: »Metatron hat viel mit den Veränderungen und Wandlungen unseres Planeten zu tun. Im Moment hilft er uns beim Nutzbarmachen der neuen Energien, die uns vom Universum gegeben wurden. Ich nenne ihn den Engel, der den *Himmel mit der Erde verbindet.*« Ich musste lächeln – ich verstand die Magie dieser Verbindung. Dabei hatte ich vorher keine Ahnung gehabt, welche Rolle Metatron bei der Verbindung von Himmel und Erde spielte. Metatron war eindeutig das perfekte »Zeichen«, als ich anfing, dieses Buch zu schreiben, in dem es darum geht, den Himmel auf die Erde zu bringen – sich den eigenen persönlichen Himmel in seinem gegenwärtigen Leben zu erschaffen. Von da an dankte ich ihm jeden Tag für die Inspiration beim Schreiben dieses Buches. Einige Monate später machte ich mein Ritual der 13 Rauhnächte, wie ich es immer gegen Ende des Jahres von Heiligabend bis zum 6. Januar tue. Dies bedeutet, dass ich am Heiligabend meditierte und dann Orakelkarten wähle, durch die ich für das gesamte folgende Jahr Führung erhalte. Der Engel, den ich aus dem Engel-Kartenset von Kyle zog und der im Jahr 2016 der allumfassende Einfluss sein würde – in dem Jahr also, in dem das Buch erscheinen sollte –, war Metatron. Wer auch sonst.

Ein anderer Vorfall, bei dem das Universum zu mir gesprochen hat, ist noch gar nicht so lange her. Ich hatte zwei Videos aufgenommen, in denen winzige hüpfende Lichtkugeln zu sehen waren, die ich aber erst bemerkte, als ich sie postete. Einige meiner Followers auf Instagram erzählten mir, dass es sich bei den kleinen Kugeln um Feen handele, die mich besuchen würden. Sie müssen mir das nicht glauben. Aber prüfen Sie solche Vorkommnisse in Ihrem eigenen Leben. Viele Menschen finden solche Orbs auf ihren Fotos, Zeichen der göttlichen Energie, die sich nicht erklären lassen. Als ich klein war, habe ich aus Papier Feen gebastelt und mit ihnen in den Fliederbüschen gespielt. Die Tatsache, dass jetzt eine Art Energie in meinem Leben auftauchte, die ganz sicher ätherisch und feenartig war, bestätigte mich in der Annahme, dass mein Nervensystem sich endlich in seinen natürlichen Zustand des liebevollen Bewusstseins zurückentspannt hat.

Ein solcher »Zufall« – dass ich genau das Symbol sah, das ich für meine Inspiration brauchte, sowohl, was Metatron betraf als auch die Feen – stellt nur einen der konkreten und praktischen Wege dar, wie das Göttliche ständig mit uns spricht. Gott ist für uns da, gleich hier. Sie müssen nicht jahrzehntelang auf die »Suche« gehen, um Informationen vom Göttlichen zu bekommen. Sie müssen nur wissen, wie die Kommunikation funktioniert – und dann zulassen, dass Ihnen die Schuppen der Ungläubigkeit von den Augen fallen.

Viele Menschen haben deshalb ein Problem mit der Vorstellung, das Universum würde zu ihnen sprechen, weil unsere reduktionistische Kultur und die Wissenschaft uns dazu gebracht haben, so etwas anzuzweifeln. Was ich in diesem Kapitel beschrieben habe, wird gern als »magisches Denken« bezeichnet, obwohl unsere Fähigkeit, telepathisch miteinander und mit der Intelligenz des Universums zu kommunizieren, wiederholt bewiesen wurde. Nach dem, was ich erlebt habe, werden das Universum und Ihre Seele jedes verfügbare Mittel nutzen, um zu Ihnen durchzudringen. Alles kann ein Zeichen sein: Autokennzeichen, Straßenschilder, Lieder im Radio oder auch selbst gewählte Zeichen wie Tarotkarten. Im Folgenden finden Sie einige der von mir bevorzugten Hinweise und eine Erklärung, wie ich sie benutze.

Träume

Der direkteste, stetigste und kraftvollste Weg Ihrer Seele, um mit Ihnen zu kommunizieren, geht über Ihre Träume. Deshalb ist es wichtig für Sie, Ihren Träumen Aufmerksamkeit zu schenken und bewusst mit ihnen zu arbeiten. Wie alles andere, ist auch dies eine Übung, die die Mühe lohnt.

In Träumen finden Sie Erleuchtungen, Warnungen und Vorhersagen über Ihre Zukunft. In dem Buch *The Toltec Secret. Manifestieren mit dem toltekischen Obsidianspiegel* betont Sergio Magaña, der aus einem 1400 Jahre alten mexikanischen Geschlecht stammt, dass es zwei verschiedene Realitäten gibt: die Welt des Nagual (aus der die Träume kommen) und die des Tonal (der Wachzustand). Er sagt, dass das Nagual viermal wichtiger ist als das Tonal, weil alles, was uns im Wachzustand passiert, uns zuerst in einem Traum gezeigt wurde.

Dies bedeutet nicht, dass das, was Sie in einem Traum erleben, im Wachzustand unausweichlich geschehen wird. Es geht vielmehr darum, die Botschaft zu verstehen, damit Sie den Ausgang, wenn möglich und nötig, verändern können. Sie können sogar üben, diesen Wechsel im Nagual zu vollziehen, indem Sie wieder in Ihren Traum eintreten und das Ende verändern. (Wie das geht, können Sie im nächsten Kasten lesen.)

Magaña sagt, dass Menschen, die nicht auf ihre Träume achten, wie wandelnde Tote sind. Ich kann die Weisheit dieser Aussage inzwischen erkennen.

Sowohl Sigmund Freud als auch sein Schüler C. G. Jung – beides Väter der modernen Psychologie – wussten von der Macht der Träume als Seelenkommunikation. Wer am C. G. Jung Institut in der Schweiz studiert, wird dort umfassend in Traumanalyse ausgebildet. Marion Woodman nutzte in ihrer Arbeit die erstaunliche Macht von Traumbildern zur Unterstützung und Heilung. Ihre Bücher darüber sind Klassiker.

Ein befreundeter Arzt erzählte mir von einer Erfahrung, die ihn neu über die Macht der Träume hat nachdenken lassen. Er hatte eindringlich davon geträumt, von seinem Rektum aus zu verbluten. Als er sich untersuchen ließ, fand man tatsächlich einen sehr kleinen Darmtumor. Er wurde entfernt, und seither geht es ihm gut. Er schreibt es dem Traum zu, dass er noch am Leben ist. Dr. Larry Burk, Radiologe und Autor von *Let Magic Happen,* hat ausführlich über Träume geforscht und eine Untersuchung über das Träumen von Brustkrebs als verlässliches diagnostisches Instrument veröffentlicht. Träume können so hilfreich und präzise sein, dass man sich wirklich wundern muss, warum die medizinische Fachwelt sie ignoriert!

Zusammen mit der klinischen Psychologin Doris E. Cohen, Autorin von *Repetition: Past Lives, Life, and Rebirth,* widmete ich mich im Jahr 2012 einer gründlichen Untersuchung meiner eigenen Träume, als mein Ego durch den Verlust eines Mannes, den ich wirklich geliebt hatte, zerfetzt wurde. Doris lehrte mich, dass der unterbewusste Verstand sehr wirkungsvoll ist und alles, was in Ihrem Leben gerade vor sich geht, benutzt, um seine Argumente vorzubringen. Das schließt gern auch Bilder einer kürzlich gesehenen TV-Show oder eines Films ein. Das heißt, die TV-Show ist nicht der Grund dafür, dass Sie träumen, was Sie träumen, Ihr Unterbewusstes nutzt diese Erinnerung einfach nur, um auf etwas hinzuweisen. Zum Beispiel habe ich einmal von der Figur Jake aus *Scandal* geträumt. Was er verkörperte, waren Loyalität, Integrität und Geschick – alles das, was ich bei einem Mann mag. Ich habe nicht von Jake selbst geträumt. Ich denke, einer der Gründe, warum Prominente in unserer Gesellschaft so bewundert werden, hängt damit zusammen, dass sie Rollen anbieten und wir etwas in sie hineinprojizieren. So gesehen erweisen sie unserer Psyche einen großen Dienst.

Ohne die Träume und meine Arbeit mit Doris wäre ich vielleicht in Verzweiflung und Verbitterung versunken. Stattdessen habe ich mich durch den Schmerz gearbeitet und *Göttinnen altern nicht* geschrieben – der Titel kam Doris während einer unserer Traumarbeit-Sitzungen. Das Buch hat Tausende von Frauen überall auf der Welt inspiriert und ermutigt. All das war möglich, weil ich den Anweisungen meiner eigenen Seele gefolgt bin und bereit war, meinen eigenen Schmerz zu transformieren.

Wie Sie sich an Träume erinnern, mit ihnen arbeiten und sie deuten

1. Nehmen Sie sich fest vor, sich an Ihre Träume zu erinnern. Sagen Sie laut zu sich »Göttlich-Geliebtes, bitte hilf mir, mich zu entspannen und mich heute Nacht an meine Träume zu erinnern.« Legen Sie einen Stift, Papier, eine Taschenlampe oder ein Aufnahmegerät auf Ihren Nachttisch.
2. Stellen Sie eine Frage, auf die Sie in Ihrem Traum gern eine Antwort hätten. Bitten Sie darum, dass das Bild, das Sie bekommen, leicht zu verstehen und zu deuten ist. Dann lassen Sie alles los und schlafen ein.

3. Wenn Sie von einem Traum mitten in der Nacht geweckt werden, enthält er wahrscheinlich eine wichtige Botschaft. Notieren Sie sich deshalb wenigstens ein paar Stichpunkte, damit Sie sich am nächsten Morgen noch daran erinnern können. In Ihrem benommenen Zustand zwischen Wachsein und Schlafen mag Ihnen Ihr Traum so eindrücklich erscheinen, dass Sie glauben, ihn niemals zu vergessen. Aber das werden Sie tun, wenn Sie nicht wenigstens ein paar Aspekte davon aufschreiben. Glauben Sie mir. Es ist mir Dutzende von Malen passiert.
4. Wenn Sie aufwachen, bleiben Sie noch etwas im Bett liegen und versuchen Sie, sich an Einzelheiten des Traums zu erinnern, bevor sie Ihnen entgleiten. Schreiben Sie sie auf. Ich selbst diktiere sie in mein iPhone als Sprachmemo. Später schreibe ich sie dann in ein Word-Dokument und lege sie in dem Ordner ab, den ich dafür auf meinem Computer eingerichtet habe.
5. Geben Sie dem Traum einen Titel – wie eine Zeitungsüberschrift. Diese sollte die Weisheit des Traums zusammenfassen und Ihnen in Zukunft die Möglichkeit bieten, sich den gesamten Traum wieder lebendig ins Gedächtnis zu rufen.
6. Suchen Sie nach wiederkehrenden Themen in Ihren Träumen. Und auch nach Tieren. Ich liebe es, wenn Tiere in meinen Träumen auftauchen. Sie sind immer höchst symbolisch. Ich habe es mir angewöhnt, das Symbol am nächsten Tag nachzuschauen. *Animal Speak – Krafttiere in Deinem Leben* von Ted Andrews ist mein Lieblingsbuch dafür. Außerdem mag ich die *Karten der Kraft* von Jamie Sams und David Carson. Sie können auch nach

dem Namen des Tieres googeln, zusammen mit dem Wort *Bedeutung*, also zum Beispiel »Gorilla Bedeutung«.

7. Andere übliche und nützliche Symbole und Themen beziehen sich auf Kleidung und Schuhe; sie sagen etwas aus über die Rollen, die sie in Ihrem Leben spielen. Ihre Haare repräsentieren die Gedanken in Ihrem Kopf, und so weist eine neue Haarfarbe oder ein neuer Haarschnitt auf eine neue Art zu denken hin. Autos stellen das sich durch das Leben bewegende Ich dar. Häuser sind ebenfalls das Ich – und der Keller ist das Unbewusste. Wenn Sie neue Räume vorfinden, von denen Sie bisher nichts wussten, bedeutet dies, dass Sie sich neuen Aspekten Ihres Ichs öffnen.
8. Dr. Larry Burk schlägt vor, sich zu fragen: »Was will dieser Traum?« Halten Sie inne und lauschen Sie dem ersten Gedanken, der Ihnen in den Kopf kommt. Schreiben Sie ihn auf. Außerdem empfiehlt Burk, darüber nachzudenken, dass die Geistwelt vielleicht eine Frage hat, die sie von Ihnen beantwortet haben möchte.
9. Erzählen Sie den Traum jemand anderem. Häufig erhellt sich die Bedeutung sehr schnell im Laufe des Gesprächs, wenn wir ihn einem Freund oder Therapeuten erzählen.

Achten Sie darauf, wie oft Sie sich später noch an einen Traum erinnern, den Sie in der Nacht zuvor hatten – aber erst sehr viel später am nächsten Tag, wie zum Beispiel am Nachmittag. Versuchen Sie herauszufinden, was Ihrem Gedächtnis geholfen hat, sich den Traum zu merken. Schreiben Sie den Traum auf. Schieben Sie ihn nicht einfach beiseite. Doris, meine Traumtherapeutin, sagt, dass wir die gleichen Sachen gewöhnlich Hunderte von Malen träumen, bevor wir die Botschaft verstehen. So hilfsbereit sind unsere Seelen!

Wenn ein Traum eine ungelöste Angelegenheit anspricht oder Sie auf irgendeine Weise belastet, können Sie im Wachzustand einfach die Augen schließen und noch einmal in den Traum eintreten. Verändern Sie das Ende. Denken Sie daran – dies ist ein Universum des freien Willens. Wir können unsere Zukunft ändern, indem wir unsere Gegenwart ändern. Und ganz egal, wie die Bilder zu Ihnen kommen, ob in einem Traum oder in einer Meditation, sie kommen immer vom gleichen Ort.

Lieder

Wie ich schon erwähnte, höre ich während der Bittgesuche an die göttliche Liebe häufig Lieder. Sie haben immer eine Bedeutung. Musik dringt tief in unsere Seelen, weshalb ein besonderes Lied oft die Funktion eines Orakels hat. So wie bei Kevin Hancock, dem Inhaber von Hancock Lumber hier in Maine und Autor des bilderstürmerischen Buches *Not for Sale. Finding Center in the Land of Crazy Horse* über seine Erfahrungen in dem Indianerreservat Pine Ridge Reservation in South Dakota. In dem Buch beschreibt Hancock eine Szene, in der er mit dem Auto vom Haus seiner Freundin Rosie wegfährt, die in dem Reservat wohnt. Kevin hatte es unerklärlicherweise dorthin gezogen, nachdem ihm eine Sitzung in evolutionärer Astrologie geholfen hatte, Sinn in dem Verlust seiner Stimme – einem mysteriösen Zustand, der als Spasmodische Dysphonie bekannt ist – zu finden. Indem er seine ferne Vergangenheit und seine Gegenwart zusammenbringt, spricht Kevin wortgewaltig über den »Drang«, der ihn nach Westen geführt hat. Wieder und wieder. An Orte, die er noch nie zuvor gesehen hatte, die aber trotzdem so vertraut wirkten. Orte, an denen er sich zu Hause fühlte. Er schreibt dazu: »Mein Radio ist auf 94.7 KCNB aus Chadron, Nebraska, eingestellt, als ich über Rosies gewundene, mit Kies bedeckte Auffahrt fahre, und in diesem Moment erklingt Phillip Phillips Hit ›Home‹. Darin geht es darum, verloren zu sein und gefunden zu werden und sich schließlich zu Hause zu fühlen.«

Ja – das Göttliche kommt sogar in Form eines Soundtracks daher.

Kevins Reise nach Pine Ridge und in die Gegend drumherum war – auf der Ebene der Seele – wirklich eine Art Rückkehr nach Hause. Er kehrte zu einem Teil von sich selbst zurück, der in seinem täglichen Leben bisher gefehlt hatte. Und er kehrte an einen wichtigen Ort aus einem vergangenen Leben zurück. Die Zeichen und Lieder weisen uns einfach nur den Weg, sie dienen als Markierungen während der Reise. Uns allen.

Nummernschilder, Verkehrszeichen, Uhren

Wie ich schon sagte, die Zeichen sind überall. Sogar an einigen ziemlich unerwarteten Orten. Meine Freundin Tosha Silver, die Autorin von *Change Me Prayers*, erzählt in den sozialen Medien, ihren Büchern und in Seminaren auf unterhaltsame Weise, mit welchen Botschaften sich das Göttliche immer wieder bemerkbar macht. Oft durch Nummernschilder, Verkehrszeichen oder zufällige Gegenstände auf dem Bürgersteig. Seit ich von dieser Art Orakel weiß – und die urkomischen Bilder gesehen habe, die Tosha auf Facebook postet –, achte ich in meinem eigenen Leben sehr viel mehr auf diese Dinge. Oft amüsiere ich mich über die Genauigkeit der Botschaft des Autos vor mir. So bin ich einmal etwas niedergeschlagen zu einer Tangostunde nach Portland gefahren. Ich hatte sogar schon daran gedacht, die Stunde ausfallen zu lassen. Als ich dann auf dem Nummernschild des Autos vor mir FUN las, wurde ich sofort wieder in mein übliches heiteres Selbst zurückbefördert. Es war, als hätte das Göttliche mich angesehen und gesagt: »Hey, du. Tangotanzen ist der größte Spaß, den du haben kannst. Also entspann dich.«

Ein anderes Zeichen, das ich besonders liebe, begegnete mir im März letzten Jahres, als ich in meiner Auffahrt etwas sah, das ich erst für Müll hielt. Als ich hinging und es aufheben wollte, entpuppte es sich als ein mit Helium gefüllter Luftballon, der leicht über dem Boden schwebte. Auf ihm standen die Worte *Be My Valentine.* Wie um alles in der Welt war es möglich, dass dieses Ding von sonstwo hierhergeschwebt war, um einige Wochen nach dem 14. Februar mitten in meiner Auffahrt zu landen? Ich hatte keine Ahnung, aber es war das perfekte Zeichen des Jahres. Ich machte ein Foto davon und schickte es Tosha. Und in diesem Moment – weit entfernt in San Francisco – lief ein Mann an ihr vorbei, auf dessen T-Shirt »My Muddy Valentine« stand – was eine Anspielung auf das jährliche Matschrennen war, bei dem manche Menschen tatsächlich ihre große Liebe finden. Tosha und ich hatten es allerdings eher auf eine Partnerschaft abgesehen, die alle Lebensbereiche betrifft – und zwar angefangen bei uns selbst. Wir wussten beide, dass die in unserer Kultur tief verwurzelte Vorstellung, der zufolge »Ganzheit« durch die romantische Liebe zu erfahren ist, eine Gefahr birgt, wenn wir diese Ganzheit nicht zuvor in uns selbst finden. Dass der Valentine-Ballon und das Muddy-Valentine-T-Shirt zur gleichen Zeit an beiden Küsten auftauchten, war wie ein göttliches Augenzwinkern, mit dem uns versichert wurde, dass wir auf dem richtigen Weg waren.

Zu den Zeichen, die das Göttliche mir geradezu regelmäßig schickt, gehören auch Zahlen auf meinem Handy, die ein Vielfaches von 11 sind. In der Numerologie ist die Elf eine spirituelle

Meisterzahl, die darauf hindeutet, dass Engel in der Nähe sind. Die Zahl 11:11 oder 4:44 oder 3:33 zu sehen ist somit ein weiterer Hinweis auf das Göttliche. Was immer ich in diesem Moment tue, es fühlt sich an, als sei es vom Göttlichen zeitlich so vorherbestimmt, und so weiß ich, dass ich auf dem richtigen Weg bin.

Wenn Sie also das nächste Mal auf Ihr Handy schauen und das Display ein Vielfaches von 11 zeigt, lächeln Sie, machen Sie einen Screenshot und denken Sie daran, dass Sie sich in die richtige Richtung vorwärtsbewegen. Merken Sie sich auch, was Sie in diesem Moment gerade tun. Sind Sie auf dem Weg zu einer Besprechung? Treffen Sie einen Menschen, den Sie noch nicht kennen? Verbinden Sie die Zeichen mit dem, was in Ihrem Leben in diesem Moment vor sich geht.

Während ich an diesem Buch arbeitete, ist mir einmal um genau 4:44 p.m. Folgendes passiert. Ich musste einem Freund eine Mail schicken, um ihm Bescheid zu sagen, dass ich die gemeinsam geplante Reise nicht machen konnte. Ich befürchtete, ihn zu enttäuschen, aber der Umstand, dass es just 4:44 p.m. war, bestätigte mich darin, die richtige Entscheidung getroffen zu haben. Ich schickte die Mail sofort los! Er war tatsächlich enttäuscht. Ein paar Wochen später brach er sich beim Skifahren ein Bein, was bedeutete, dass er die Reise ohnehin nicht hätte machen können. Göttliche Führung ist ein vorausblickender Prozess, der Sie in die Zukunft geleitet, ohne Ihnen den Grund zu sagen. Wirklich verstehen kann man sie erst im Rückblick.

Orakelkarten, Tarot-Readings, Medien

Andere Mittel, zu denen Menschen greifen, um Hinweise darauf zu erhalten, ob sie auf dem richtigen Weg sind, sind Orakelkarten, Tarot-Readings und Medien. Diese Formen der Kommunikation mit dem Göttlichen sind gut bekannt. Ich besitze etwa 20 verschiedene Orakelkartendecks. Zurzeit benutze ich am häufigsten Colette Baron-Reids *Weisheitskarten für Lebensentscheidungen,* Doreen Virtues *Orakel der Göttinnen,* Jamie Sams und David Carsons *Karten der Kraft* sowie Kyle Grays *Engelgebete.* Oft nehme ich mir eine Karte, wenn ich in einer bestimmten Angelegenheit etwas Führung gebrauchen kann. Oder ich mache ein Beziehungs-Reading mit drei Karten, bei dem ich eine Karte für mich wähle, eine Karte für die Angelegenheit (oder eine andere Person) und eine dritte Karte, die zwischen den beiden anderen liegt, um ein Gespür dafür zu bekommen, worum es in der Situation geht.

Wenn Sie einfach nur Führung suchen und deshalb auf ein Orakeldeck zurückgreifen, stellen Sie die Frage, die Sie gern beantwortet hätten, mischen Sie die Karten und ziehen Sie eine. Die Karte wird Ihnen helfen, das zu sehen, was Sie bezüglich der Situation, auf die sich Ihre Frage richtet, sehen müssen. Um die Bedeutung der Karte besser verstehen zu können, liegt den meisten Orakeldecks ein Ratgeber mit einer ausführlichen Erklärung dazu bei, wofür die Karten stehen.

Abgesehen von meinen Orakelkarten habe ich immer ein kleines Reisedeck mit Tarotkarten in meiner Tasche. Seit vielen Jahren schon empfinde ich das Kartenziehen als ungemein praktisch, um mir bei allen möglichen Entscheidungen helfen zu lassen, angefangen davon, bei welchem Restaurant ich etwas bestellen soll bis hin zu der Frage, ob ich irgendein Angebot zusagen oder ablehnen soll. Wenn es um einfache Ja-Nein-Fragen geht, arbeite ich mit dem Tarotdeck und zwei kleinen Zetteln, die ich ebenfalls immer bei mir habe. Auf dem einen steht JA und auf dem anderen steht NEIN. Ich habe die Zettel immer zusammengefaltet, damit ich nicht weiß, auf welchem was steht. Wenn ich dann Entscheidungshilfe brauche, lege ich die gefalteten Zettel auf einen Tisch, verbinde mich mit dem Göttlichen und ziehe dann für jeden von ihnen eine Tarotkarte. Anschließend falte ich die beiden Zettel auseinander und schaue mir an, mit welchen Karten sie verbunden sind. Ich kenne die symbolischen Bedeutungen des Tarots gut genug, um zusätzliche Einsichten in Bezug auf die anstehenden Entscheidungen zu bekommen. Es gibt immer Feinheiten bei der Bedeutung und Führung, die sehr hilfreich sind.

Wenn meine Frage nicht mit einem einfachen Ja oder Nein zu beantworten ist – es also mehrere Möglichkeiten gibt –, gehe ich anders vor. Ich schreibe dann jede Möglichkeit auf einen kleinen Zettel, falte diesen zusammen und lege, nachdem ich mich mit dem Göttlichen verbunden habe, die jeweilige Karte so auf den dazugehörenden Zettel, dass ich nicht sehen kann, was darauf steht. Auf diese Weise erhalte ich zu der anstehenden Wahl detaillierte Informationen, die meinem Verstand und Ego sonst entgangen wären. Ich lege auch häufig Karten als eine Art »Wetterbericht«, um zu sehen, wo ich gerade stehe. Wenn in meinem Denken irgendetwas blockiert ist, spiegelt sich das so gut wie immer in den Karten. Im folgenden Kasten stelle ich dar, wie der Prozess abläuft, wenn ich Hilfe bei einer Entscheidung benötige.

Es gibt Tarotdecks in vielen Ausführungen – angefangen vom Rider-Waite-Smith-Deck, das zu denen gehört, die am häufigsten benutzt werden, bis hin zu meinem Lieblingsdeck, dem Motherpeace-Round-Tarot-Deck. Die meisten Decks unterscheiden sich hauptsächlich in Hinblick auf ihre Illustrationen, die immer ein bestimmtes Thema haben, wie zum Beispiel die Natur. Man teilt Tarotkarten in zwei Kategorien ein: die Große Arkana und die Kleine Arkana. Die Kleine Arkana umfasst Stäbe, Schwerter, Becher und Kreise (Scheiben oder Pentagramme); diese Karten sind nummeriert oder mit Bildern vom Hofstaat versehen, dem Pagen, der Königin oder dem König. In der Regel hat die Kleine Arkana 56 Karten und die Große Arkana 22. Diese sind entweder von 1 bis 22 oder von 0 bis 21 nummeriert. Die Karten der Großen Arkana tragen Namen wie »Das Rad des Schicksals«, »Der Tod«, »Der Teufel, »Der Magier«, »Die Sonne« und so weiter. Sie repräsentieren größere kosmische Prinzipien.

Jede Karte in einem Tarotdeck hat eine Bedeutung. Die Karten der Kleinen Arkana bieten scharfsinnige und detailreiche Hinweise bezüglich einer Situation. Sie sind die »kleinen« Karten, die bei einem Reading etwas über die persönlichen Anteile aussagen. Die Karten der Großen Arkana verweisen auf etwas von größerer Bedeutung; sie drücken universelle Ideen und Archetypen aus.

In diesem Buch kann ich Ihnen nicht erklären, wie man ein vollständiges Reading macht, denn so wie das Lesen eines Horoskops ist auch das Lesen von Tarotkarten eine Kunst. Glücklicherweise sind den meisten Decks Erklärungen darüber beigelegt, wie man ein Reading macht, zusammen mit Informationen über die Bedeutung der einzelnen Karten. Ich schlage Ihnen daher vor, dass Sie sich ein Deck besorgen und anfangen, sich mit den Karten und dem Umgang mit ihnen vertraut zu machen. Es ist auch hilfreich, bei einem erfahrenen Kartenleger ein Reading machen zu lassen.

Entscheidungshilfe durch Tarot

Es gibt viele Möglichkeiten, um durch das Legen von Tarotkarten Informationen zu erhalten. Wenn ich in diesem Buch auch nicht in die Tiefe gehen kann, so möchte ich hier doch zeigen, wie ich vorgehe, wenn ich auf einfache Weise etwas Hilfe bekommen möchte.

1. **Erkennen Sie Ihr Problem:** Während ich an diesem Buch schrieb, stand ich vor der Entscheidung, ob ich Kästen (wie diesen) einsetzen wollte oder nicht. Solche Kästen haben Vor- und Nachteile. Einerseits kann man Inhalte darin schön gesondert darstellen und sie sind leicht zu finden. Andererseits unterbrechen sie den Erzählfluss eines Kapitels, was dessen Charakter verändert. Ich neigte

ein bisschen zu Kästen, war mir aber nicht ganz sicher, ob sie sich wirklich für dieses Buch eigneten.

2. **Verschaffen Sie sich Klarheit über Ihre Optionen:** In diesem Fall gab es nur die Möglichkeit, Kästen hineinzunehmen oder nicht – ein ziemlich einfaches Beispiel also. Es gibt jedoch auch Entscheidungen, bei denen mehrere Alternativen möglich sind.
3. **Schreiben Sie die Optionen auf:** Ich schrieb »Kästen« und »Keine Kästen« auf zwei verschiedene Zettel und faltete sie zusammen, damit ich nicht sehen konnte, auf welchem was stand.
4. **Stellen Sie die Frage:** Ich fragte: »Welche dieser Möglichkeiten ist die beste?«
5. **Legen Sie Ihre Karten aus:** Auf jede aufgeschriebene Option legte ich eine Karte. Ich bekam den Teufel für »Keine Kästen«. Das war eine klare Botschaft. Der Teufel ist allerdings nicht automatisch schlecht: Er stellt einfach nur die Trennung von der Göttlichkeit dar. Wie man sieht, habe ich mich für Kästen entschieden.

Es mag verwirrend erscheinen, Tarotkarten auf diese Weise zu benutzen, da jede Karte eine andere Bedeutung hat, aber ich habe herausgefunden, dass es mir im Laufe der Jahre immer leichterfällt, die Karten zu deuten. Mit der Zeit kann man sehr gut darin werden. Und wenn Sie Ihr Deck richtig gut kennen, wird es zu Ihnen sprechen, und Sie erhalten weit mehr Informationen als nur das, was auf der Karte abgebildet ist. Denken Sie daran, dass Tarotkarten den archetypischen Mustern des menschlichen Bewusstseins entstammen, die über Jahrhunderte hinweg weitergegeben wurden.

Was Sie nie vergessen sollten, wenn Sie mit Tarotkarten arbeiten: Die Karten selbst besitzen keine Macht. Ich mache häufig die Erfahrung, dass Menschen ebenso wie bei der Astrologie Angst haben, ein »schlechtes« Reading zu bekommen. Das rührt daher, dass manche Menschen ihre intuitiven Kräfte zum Zwecke persönlicher Bereicherung missbrauchen. Aus reinem Spaß gehe ich manchmal zu Medien, deren Läden mit Neonwerbung auf sich aufmerksam machen und von der Straße aus deutlich zu sehen sind; nur selten habe ich diese Medien als besonders hilfreich empfunden. Die Readings, die sie geben, neigen entweder dazu, einen zu entmachten und ohne jede Hoffnung zurückzulassen, oder übermäßigen Optimismus zu verbreiten. Beides erzeugt nichts als schlechte Energie, und da wir meistens zu einem Medium gehen, wenn unser Ego verzweifelt nach etwas sucht, das echt ist (eine Arbeit, eine Liebe, eine Handlung), brauchen wir ein bisschen Beruhigung. Das Legen von Karten *kann* wirklich sehr hilfreich sein, wenn die richtigen Leute es tun.

Merken Sie sich also – nur, weil jemand ein Medium ist und die jenseitige Welt sehen kann, heißt das nicht, dass das, was er oder sie von dort bekommt, auch hilfreich, richtig oder auch nur etwas ist, mit dem man zu tun haben möchte. Deshalb sage ich gern zu Menschen, die mir erklären, dass sie sich mit den Toten verbinden können: »Nur, weil sie tot sind, heißt das nicht, dass sie erleuchtet sind.« Und nur, weil jemand ein Medium ist und intuitive Fähigkeiten besitzt, sind das nicht unbedingt Heilkräfte. Manchmal haben Medien eine unreine Energie und benutzen ihre Gabe, um andere auszubeuten. Jeder Mensch hat prinzipiell Zugang zu sogenannten übernatürlichen Fähigkeiten, wenn er sich nur die Mühe macht, diesen zu finden. Lassen Sie sich also nicht von jenen einfangen, die ihre Fähigkeiten benutzen, um Macht zu gewinnen. Die Kraft des Lichts und der Heilung zu sein ist etwas ganz anderes. In jedem Fall ist man dann wahrhaft spirituell, wenn man dem anderen einen Vertrauensbonus gibt, freundlich ist, barmherzig und versöhnlich. Selbst dann, wenn es unbequem ist.

Göttlich orchestrierte Synchronizitäten

Meine bevorzugte Art, mit dem Göttlichen zu kommunizieren, ist die Synchronizität. Synchronizität bedeutet, dass Ereignisse, die scheinbar zufällig stattfinden, in Wirklichkeit eine so starke Bedeutung haben, dass man sie unmöglich als Zufall abtun kann. Synchronizitäten finden ununterbrochen statt, und sie werden durch eine mysteriöse Kraft orchestriert, die unser Ego einfach nicht erfassen kann. Dies macht einen Teil ihrer Magie aus.

Im Spätsommer 2015 erlebte ich einige vom Göttlichen erstaunlich fein aufeinander abgestimmte Vorfälle. Es war wirklich verblüffend. Bevor ich näher darauf eingehe, möchte ich jedoch, um die Bedeutung der Angelegenheit zu betonen, einen Blick zurück in das Jahr 2012 werfen. Damals erfüllte ich mir einen lang gehegten Traum und reiste nach Buenos Aires, um dort Tango zu tanzen. Obwohl ich während der Reise einige wunderbare Momente erlebte, war es insgesamt aber nicht das, was ich mir erhofft hatte.

An meinem zweiten Tag dort ging ich mit einem befreundeten Tangotänzer zufrieden eine sonnenbeschienene, belebte Straße entlang. Er war schon öfter in dieser Stadt gewesen, sprach fließend Spanisch, und er hatte mir auch erzählt, dass es dort sicher sei. Plötzlich stand aus heiterem Himmel ein Mann hinter mir, legte seine Hände um meinen Hals und riss mir meine Kette weg. Das alles geschah blitzschnell, ich war geschockt und zitterte, mein Hals war voller Schrammen und gequetscht. Dieser Moment prägte die Stimmung meines dreiwöchigen Abenteuers. Der Dieb hatte nämlich nicht irgendeine Kette gestohlen, nein. Sie war nicht nur teuer gewesen, sondern es handelte sich um eine goldene Göttinnen-Kette in Gestalt eines Sichelmonds. Außerdem hatte ich sie von einigen engen Freunden zum Geburtstag geschenkt bekommen. Die Kette war zweifellos mein Lieblingsschmuck gewesen – ein ganz besonderes Stück, das ich immer getragen hatte.

Ich erzählte auf Facebook von dem Vorfall, um Trost zu bekommen. Tosha Silver, die ich damals noch kaum kannte, schickte mir eine sehr aufschlussreiche Nachricht, der zufolge die Göttin als Teil der Heilung manchmal ein Opfer verlangt. Vielleicht handele es sich ja bei der ganzen Angelegenheit um ein gutes Omen.

Obwohl ich die Kette bis heute vermisse, und obwohl ich dem Universum einiges vorgeschlagen habe, das man mit dem Dieb tun könnte, wusste ich, dass der Diebstahl höchst symbolisch war.

Ein Teil meiner Lebensreise hatte darin bestanden, zu akzeptieren und Frieden damit zu schließen, dass mein wahrer Seelenpartner nicht außerhalb von mir ist. Er ist in mir. Kein Versuch, ihn in jemand anderem zu finden, hat auf Dauer funktioniert. (Und glauben Sie mir – ich habe jeden Weg probiert. Eingeschlossen Onlinedating. Was auch immer es ist, ich habe es getan.) Damit meine ich nicht, dass ich nicht gern eine Beziehung hätte. Es ist nur so, dass diese innere Arbeit erledigt werden muss. Sie ist die innere Heirat, für die ich geboren wurde.

Zu dem Zeitpunkt, als ich nach Argentinien fuhr, hatte ich diesen Teil meiner Reise noch nicht akzeptiert. Ich trauerte um den Verlust einer Beziehung, die ich für »die eine« gehalten hatte. Ich hatte wirklich geglaubt, dass er derjenige sein würde, der mich ganz machte. Aber die Wahrheit ist, dass wir alle maskuline und feminine Energien in uns haben, und wenn wir froh und glücklich leben wollen, müssen diese im Gleichgewicht sein. Keine äußere Kraft wird uns jemals ganz machen. Doch es ist eine Sache, das verstandesmäßig zu wissen – was ich tat –, und eine völlig andere, wenn dieses Wissen einer Prüfung unterzogen wird, indem man denjenigen verliert, den man für die Liebe seines Lebens gehalten hat. Der Dieb meiner Halskette hatte mir die Notwendigkeit vor Augen geführt, die äußere Liebe beiseitezuschieben und mich darauf zu konzentrieren, meine maskulinen und femininen Energien ins Gleichgewicht zu bringen.

Von 2012 bis zu meiner Reise im Jahr 2015 arbeitete ich unablässig an diesem Ziel. Auch, weil alles andere einfach zu schmerzhaft war. Da ich weder Drogen nehme noch Alkohol trinke, konnte ich meinen Schmerz nicht betäuben und spürte die Sehnsucht und Verzweiflung in ihrem ganzen Ausmaß; was immer ich tat, sie wollten einfach nicht vergehen. Im Frühjahr 2015 lud mich dann eine gute Freundin zu einer außergewöhnlichen privaten Gruppenreise zu einer heiligen Stätte ein, die sie schon immer fasziniert hatte. Viele waren dabei, die ich kannte. Alles an dieser Reise – angefangen von der Planung bis hin zu jeder Station – kam mir so vor wie ein Nicken des Göttlichen, das mir mitteilte, dass meine Arbeit voranging. Ich war auf dem richtigen Weg.

Die Synchronizität der Reise begann in der Planungsphase, als über das Abreisedatum gesprochen wurde. Sie sollte zu dem Zeitpunkt beginnen, an dem die Planeten Mars (maskulin) und Venus (feminin) am Himmel einen höchst ungewöhnlichen Tanz aufführten – insgesamt drei verschiedene Male sollten sie zusammenkommen, was äußerst selten vorkommt. Die Reise selbst – ebenfalls während des Mars-Venus-Tanzes – würde uns zum Retreat beim Mount Shasta führen, von dem es heißt, dass er ein besonderer Energiepunkt auf der Erde ist. Man kann die hohe Vibration und die Reinheit dieses Platzes spüren. Meistens hat man dort auch keinen Handyempfang.

Während ich dort war, wohnte ich an einem Ort namens Stewart Springs, der wegen seiner mineralstoffreichen Quellen bekannt ist. Ich erfuhr, dass Stewart Springs sowohl eine männliche wie auch eine weibliche Quelle hat, die an der gleichen Stelle aus dem Boden entspringen. Die weibliche Quelle hinterlässt aufgrund des Eisengehalts einen rötlichen Rückstand, die männliche aufgrund des Calzitgehalts einen weißen. Für die

Bäder und den Pool, in den man sich nach der Sauna sinken lassen kann, wird das männliche Quellwasser benutzt. Offensichtlich zerfrisst das weibliche Quellwasser die Leitungen, so dass es nicht verwendet werden kann.

Dort, wo die beiden Quellen entspringen, gibt es einen Pavillon mit durchsichtigem Boden, durch den man nach unten sehen und sie beobachten kann. In dem offenen Gebäude befindet sich ein großer Altar, bei dem Besucher Bemerkungen, Kristalle, Bilder und verschiedene heilige Gegenstände zur Ehrung dieses wirklich sehr besonderen Platzes hinterlassen – und zur Ehrung der maskulinen und femininen Energien, die Seite an Seite aus der Erde aufsteigen.

Ich bin sehr gern dort gewesen und habe auch eine Gabe zurückgelassen, zusammen mit einem Gebet und der Absicht, die männlichen und weiblichen Energien in mir zu verbinden. Wohl zum tausendsten Mal übergab ich dem Göttlichen meine Sehnsucht nach einem Mann, der mich ganz machen würde. An diesem besonderen Ort unseres Planeten zu sein, zu diesem besonderen Zeitpunkt, fühlte sich an, als hätte das Göttliche es so eingefädelt.

Während der Zeit beim Mount Shasta erfuhr ich, dass es nur noch einen anderen Ort auf der Erde gibt, an dem eine männliche und eine weibliche Quelle an der gleichen Stelle entspringen: Glastonbury in England. Und genau dorthin wollte ich einen Monat später während eines anderen Treffens von Mars und Venus reisen. Ich war sprachlos. Wie groß war wohl die Wahrscheinlichkeit für so einen Zufall? Gleich null. Die göttliche Fügung hatte mir eine Pilgerreise an die beiden einzigen Orte zusammengestellt, an denen männliche und weibliche Energien nebeneinander aus der Erde kommen, und das zu genau dem Zeitpunkt, wenn diese Energien am Himmel über mir tanzten.

Als ich in Glastonbury war, besuchte ich zuerst die männliche Quelle White Spring, die von einem gotischen Steingebäude überdeckt ist – komplett mit Wasserbecken und Altaren sowohl für die Göttin als auch für den Gehörnten Gott. Venus und Mars, wenn man so will. Wir sangen ein Lied für die Göttin. Ich ließ Gaben für beide Aspekte der Göttlichkeit zurück, die männlichen und die weiblichen. Danach besuchten wir die weibliche Chalice Well mit ihren wunderschönen Abbildungen der Vesica Piscis in dem Durchgang zur Quelle und auf deren Abdeckung. Die Vesica Piscis besteht aus zwei sich schneidenden Kreisen, die die Verbindung von Geist und Materie darstellen, oder von Männlichem und Weiblichem. Ich füllte bei der Chalice Well Flaschen mit dem Quellwasser ab, um es mit nach Hause zu nehmen, und tauchte auch einige Kristalle hinein.

Die Reisen nach Mount Shasta und Glastonbury hatten eine transformierende Wirkung auf mich. Sie verstärkten die Wichtigkeit, dass ich meinen Wert und meine Kraft aus mir selbst bezog. Und sie schenkten mir die Gelegenheit, mir klarzumachen, wie unglaublich weit ich bereits gekommen war, seit die Göttin *ihr* Halsband in Buenos Aires zurückgefordert hatte.

Das Schöne daran ist, dass die Sehnsucht und der Herzschmerz jetzt eine Sache der Vergangenheit sind. Ich bin glücklicher und erfüllter als je zuvor – und das bedeutet eine enorme Erhöhung meiner Schwingung. Es fühlt sich ein bisschen so an, als hätte ich zigtausend Leben daran gearbeitet – und es nun endlich »kapiert«.

Magie ist überall

Während meiner Reise nach Glastonbury beschloss ich, St. Margaret's Chapel zu besuchen, einen Teil der riesigen Abtei von Glastonbury. Ich wollte dies tun, weil ich meine Ausbildung zur Geburtshelferin am ehemaligen St. Margaret Hospital for Women oben auf dem Dorchester Hill in Boston absolviert hatte. Die heilige Margareta von Schottland, die mit dem

Göttlich-Weiblichen assoziiert wird, verbrachte ihr Leben ganz im Dienste Gottes und liebte jeden Menschen bedingungslos. Jeder Tag am St. Margaret Hospital begann damit, dass Schwester Anna über Lautsprecher die Morgengebete las – Gebete, die im ganzen Krankenhaus zu hören waren, auch wenn wir eine schwere Geburt durchführten oder einen Kaiserschnitt machten. Selbst wenn wir ein Baby wiederbelebten. Ich fühlte mich immer getröstet durch diese Gebete.

Es gab auch ein Schild am Waschbecken, das ich stets las, bevor ich mit einer OP begann. Es war ein Gebet an Erzengel Raphael, den großen Heiler. Ich erinnere mich nicht mehr an den genauen Wortlaut, aber im Wesentlichen beteten wir dafür, dass Erzengel Raphael durch uns arbeiten würde, während wir operierten, so dass wir eine Kraft der Heilung sein konnten. Ich liebte es zu wissen, dass ich nicht allein im OP war – dass mir *größere* Kräfte zur Seite standen. Als ich in Glastonbury in der St. Margaret's Chapel stand, zündete ich eine Kerze an und hinterließ eine Opfergabe. Ich dankte der heiligen Margareta für alles, was sie getan hatte, als sie noch in einem Körper auf dieser Erde gewandelt war – und für all das, was sie weiterhin im Geiste für uns tut.

Als ich damals am St. Margaret's ausgebildet wurde, musste ich Operationstechniken lernen, Anatomie und das Nähen von Wunden. Welchen Beruf man auch wählt, wenn man ihn beherrschen will, gibt es keine Abkürzung – man muss Arbeit, Disziplin und Zeit investieren. Das ist selbstverständlich. Aber wenn man die Große Magie um Unterstützung bittet, merkt man bald, dass es Kräfte gibt, die sehr viel größer sind als der eigene Verstand. Kräfte, die man anrufen kann, damit sie einem in allen Lebensbereichen helfen. Und dass sich alles Mögliche zeigen wird, angefangen von Nummernschildern bis hin zu scheinbar zufälligen Begegnungen, um uns auf dem Weg zu halten. Nichts könnte berauschender sein.

Kapitel 5

Gedanken und Gefühle: Die grundlegenden Bausteine Ihrer Realität

Gedanken werden Dinge, immer – es gibt keine mildernden Umstände, keine Ausnahmen.

Mike Dooley

Verlassen wir jetzt den Geist und wenden wir uns der Macht Ihres Verstandes zu, damit Sie sich Ihr Leben leicht machen können und zu Ihrer ureigenen Mitte finden. Was den Verstand betrifft, ist vor allem eins wichtig: zu verstehen, dass die Qualität Ihres Lebens von der Qualität der Gedanken abhängt, die Sie gewohnheitsmäßig denken. Gedanken sind machtvolle elektromagnetische Ereignisse im Gehirn, die einen Wirbel aus Energie sowohl um Sie herum als auch in Ihrem Inneren erzeugen. Wie Sie denken, so fühlen Sie sich, und wie Sie sich fühlen, so schwingen Sie. Und entsprechend Ihrer Schwingung ziehen Sie andere und anderes an. Positive Gedanken haben eine hohe Schwingung, negative Gedanken haben eine niedrige Schwingung. Jeder einzelne Gedanke, den Sie denken, wird begleitet von subtilen Veränderungen in Ihrem Immunsystem, Ihrem Hormonsystem und Ihrem zentralen Nervensystem.

Positive Gedanken werden von positiven biochemischen Veränderungen Ihres Körpers begleitet. Negative Gedanken neigen dazu, Ihre Immunabwehr zu schwächen und Ihre Stimmung niederzudrücken. Außerdem haben beide Arten von Gedanken die Tendenz, ihr physisches Äquivalent anzuziehen. Die Möglichkeit, die Qualität Ihrer täglichen Gedanken zu steuern, indem Sie sie sorgfältiger und bewusster wählen, gibt Ihnen daher ein machtvolles Werkzeug dafür an die Hand, Ihr Leben leicht zu machen.

Klingt einfach, nicht wahr? Ist es auch. Es gibt nur ein Problem: Wir denken schätzungsweise 60 000 Gedanken am Tag, und von diesen Gedanken sind üblicherweise 80 Prozent negativ, so wie: »Es ist zu spät für mich, um (suchen Sie sich etwas aus).« Oder: »Mein Vater hatte recht, ich werde es nie zu etwas bringen.« Und so weiter. Gedanken werden wie Gene innerhalb von Familien und Völkern weitergegeben, und sie sind hochgradig ansteckend. Wenn Sie zum Beispiel in einer Familie aufgewachsen sind, die glaubt, dass reiche Menschen böse sind, stehen die Chancen gut, dass Sie genau das Gleiche denken werden. Anders zu denken als Ihr »Stamm« wird als Verrat empfunden. Und wie Sie in einem früheren Kapitel gesehen haben, bestrafen Stämme ein Verhalten, das sie als Verrat empfinden, mit Bloßstellen und Verlassen. Weil es schmerzhaft ist, bloßgestellt und verlassen zu werden, wollen die meisten Menschen nicht riskieren, ihre Gedanken zu ändern, da sie sonst nicht mehr zu den anderen passen würden. Ich erwähne das deshalb, damit Sie wissen, dass Sie auf dem richtigen Weg sind, wenn Sie dem unausweichlichen Widerstand begegnen, der immer mit einer Veränderung der Gedanken einhergeht!

Glücklicherweise haben wir alle die Möglichkeit, die Art unseres Denkens zu ändern. Dr. Joe Dispenza spricht in seinem ausgezeichneten TED-Talk ausführlich darüber, wie Gedanken und damit verbundene Gefühle die neuronalen Muster in unserem Hirn verändern. Wiederholte Gedanken und Gefühle der Freude oder des Mitgefühls erzeugen tatsächlich neue Verbindungen im Hirn, und die alten Gedanken der Niedergeschlagenheit und Traurigkeit fallen schließlich weg. Aber dies geschieht nur durch ständige Wiederholung und Einsatz. Wir wissen inzwischen, dass das Hirn besonders gut in dem ist, was es am meisten tut. Sich wiederholende Gedanken erzeugen schnellere und breitere Wege im Hirn, so wie man Waldpfaden umso besser folgen kann, je mehr Menschen auf ihnen gegangen sind. Wie heißt es so schön: »What fires together, wires together« – Neuronen, die zusammen feuern, vernetzen sich miteinander. Diese Fähigkeit des Hirns, die Verdrahtungen mittels neuer Gedanken und Bewegungsmuster zu verändern, wird als Neuroplastizität bezeichnet. Und diese Eigenschaft behalten wir unser ganzes Leben lang bei, was bedeutet, dass es nie zu spät ist, die bisherigen Gedankenmuster zu verändern und damit das Leben zu verbessern.

Es braucht Wiederholung, Selbstliebe, Optimismus, Geduld und Disziplin, um das eigene Denken zu verändern. Wenn Sie damit beginnen, liebevolle Aufmerksamkeit auf Ihre Gedanken zu richten – ganz egal, wie negativ diese auch sein mögen –, werden sie sich nach und nach auf ganz natürliche Weise in positivere verwandeln. Am Ende wird Ihr Leben sich für immer zum Besseren verändert haben. Ihre Gedanken und die damit verknüpften chemischen Substanzen, die Ihren Körper beeinflussen, werden ganz für Sie arbeiten. Also fangen wir mit einigen bewährten Möglichkeiten an, um Ihre Gedanken zu ändern.

Ihre innere Unschuld lieben

Der spirituelle Lehrer Matt Kahn zeigt auf, dass das, was wir als »Schatten« bezeichnen, in Wirklichkeit unser inneres Kind – und unsere innere Unschuld – ist, das so lange missachtet wurde, dass es schließlich alles zu tun bereit ist, um unsere Aufmerksamkeit zu erlangen. Zur Verdeutlichung erzählt er in einem seiner YouTube-Vorträge von dem Moment, als die Stärke seines inneren Kindes offensichtlich wurde. Er hielt gerade Zwiesprache mit aufgestiegenen Meistern und anderen hochschwingenden spirituellen Führern, als eine Stimme in seinem Kopf sagte: »Ich sch… auf dich!« Es war sein inneres Kind, dessen Bedürfnisse er vernachlässigt hatte. Ganz offensichtlich liebt das innere Kind solche heftigen Formulierungen, um seine Anliegen zu unterstreichen.

Als ich dies hörte, ging mir ein Licht auf. Natürlich! Fast alle Menschen, mich selbst eingeschlossen, tragen von Kindesbeinen an die tiefe Überzeugung mit sich herum, dass das, was sie zu sagen oder beizusteuern haben, nicht gut genug ist. Diese Überzeugung hängt mit dem übererregten Nervensystem – und infolgedessen den unbewussten Überzeugungen – unseres inneren Kindes zusammen. Und mit den inneren Kindern unserer Eltern, und deren Eltern, und so weiter.

Sie werden Ihre Gedanken nicht dauerhaft verändern können, ganz zu schweigen von Ihrem Verhalten, wenn Sie nicht auch diesen Teil von sich lieben. Sie müssen Ihr inneres Kind so lieben, wie Sie ein fünfjähriges Kind lieben würden, das wegen irgendetwas leidet. Wenn Sie sich also bei einem negativen Gedanken ertappen, wenden Sie sich zuerst einmal dem Kind in Ihrem Inneren zu, das Sie einfach nur wissen lässt, wie es sich fühlt, und sagen Sie dann so etwas wie: »Ich liebe dich. Du bist wunderbar. Ich schätze dich. Ich vergebe dir. Du bist wertvoll.« Legen Sie Ihre Hand auf Ihr Herz und sprechen Sie die Worte laut aus. Es muss deutlich werden, dass Sie es ernst meinen. Den Schmerz Ihres inneren Kindes einfach nur mit einer weiteren Schicht Ihres Verstandes zuzudecken, indem Sie »den Gedanken wählen, der sich besser anfühlt«, wird nicht funktionieren. Das innere Kind braucht Ihre Liebe, und es wird sie so lange einfordern, bis Sie sie ihm schenken. Fangen Sie also damit an zu verstehen, dass diese negativen Gedanken einfach nur aus jenem Teil von Ihnen kommen, der Liebe braucht. Widmen Sie sich zuerst diesem Teil, und dann beobachten Sie, wie leicht Sie Ihre Gedanken ändern können.

Begrenzen Sie negative Einflüsse

Ihr inneres Kind zu lieben ist das eine; es gibt jedoch noch eine ganze Reihe anderer Dinge, die Ihnen dabei helfen, Ihre Gedanken zu verändern. Zunächst einmal sollten Sie negative Einflüsse von außen begrenzen. Dies schließt einen großen Teil der Mainstream-Medien ein – zum Beispiel Musik, Videospiele und das Internet –, ebenso wie die Menschen, die Ihnen Energie rauben. Vergessen Sie nicht, dass unsere ganze Kultur darauf aufbaut, unsere Egos zu nähren und uns in einem Zustand der Angst zu halten. Wir werden unaufhörlich mit Dingen bombardiert, die dazu führen, dass wir in Angst und Negativität verharren. Sie müssen alles, was Angst, Wut und Ermüdung erzeugt oder Ihnen ein Gefühl von Machtlosigkeit gibt, aus Ihrem Leben verbannen – oder diese Einflüsse zumindest so gering wie möglich halten.

Nehmen wir zum Beispiel die herkömmlichen Nachrichtensendungen. Es ist gut, wenn man sich darüber informiert, was in der Welt vor sich geht. Wobei Sie offen gesagt heutzutage sowieso hinter dem Mond leben müssten, um angesichts der rund um die Uhr veröffentlichten Nachrichten und des Internets davon verschont zu bleiben. Aber üben Sie sich in Medienkompetenz und verschaffen Sie sich Klarheit über Ihre Quellen. Die Mainstream-Nachrichten berichten über die besonders üblen Geschehnisse überall auf der Welt – zusätzlich versehen mit kraftvoller, bewegender Musik und dem wiederholten Einspielen von Szenen, die nur so strotzen von Schmerz, Wut und Chaos. Mainstream-

Nachrichten sind ein Geschäft, das sich stark durch Werbespots finanziert, in denen eine ganz bestimmte Sichtweise vermittelt wird. Die meisten Sendungen der kommerziellen Fernsehsender zum Beispiel werden von großen Lebensmittel- und Pharmakonzernen unterstützt, und der Inhalt dieser Sendungen steht in Einklang mit der Botschaft, die Ihnen vermittelt werden soll. Wenn Sie über Medienkompetenz verfügen und wissen, wie die Medien funktionieren, schön. Dann werden Sie die Negativität zumindest nicht unbewusst aufnehmen.

Mir selbst gelingt es allerdings selten, meine ansonsten optimistische, fröhliche Stimmung beizubehalten, wenn ich die Abendnachrichten gesehen habe. Also sehe ich sie mir nicht an. Warum nicht? Weil wir Menschen mit unserem Nerven-, Hormon- und Immunsystem nicht dazu geschaffen sind, so viele negative Nachrichten zu verarbeiten, wie sie von überall auf dem Planeten täglich in unsere Wohnzimmer strömen. Ganz ehrlich, die meisten von uns haben schon genug um die Ohren mit ihrem Job, dem näheren Umfeld und der Familie, ganz zu schweigen von den globalen Problemen.

Es ist deshalb sehr wichtig, der Negativität auszuweichen, weil sie Sie von Ihrer Kraft trennt, in der Welt und in Ihrem Leben positive Veränderungen herbeizuführen. Sie bewirkt genau das Gegenteil. Sie schwächt uns und macht uns machtlos. Wie sollen wir angesichts von so viel Schmerz und Leiden und Zerstörung irgendetwas bewirken können? Es ist ein Zustand niedriger Schwingung, der uns lähmt. Also müssen Sie alles tun, was möglich ist, um Ihre Schwingung auf eine höhere Ebene zu bringen, die durch Optimismus, Hoffnung und Freude gekennzeichnet ist.

Wenn Sie mit dem göttlichen Teil in Ihnen verbunden sind, sind Sie auch mit der Kraft reiner, positiver Energie verbunden. Und diese reine, positive Energie erschafft ein Magnetfeld, das mehr reine, positive Energie anzieht. Dies ist die Art Energie, die durch Inspiration und die Ermutigung anderer wächst. Sie errichtet etwas, statt es einzureißen. Sie ist genau das Gegenteil jener Energie, die Vandalismus und Amokläufe produziert. Sich mit der reinen, positiven Energie zu verbinden inspiriert Sie dazu, durch die Natur zu wandern, Fremden zuzulächeln und eine Kraft für das Gute zu werden. Diese reine, positive Energie ist es, die den Planeten trägt und heilt. Auf machtvolle Weise. Das ist eine wissenschaftlich belegte Tatsache.

Die Macht von Affirmationen

Möglicherweise haben Sie schon davon gehört, dass man Affirmationen nutzen kann, um tief verwurzelte negative Gedankenmuster zu verändern. Aber was genau sind Affirmationen, und wie lassen sie sich einsetzen?

Eine Affirmation ist eine bejahende Aussage, die Sie als Tatsache aussprechen, so dass sie Sie emotional dabei unterstützt, das hervorzubringen oder zu betonen, was Sie sich wünschen. Ein Beispiel für eine Affirmation lautet: »Ich bin frei, glücklich und gesund. Glück ist mein Geburtsrecht. Ich bin dazu geboren, voller Freude zu sein.«

Mit Affirmationen arbeitet man, indem man sie ausspricht. Schauen Sie in den Spiegel und sprechen Sie sie laut aus. Wenn Sie das tun, erzeugen Sie buchstäblich neue neuronale Verbindungen in Ihrem Gehirn. Das geschieht nicht sofort, aber denken Sie an das, was ich weiter oben gesagt habe: Ihr Hirn wird in dem gut, was es oft tut. Also geben Sie sich etwas Zeit und sorgen Sie auch dafür, dass es angenehm ist, die Affirmationen zu äußern. Affirmationen, die wie eine Pflichtübung gesprochen werden und denen es an Ihrer rückhaltlosen Aufmerksamkeit mangelt, werden in Ihrem Leben keine großen Veränderungen bewirken.

Wie sehen Affirmationen aus?

Affirmationen sind starke Aussagen, die im Präsens gemacht werden und ein gewünschtes Ziel ausdrücken. Zum Beispiel so etwas wie »das Leben unterstützt mich in jeder Weise«, oder »ich bin gesund und vollkommen schmerzfrei«. Ziemlich einfach, was?

Es gibt allerdings ein paar Fallen, die Sie vermeiden sollten, wenn Sie mit Affirmationen arbeiten. So kann man sich mit einer Affirmation, deren Inhalt ziemlich weit von der Realität weg ist, auch blockieren. Zum Beispiel mit der Aussage: »Ich verdiene pro Jahr 1 Million Dollar, steuerfrei«, während Sie gleichzeitig hohe Schulden haben und Ihr Gehalt verhältnismäßig gering ist. Der Sprung ist einfach zu groß für Ihr Hirn, als dass es diese neue erfreuliche Realität handhaben könnte. Und Ihr Körper und Ihr Geist werden vermutlich rebellieren.

Denken Sie auch daran, dass Sie bei der Affirmation nicht zu sehr ins Detail gehen oder zu spezifisch werden sollten, so wie bei dieser Aussage: »Die Liebe meines Lebens, die einen tollen Job hat, viel Geld verdient, eine wunderbare Beziehung zu den eigenen Eltern pflegt und allen Wesen gegenüber voller Mitgefühl ist, ist bereits hier.« Tosha Silver bezeichnet so etwas als »Gott eine Einkaufsliste geben« – eine großartige Formulierung. Es ist sehr viel wirkungsvoller, eine umfassende, generelle Aussage darüber zu machen, wie man sich fühlen möchte: »Die Liebe meines Lebens, durch die ich mich glücklich und lebendig fühle, ist bereits hier.« Wenn wir Gott unsere »Einkaufsliste« mit den jeweiligen Dingen geben, die wir haben wollen, begrenzt dies das Ausmaß dessen, was das Göttliche durch uns tun kann. Und glauben Sie mir, in Wahrheit wollen wir von unserem göttlichen Teil geleitet werden, denn das Göttliche weiß besser, was wir brauchen, als unser begrenzter Verstand es je könnte.

Denken Sie also daran, dass Affirmationen im eigentlichen Sinne keine Dinge geschehen lassen können. Sie heben vielmehr unsere Schwingung an, so dass wir für das erwünschte Ergebnis empfänglicher sind.

Die Verbindung zwischen unseren Gedanken, unserer Gesundheit und unseren Lebensumständen hat mich schon immer interessiert. Während meiner ersten Jahre als Ärztin lag stets das Buch *Heile deinen Körper* von Louise Hay über die geistigen Ursachen von körperlichen Krankheiten in der Schreibtischschublade meines Büros. Ich nahm es regelmäßig heraus, um die Zusammenhänge zwischen den Gedankenmustern und dem, was die Menschen in ihren Körpern erlebten, zu erkennen. Ich konnte sehen, dass die mentalen Gedankenmuster und die physischen Manifestationen dieser Gedankenmuster sehr gut zusammenpassten.

Obwohl ich immer schon gewusst hatte, welche Rolle Gedanken in Bezug auf die Gesundheit spielen, kam meine wahre Prüfung bezüglich ihrer allumfassenden Veränderungskraft erst, als das Thema Geld für mich aktuell wurde. Als ich meine Scheidung durchmachte, hatte ich schreckliche Angst davor, mein Haus zu verlieren und nicht in der Lage zu sein, meinen Töchtern den College-Besuch zu ermöglichen. Wie so viele andere Frauen hatte ich das Finanzielle meinem Mann überlassen, in der sicheren Überzeugung, dass er sich mit diesem langweiligen Thema sehr viel besser auskennen würde als ich. Und jetzt hatte ich ein Problem. Wenn ich irgendeine Art von

Stabilität für mich und meine Kinder aufrechterhalten wollte, blieb mir gar nichts anderes übrig, als mich selbst damit zu beschäftigen. Als Erstes las ich das Buch *Denke nach und werde reich. Die Erfolgsgesetze* von Napoleon Hill, ein Klassiker von 1937 über die Verbindung zwischen unseren Gedanken und unserem Einkommen. Ich machte jede Übung aus diesem Buch, als würde mein Leben davon abhängen. In dieser Zeit las ich auch Catherine Ponders *Die dynamischen Gesetze des Reichtums.* Ebenfalls ein Klassiker.

Ich wollte jene Art von Geisteshaltung entwickeln, die Fülle anzieht. Und es sollte schnell geschehen. Abgesehen davon, dass ich diese Bücher las, entwickelte ich einige auf Reichtum ausgerichtete Affirmationen. Sie handelten nicht nur vom Geld, zumindest nicht alle, sie handelten von Reichtum in allen Lebensbereichen. Sie handelten davon, wie ich mich fühlen wollte. Wie ich leben wollte. Wie ich mit der Welt interagieren wollte. Folgende Affirmationen habe ich besonders gemocht:

- Ich erlebe jetzt vollkommene Gesundheit, Wohlstand und umfassendes, absolutes Glück. Dies ist wahr, weil die Welt voller zauberhafter Menschen ist, die mir jetzt liebevoll in jeder Weise helfen.
- Ich bin jetzt in eine Gemeinschaft von unzähligen Engeln eingetreten.
- Ich lebe jetzt ein freudvolles, interessantes und befriedigendes Leben in weithin nützlicher Weise.
- Wegen meines inzwischen höheren Wohlstands und Glücks und meiner besseren Gesundheit bin ich jetzt in der Lage, anderen Menschen zu helfen, ein freudvolles, interessantes und befriedigendes Leben in weithin nützlicher Weise zu leben.
- Heute bin ich spirituell wiedergeboren. Ich habe mich vollkommen von meinen alten Gedankenmustern gelöst und

bringe göttliche Liebe, Licht, Gesundheit, Freude, Wohlstand, Erfolg, Vergnügen, Reichtum und Fülle auf konkrete, klare Weise in meine Erfahrung.

- Ich schwebe über allen Problemen und Hindernissen, während ich mich siegreich weiterbewege, um mein göttliches Geburtsrecht von unbegrenztem Wohlstand, Gesundheit, Liebe, Reichtum und Fülle in Anspruch zu nehmen.
- Ich akzeptiere nur Harmonie, geistigen Frieden, strahlende Gesundheit, persönliche Liebe und überfließende finanzielle Fülle als natürliche Bedingungen meines täglichen Lebens.
- Es liegt große Macht in meiner Freude, meinem Vergnügen und meiner Vision von einem freudvollen Leben.

Tag für Tag sprach ich diese Affirmationen laut aus, während ich auf einem Laufband lief. Ich wollte, dass die Worte in meinen Körper gelangten, daher legte ich große Begeisterung in sie hinein, um meine Schwingung so hoch wie möglich zu treiben. Diese Sätze halfen mir, zu einem weit stabileren Gefäß für Fülle zu werden, als ich es vorher je gewesen war. Und dann erhielt ich durch sie nach und nach, jeden Tag ein bisschen mehr, die nötige Energie und Inspiration, um das A und O der Finanzplanung zu lernen und meine Finanzen selbst managen zu können.

Es besteht kein Zweifel am Einfluss der Affirmationen auf mein Leben. Ich schlage vor, Sie formulieren Ihre eigenen, mit deren Hilfe Sie sich so verändern werden, wie immer es für Sie nötig ist. Fügen Sie regelmäßig neue hinzu. Beginnen Sie jeden Morgen, indem sie einige davon sprechen. Kleben Sie sie an Ihren Spiegel im Badezimmer. Wenn Sie möchten, können Sie sich auf meiner Webseite (www.drnorthrup.com) eintragen, um täglich Affirmationen per Mail zugeschickt zu bekommen.

Propriozeptives Schreiben: Schreiben Sie sich lebendig

Propriozeptives Schreiben ist ein anderer machtvoller Weg, wie Sie Ihre Gedanken ändern können. Nie werde ich den Moment vergessen, als ich das erste Mal davon hörte. Es ist Jahre her, ich saß auf der Entbindungsstation und betrachtete einen Flyer für einen Workshop über etwas, das sich propriozeptives Schreiben nannte. Ich kannte zwar die Propriozeptoren in den Muskeln, die uns gestatten, selbst mit geschlossenen Augen zu wissen, wo sich unsere Arme und Beine befinden, doch ich hatte keine Ahnung, was dies mit Schreiben zu tun haben könnte.

Damals hatte ich sogar ein echtes Problem mit dem Schreiben, weshalb dieser Flyer wahrscheinlich meine Aufmerksamkeit erregte. Ich empfand es als extrem anstrengend, irgendetwas Wissenschaftliches zu verfassen. Da war immer ein großer, schlimmer Kritiker in meinem Kopf, der mir sagte, dass ich gar nicht wisse, was ich da tue. Dass ich mich irre. Und dass ich unwürdig sei. Die vielen Jahre der akademischen Ausbildung und des Medizinstudiums hatten die Stimme des Selbstzweifels nur schlimmer gemacht, nicht besser.

Ich nahm also Kontakt mit Linda Trichter Metcalf auf, die den Workshop leitete, und fragte sie, ob dieser Kurs mir würde helfen können. Linda, die damals auch Englisch am Pratt Institute in Brooklyn, New York, unterrichtete, sagte mir, dass ihre Methode bei allen funktioniere, die danach strebten, sich schriftlich besser auszudrücken – selbst dann, wenn es um das Schreiben von medizinischen Texten gehe. Also meldete ich mich – gerade mit meinem zweiten Kind schwanger – für einen Wochenend-Workshop an. Und er veränderte mein Leben. Er half mir, den Mangrovensumpf meiner konditionierten Gedanken und Überzeugungen so wirkungsvoll zu klären, dass ich schließlich meine eigene Autorenstimme fand. Mein wahres Ich. Er half mir zu verstehen, was ich wirklich dachte und glaubte – jenseits der Stimme meiner Eltern, meines Berufes, meiner Geschwister und meines Mannes. Er gestattete mir sogar, mein erstes Buch zu schreiben – und alle nachfolgenden Bücher ehrlich gesagt auch.

Propriozeptives Schreiben hilft, zu den eigenen Überzeugungen vorzudringen. Für mich war es wie ein Rettungsanker, der mich mit meinem Selbst verband. Mit meiner Seele. Die Methode funktioniert, weil sie hilft, sich mit dem zu identifizieren, was Sie wirklich über etwas glauben, indem Sie die Gedanken und Reflektionen darüber mit Empathie und Mitgefühl aufschreiben. Sie können das mit jedem Thema tun. Wenn Sie zum Beispiel über das Wort *Mutter* schreiben, wird das propriozeptive Schreiben Ihnen helfen zu sehen, was Ihr Verstand zu diesem Wort zu sagen hat. Sie werden sich an alle möglichen Dinge erinnern, die mit Ihrer Mutter zu tun haben, Dinge, von denen Sie gar nicht wussten, dass Sie sie noch in Erinnerung haben. Während Sie schreiben, gewinnen Sie große Klarheit über das, was Sie wirklich denken – hinausgehend über das, was man Ihnen beigebracht hat zu denken; was Sie denken sollen. Und wenn Sie sich mit Ihren wahren Überzeugungen identifizieren, ohne sie zu beurteilen, können Sie anfangen, sie zu verändern. Wie Linda auf ihrer Webseite schreibt:

> Propriozeptives Schreiben ist eine wichtige Ergänzung der Heilkünste. Durch propriozeptives Schreiben lernen Menschen, ihre Gedanken auszudrücken, ohne sich zu beurteilen, ihre Gefühle ohne Schuldgefühle oder Scham zu betrachten und ihre Emotionen zu erleben, ohne von ihnen überwältigt zu werden – der erste Schritt zu emotionaler Gesundheit.

Propriozeptives Schreiben verbindet Verstand, Imagination und Intuition miteinander – und zwar gleichzeitig. Man führt es wie ein Ritual durch, häufig bei klassischer Musik (Mozart, Bach, Vivaldi und so weiter), denn es hat sich herausgestellt, dass diese Musik eine erstaunlich mitreißende Wirkung auf unsere Kreativität hat. Sie können aber auch indische Ragas benutzen, die zu einer anderen Erfahrung führen.

Während Sie diese Arbeit tun, werden Sie Folgendes feststellen: Ihre Gedanken haben eine Bedeutung. Sie haben eine Ordnung. Und sie streben zur Lösung und Heilung. Das ist außerordentlich beruhigend für jene von uns, denen man beigebracht hat, den eigenen einzigartigen Genius zu verlassen oder zu vergessen. Wie Linda sagt: »Der Wunsch nach dem Selbst, der Wunsch, ein Leben zu führen, das sich wie das eigene anfühlt – das ist es, was jemanden zu dieser Arbeit hinzieht.«

Wie verläuft die Schreibübung?

Eigentlich ist das propriozeptive Schreiben ziemlich leicht. Sie wählen einfach ein Thema aus und schreiben, während Sie auf Ihre Gefühle achten und nichts von dem, was aufsteigt, bewerten. Hier ist eine Schritt-für-Schritt-Anleitung, um es Ihnen so leicht wie möglich zu machen.

1. Legen Sie folgende Materialien bereit: einen Stift, eine Kerze, Streichhölzer, einzelne Blätter im DIN-A4-Format und eine Playlist mit klassischer Musik von etwa 20 Minuten Länge. Klassische Musik hat eine sehr spezifische Schwingung, die die Gehirnfunktionen unterstützt – das Phänomen ist als Mozart-Effekt bekannt. Sie können aber auch mit anderen musikalischen Stilrichtungen experimentieren.

2. Nehmen Sie ein paar Blätter, etwa 20, und schreiben Sie oben am rechten Rand das Datum hin. Nummerieren Sie außerdem jede Seite beim Schreiben, aber immer nur auf einer Seite, da Sie auch nur auf einer Seite schreiben werden.

- Wenn Ihr Blatt fertig vor Ihnen liegt, machen Sie die Musik und die Kerze an.
- Nehmen Sie einen tiefen Atemzug und beginnen Sie zu schreiben.
- Wenn die 20 Minuten fast um sind, beenden Sie den Gedanken, den Sie gerade niederschreiben.
- Stellen Sie sich nun folgende Frage: »Wie fühle ich mich jetzt?« und »Welche Geschichte erzähle ich?«
- Antworten Sie schriftlich. Nehmen Sie sich dafür so viel Platz und Zeit, wie Sie möchten. Normalerweise reichen dafür ein bis drei Zeilen.
- Jetzt lesen Sie laut, was Sie geschrieben haben.

Denken Sie daran: Wenn Sie schreiben, hören Sie auf die Stimme in Ihrem Kopf – das beobachtende Selbst. Schreiben Sie auf, was Sie hören. Sie sind lediglich die Sekretärin, sonst nicht. Schreiben Sie alles auf, was in Ihnen hochkommt, selbst wenn es bedeutungslos klingt. Jeder Gedanke hat eine Bedeutung und eine Aussagekraft.

Hören Sie auch auf jedes Wort, das irgendwie »aufgeladen« klingt, und wenn dieses aufgeladene Wort auftaucht (wie zum Beispiel *wertvoll* oder *enttäuscht*), untersuchen Sie es genauer, indem Sie die propriozeptive Frage stellen: »Was meine ich mit [...]?« Dann schreiben Sie auf, was Sie hören.

Propriozeptives Schreiben ist eine sehr wirksame Methode, wenn Sie sie allein durchführen. Es gibt aber noch eine Möglichkeit, die Wirkung zu verstärken. Ich glaube, ich weiß nichts Hilfreicheres, Heiligeres oder Heilsameres, als das propriozeptive Schreiben in einer Gruppe zu machen. Oder zumindest mit einer vertrauten Person.

Nach dem Schreibprozess können Sie einander laut vorlesen, was Sie geschrieben haben. Die anderen in Ihrer Gruppe können darauf antworten und aufschreiben, was sie berührt hat oder was ihnen besonders aufgefallen ist. Dies gibt uns die Möglichkeit, uns selbst im Spiegel der anderen wahrzunehmen. Es ist außerordentlich bestätigend und stärkend, wenn wir erfahren, dass wir unseren Gedanken trauen können – und sie so verändern können, dass sie das Göttliche in uns noch positiver reflektieren. Ich habe dies unzählige Male mit Freunden und Familienmitgliedern gemacht, und jedes Mal hat es uns näher zusammengebracht oder uns unser wahres Selbst im Spiegel der anderen gezeigt. Die meisten Menschen reagieren erstaunt auf das, was passiert, wenn sie die Erlaubnis haben, ihren Verstand zu lockern und den Kritiker loszulassen, der ihnen einzureden versucht, dass sie alles falsch machen.

Meditation

Es ist nachgewiesen, dass jede Art von Meditation sich positiv auf die Gesundheit auswirkt. Sie senkt den Blutdruck, mildert eine Depression, verringert Gewalttätigkeit und trägt insgesamt zu mehr Wohlgefühl und Glück bei. Indem wir unsere Gedanken beim Meditieren beruhigen, kehren wir ganz natürlich zu der höheren Schwingung zurück, die wir als Babys hatten – bevor unsere Egos von unserer chronischen Anspannung in unserem Nervensystem gebildet wurden. Der Arzt Herbert

Benson von der Harvard Medical School war ein Pionier, was die Erforschung der Meditation betrifft; er prägte den Begriff *Relaxation Response,* »Entspannungsreaktion«, um zu beschreiben, was körperlich, emotional und mental während der Meditation geschieht. Und diese Entspannungsreaktion ist es, die für die vielen Wohltaten verantwortlich ist, die mit der Meditation einhergehen.

Das Schöne an der Meditation ist, dass es so viele verschiedene Varianten gibt. Es gibt die Gehmeditation, bei der man einfach nur langsam geht, während man seine Aufmerksamkeit auf das Spüren der Bewegungen richtet. Bei der Sitzmeditation konzentriert man sich auf ein Mantra oder den Atem und bei der Achtsamkeitsmeditation auf den gegenwärtigen Moment, während man alle auftauchenden Gedanken und Empfindungen akzeptiert, ohne sie zu bewerten. Und dies sind nur einige Varianten. Da es so viele Möglichkeiten gibt zu meditieren, finden Sie sicher diejenige, die Ihnen zusagt.

Ich habe vor langer Zeit die Transzendentale Meditation kennengelernt. Ich hatte sogar das Glück, sie bei dem verstorbenen Maharishi Mahesh Yogi zu erlernen, dem Begründer dieser Technik. Viele Jahre habe ich diese Meditation äußerst gewissenhaft praktiziert und gelernt, meinen Geist und Körper damit wirksam zu beruhigen. Es ist jedoch nicht nötig, eine Art formales Studium zu durchlaufen, um vom Meditieren zu profitieren. Sie können sich auch einfach hinsetzen, die Augen schließen und Ihre Aufmerksamkeit auf Ihren Atem lenken.

Atem-Meditation: Die Atem-Meditation zählt zu den einfacheren Formen der Meditationen. Und so geht es: Setzen Sie sich bequem hin. Stellen Sie einen Wecker auf 15 Minuten. Schließen Sie die Augen. Atmen Sie ein und zählen Sie währenddessen bis vier. Halten Sie den Atem einen Moment an. Dann atmen Sie aus und zählen dabei wieder bis vier.

Tun Sie das so lange, bis der Wecker klingelt. Wenn Sie sich keinen Wecker stellen wollen, machen Sie es einfach so lange, wie Sie möchten. Sie werden bemerken, dass Sie ruhiger werden. Und Ihre Schwingung sich erhöht.

Der Realisierungsprozess: Ich habe kürzlich eine Form der Meditation kennengelernt, die als Realisierungsprozess bezeichnet wird und von Judith Blackstone entwickelt wurde. Bei diesem Prozess geht es darum, Ihr Bewusstsein direkt in Ihr Gewebe zu bringen, angefangen bei Ihren Füßen. Versuchen Sie Folgendes: Schließen Sie die Augen. Atmen Sie ein und zählen Sie bis zwei, dann atmen Sie aus und zählen wieder bis zwei, bis Ihre Atemzüge gleichmäßig und ruhig sind. Bringen Sie Ihr Bewusstsein direkt in Ihre Füße. Entspannen Sie Ihre Fußgewölbe. Fühlen Sie, wie es ist, in Ihren Füßen zu sein – ganz und gar. Wandern Sie dann den Körper hinauf, aber bleiben Sie dabei weiterhin in Ihren Füßen, fügen Sie einfach Ihre Beine hinzu. Dann Ihre Knie. Ihre Hüften. Ihr Becken. Ihren Rumpf. Ihre Brust. Ihren Hals. Schließlich gehen Sie hinauf in das Zentrum Ihres Kopfes. Verweilen Sie eine gewisse Weile in jedem Gebiet. Seien Sie einfach nur dort anwesend.

Wie Sie sehen, gibt es alle möglichen Formen von Meditation. Es spielt keine Rolle, welche Sie praktizieren, da die Absicht dahinter immer die gleiche ist: Sie in den gegenwärtigen Moment zu bringen. Ihnen zu helfen, Ihre Gedanken zu erkennen und zu akzeptieren. Ihren Geist zu beruhigen. Ihnen ein Gefühl von Frieden und Ruhe zu schenken. Wenn Sie länger meditieren, verändern sich im Laufe der Zeit die festgefahrenen Muster in Ihrem Geist und in Ihrem Körper.

Selbstheilung, globale Heilung

Indem wir unsere Gedanken heilen, tun wir sehr viel mehr, als nur einfach unser Leben in Ordnung bringen. Der spirituelle Lehrer und Heiler Matt Kahn weist darauf hin, dass wir, wann immer wir unserer eigenen Wut und Enttäuschung und Traurigkeit mit Liebe begegnen, die Welt verändern. In wissenschaftlichen Fachzeitschriften wie dem *Journal of Conflict Resolution* sind mehr als 60 Studien veröffentlicht worden, die zeigen, dass schon dann, wenn auch nur ein Prozent der Bevölkerung seine gewohnheitsmäßigen Gedanken durch Übungen wie der Transzendentalen Meditation verändert, ein messbarer Rückgang an Gewalttaten, Raubüberfällen und gemeldeten Notfällen jedweder Art zu verzeichnen ist.

Die Global Coherence Initiative des HeartMath Institute führt außerdem eine fortlaufende Untersuchung durch, bei der unter anderem Sensoren an verschiedenen Orten auf dem Planeten das subtile elektromagnetische Feld der Erde messen. Ob Sie es glauben oder nicht, es hat sich anhand der Messdaten der Sensoren herausgestellt, dass die kollektiven menschlichen Emotionen und Gefühle das Magnetfeld der Erde beeinflussen. Wenn eine große Anzahl von Menschen aus ihrem Herzen heraus Zustände von liebevoller Fürsorge und Mitgefühl erschafft, führt dies zu einem kohärenteren Elektromagnetfeld auf der Erde, was allen zugutekommt – den Pflanzen, den Tieren und dem Planeten selbst. Dies liegt an der Feedback-Schleife zwischen den Menschen und den energetischen/magnetischen Systemen der Erde.

Jede einzelne Person beeinflusst dieses weltumspannende Feld, weil wir alle mit dem magnetischen Feld, das von der Sonne und der Erde erschaffen wird, verbunden sind und durch es beeinflusst werden. Jede Zelle in unserem Körper ist sowohl in ein äußeres wie auch in ein inneres Umfeld aus veränderlichen magnetischen Kräften gebettet.

Die Forschung über Meditation und die Global Coherence Initiative sind sehr gute Beispiele für etwas, das Albert Einstein 1946 gesagt hat, nachdem die erste Atombombe auf Japan abgeworfen worden war und sich die Möglichkeit einer völligen Auslöschung aller Lebewesen offenbart hatte: »Eine neue Art von Denken ist notwendig, wenn die Menschheit weiterleben will.« Die Erkenntnis, dass die Qualität unserer Gedanken und Gefühle wirklich entscheidend ist – und zwar für jeden von uns –, stellt zweifellos eine neue Art des Denkens dar!

Was immer auftaucht: Liebe es

Matt Kahn schlägt in *Whatever Arises, Love That* vor, zu einem schmerzhaften Gedanken oder Umstand einfach »Danke« zu sagen, und zwar als ein Zeichen des Vertrauens. Unser Ego neigt nämlich dazu, alles in die Kategorien schlecht oder gut einzuteilen. Wenn Sie jedoch Danke sagen, anerkennen Sie, dass eine größere Weisheit im Spiel ist, die Ihr Ego nicht erfassen kann. Kahn schlägt außerdem vor, dass wir zu uns selbst »Ich liebe dich« sagen. Und es auch meinen. Denn diese schmerzhaften Gedanken und die damit verbundene Negativität entstammen einem Mangel an Liebe – und der nicht vorhandenen Verbindung mit unserer Quelle. Das ist aber noch nicht alles. Diese unangenehmen Gedanken und Gefühle setzen nicht nur Negativität in Ihrem Leben frei, sondern auch in dem Leben anderer. Dadurch, dass Sie das fühlen, heilen Sie es. Für alle. Haben Sie also solche negativen Gedanken, brauchen Sie mehr Liebe, nicht weniger. Ihre Macht liegt darin, mitten in Ihrer Wut innezuhalten, mitten in Ihrem Kummer, Ihrer Frustration, und dann zu erkennen, dass diese Situation eine Gelegenheit darstellt, sich selbst zu danken und zu lieben und nicht zu bewerten. Sie haben die Macht zu sagen: »Ich liebe dich, genau jetzt. Genau jetzt, während wir mittendrin stecken.« Wenn Sie das tun, wird sich der wütende, unverbundene Teil von Ihnen auflösen, weil seine Botschaft gehört wurde. Er bekommt die Aufmerksamkeit und Liebe, die er schon immer gebraucht hat.

Wenn wir aufhören, gegen uns selbst zu kämpfen, wenn wir nicht mehr auf uns einschlagen, weil wir uns für unwürdig oder fehlerhaft halten, wenn wir uns mit dem Göttlichen in Einklang bringen und uns selbst lieben, helfen wir, uns alle in einen Zustand höherer Schwingungen zu versetzen. Im Hinblick auf die Verbindung zwischen Ihren Gedanken, Gefühlen und dem Planeten heißt das, es könnte gut sein, dass Sie mit dazu beitragen, dass es in Gegenden regnet, in denen Dürre herrschte. Oder dass eine Frau das Kind empfängt, das sie sich so ersehnt. Oder dass die Wahrscheinlichkeit steigt, dass Bienen Blumen zum Bestäuben finden. Ja, all dies und noch mehr vermögen Ihre Gedanken und Gefühle – wenn sie mit dem Göttlichen verbunden sind – zu tun.

Kapitel 6

Die Macht des Gebens und Empfangens

Bis wir nicht mit offenem Herzen empfangen können, geben wir auch nie wirklich mit offenem Herzen. Wenn wir mit dem Empfangen von Hilfe ein Urteil verbinden, verbinden wir bewusst oder unbewusst auch ein Urteil mit dem Helfen.

Brené Brown

Sicherlich kennen Sie das alte Sprichwort, demzufolge es segensreicher ist zu geben als zu nehmen, oder? Auch wenn es sich gewiss gut anfühlt zu geben, liegt erst dann Freude im Geben, wenn sich auf der anderen Seite jemand befindet, der freundlich empfangen kann. Beides, Geben und Empfangen, kann, wenn es mit Liebe und Offenheit geschieht, ein Heilmittel sein, um eine müde Seele zu trösten. Wenn Sie wollen, dass Ihr Leben richtig in Fluss kommt und leicht wird, üben Sie sich am besten darin, beides mit Wohlwollen und Freude zu tun.

Den meisten Menschen sind die Empfangsflügel bereits in frühem Alter gestutzt worden, besonders den Frauen. Wir sind durch Konditionierung dazu gebracht worden, es in Sachen »Geben« deutlich zu übertreiben. Wir brauchen mehr Gleichgewicht, was das betrifft, denn sonst werden wir ständig gestresst und ausgelaugt sein.

Sehen wir uns zum Beispiel einmal die Weihnachtsfeiertage an. Weihnachtsgeschenke sind zu einer richtigen Last geworden, so dass wir diese Zeit schon ganz selbstverständlich mit Stress verbinden. Das ist absurd. Die Zeit von Thanksgiving bis Neujahr sollten wir nutzen, um uns das vergangene Jahr zu vergegenwärtigen, Bilanz zu ziehen und uns an der wahren Bedeutung des Festes zu erfreuen. Stattdessen gerät man in den Strudel der Weihnachts-Vorbereitungs-Hektik. Während meiner Zeit als Ärztin im Krankenhaus hatte ich immer wieder Albträume, in denen ich noch schnell in ein Geschäft gehen musste, das rund um die Uhr geöffnet ist, damit ich Geschenke für meine Töchter besorgen konnte. Damals habe ich es mit den Geschenken übertrieben, denn ich fühlte mich schuldig, weil ich so viel arbeitete. Im Gleichgewicht waren Geben und Nehmen da nicht gerade.

Jetzt, wo wir alle erwachsen sind, haben wir die Geschenke an Feiertagen bewusst reduziert, um den Stress so gering wie möglich zu halten. Und die Entlastung ist spürbar. Wir konzentrieren uns darauf, unser Zusammensein zu genießen und kochen gemeinsam. Jeder bringt nur ein einziges Geschenk für eine Runde Yankee Swap mit, dieses herrliche Geschenketauschspiel, das immer ein Riesenspaß ist. Es geht uns darum, auf stressfreie Weise zu geben und die Liebe anderer zu empfangen.

Sie können Ihre ureigene Mitte finden und Ihren eigenen Himmel auf Erden gleich hier schaffen, indem Sie lernen, das Gleichgewicht zwischen Geben und Nehmen zu wahren. Sie können auf ganz neue Weise geben und nehmen – eine Weise, die das Selbst ehrt und schätzt und Sie vor denen schützt, die mehr nehmen als geben.

Die Macht des Gebens

Beginnen wir mit der Macht des Gebens, denn wenige Dinge im Leben sind befriedigender, als wirklich aus vollem Herzen zu geben. Diese Art zu geben erzeugt für alle um Sie herum den Himmel auf Erden. Und ich meine nicht nur, materiell etwas zu geben. Es kann auch sehr wertvoll sein, Ihre Zeit und Ihre Aufmerksamkeit zu verschenken – Kindern, Tieren, anderen Menschen. Als meine Tochter im vergangenen Jahr ihr erstes Kind bekam, war sie vollkommen erstaunt über die Hilfsbereitschaft ihrer Freunde, die sie regelmäßig bekochten. Einige Monate lang durften sie und ihr Ehemann sich jeden Tag darüber freuen, selbstgekochtes Essen vor der Tür vorzufinden. Und wir, die wir die Mahlzeiten zubereiteten, machten das voller Liebe. Es fühlt sich fantastisch an, Menschen Zeit und Aufmerksamkeit zu schenken, die das gerade brauchen – oder sie ihnen einfach nur so zu schenken –, wenn man es auf gesunde Weise tut.

Ich gebe gern Feste, um ein besonderes Ereignis oder einen Geburtstag zu feiern. Ich habe ein Händchen dafür, Menschen zusammenzubringen. Alexandra Stoddard, die Autorin von *Living a Beautiful Life,* spricht in diesem Zusammenhang von einem »freien Raum«. Damit meint sie eine Fähigkeit oder Gabe, die einem keine Mühe macht, sondern im Gegenteil leichtfällt. Wenn wir aus unserem »freien Raum« heraus etwas geben, kostest es uns nichts. Es energetisiert uns. Wir schöpfen aus dem Vollen.

Jemandem aus Verpflichtung oder Pflichtgefühl heraus Zeit und Aufmerksamkeit zu schenken laugt einen dagegen aus. Wir werden oft dazu gebracht, uns schuldig zu fühlen, wenn wir zeitlich oder kräftemäßig nicht in der Lage sind, einem »würdigen« Anliegen Zeit und Aufmerksamkeit zu widmen. Aber unser Geben muss uns miteinschließen. Wir müssen uns selbst die Ressourcen geben, um uns ganz und aufgetankt zu fühlen. Ansonsten wird der Brunnen irgendwann austrocknen. Und wir werden Groll empfinden. Und vielleicht verbittert werden.

Um auf gesunde Weise zu geben, müssen Sie aufrichtig in Kontakt mit sich selbst bleiben. Oft folgen wir einer Bitte, obwohl wir eigentlich ablehnen sollten, nur weil wir die Konsequenzen nicht tragen wollen, die es hätte, Nein zu sagen. Wir sorgen uns, dass wir andere im Stich lassen, wenn wir Nein sagen, während wir es ihnen doch recht machen wollen. Vielleicht schätzen wir den Wert unserer Zeit und unserer Energie auch nicht richtig ein und nehmen die Bedürfnisse anderer Leute wichtiger als unsere eigenen. Oder wir befürchten, dass andere uns für selbstsüchtig halten könnten, wenn wir nicht Ja sagen. Und dann vergessen wir vielleicht auch einfach, dass unsere Bedürfnisse wirklich von Bedeutung sind – und zwar genauso sehr wie die der anderen.

Aber wir alle müssen manchmal Nein sagen, wenn wir gesund bleiben wollen. Deshalb können wir nicht unbegrenzt geben, sondern müssen freundlich Grenzen setzen und aufhören, wenn sie erreicht sind. Sie können das auf höfliche Weise tun, indem Sie so etwas sagen wie: »Vielen Dank, dass Sie mich fragen, aber ich muss Ihre Anfrage in diesem Moment leider ablehnen.« Sie schulden aber auch niemandem eine lange Erklärung. Sagen Sie: »Ich kann einfach nicht.« Dr. Mario Martinez erklärt dazu: »Die Fähigkeit, gut Grenzen zu ziehen, beherrschen Sie dann, wenn Sie sich zwischen Groll (Sie haben zu viel getan) und Schuldgefühl (Sie haben nicht genug getan) einpendeln. So ein Mittelweg ermöglicht es Ihnen, sich um sich selbst zu kümmern, ohne die Bedürfnisse anderer zu ignorieren. Die tibetanischen Buddhisten bezeichnen diese Haltung als »einschließendes Mitgefühl«: Sie beziehen sich selbst in den Akt des Mitfühlens mit ein. Was für eine hervorragende Lösung!

Wie man auf gesunde Weise gibt

Wenn Sie gebeten werden, etwas zu geben – etwas Materielles, Geld, eine Dienstleistung oder Ihre Zeit –, gehen Sie folgendermaßen vor, um sicherzustellen, dass Sie es auf gesunde Weise tun.

Achten Sie zunächst auf Ihre erste Reaktion, wenn jemand Sie um etwas bittet. Wenn Ihr Bauch deutlich, *Natürlich, ja!* sagt, dann geben Sie unter allen Umständen! Wenn Ihnen Ihr Bauch aber sagt, *Ach, nein!*, dann lassen Sie es. Falls Sie nicht sofort eine klare Antwort bekommen, müssen Sie sich zusätzliche Fragen stellen. In diesem Fall sagen Sie einfach: »Ich werde mich melden. Ich muss darüber nachdenken.«

Ihrer Unentschiedenheit können Sie mit Fragen wie diesen begegnen: Wie fühlen Sie sich, wenn Sie demjenigen das geben, worum er Sie gebeten hat? Erfüllt es Sie in irgendeiner Weise? Fühlt es sich an wie eine Pflicht? Was bringt Sie dazu, Ja zu sagen? Was bringt Sie dazu, Nein zu sagen? Fühlen Sie sich bei dem Gedanken daran, das Erbetene zu geben, müde und ausgelaugt?

Diese Fragen sind wichtig, weil Sie Ihnen helfen zu erkennen, wie es Ihnen wirklich geht, wenn Sie auf die Bitte eingehen. Sind mehr negative als positive Assoziationen damit verbunden? Achten Sie darauf, auch langfristig zu denken, es geht nicht nur darum, in diesem einen Fall zu geben. Wenn wir ständig das Wohl eines anderen Menschen über unser eigenes stellen, wird das unserer Gesundheit schaden, und das ist am Ende für alle schlimmer. Ganz ehrlich, wenn Sie nicht sofort dieses *Natürlich, ja!* in sich vernehmen können, ist die Wahrscheinlichkeit ziemlich groß, dass Sie Nein sagen sollten. Nicht immer, aber meistens. Ihr Bauch weiß, was Sie brauchen, und oft rührt die Unentschiedenheit daher, dass Ihr Verstand sich zu schnell einmischt.

Die dunkle Seite des Gebens

Obwohl das Geben eine wunderbare Erfahrung sein kann, hat es auch eine dunkle Seite. In der westlichen Kultur ist Geben oft mit Macht besetzt. Wenn wir geben, gewinnen wir an Ansehen, daher können wir uns, wenn wir regelmäßig geben, selbst für wichtiger halten als diejenigen, denen wir etwas geben. Bei Familien mit viel Geld kann man das gut beobachten.

Der Patriarch oder die Matriarchin einer solchen Familie besitzt die ganze Macht, und die Kinder – und oft auch noch die Kindeskinder – sind ihrer Gnade ausgeliefert. Die Kinder geben alle Macht ab in der Hoffnung, eines Tages üppig zu erben. Es gibt unzählige Geschichten über fähige Erwachsene, die ihr ganzes Leben in einer Art »Schwebezustand« geblieben sind, ohne ihre Gaben und Talente jemals zu entfalten, weil sie immer nur auf diesen Reichtum gewartet haben. Aber selbst nach dem Tod behält die Person, die etwas zu geben hatte, noch Macht darüber. Mit ihrem Testament kann sie noch immer entscheiden, wer was und wie viel bekommt.

Als ich mich vor einigen Jahren mit Finanzplanung beschäftigte, las ich das Buch *Beyond the Grave* von Gerald und Jeffrey Condon. Die Geschichten über Erbstreitigkeiten in Familien waren so entlarvend wie tragisch. Stabile, gebildete Familien zerfielen, wenn eines der Kinder mehr bekam als ein anderes, ob das nun der Hund der Familie war oder der Verlobungsring der

Mutter. Ich kannte eine Frau, die am Boden zerstört war, weil ihre Schwester nach dem Tod ihrer Mutter mehr Schmuck bekam als sie selbst – und das, obwohl sie beide ein Vermögen erbten!

Denken Sie also daran, dass der gebende Mensch in der Machtposition ist. Wenn Sie auf der empfangenden Seite sind, ist es wichtig, Ihre Macht zu behalten. Verraten Sie sich nicht, nur um etwas zu bekommen. Und wenn Sie immer die Gebende sind, sollten Sie sich daran erinnern, dass das Geben kein Mittel sein sollte, um andere Menschen zu manipulieren. Man sollte es mit offenem Herzen tun, um bei allen Beteiligten Freude und Wohlstand zu verbreiten.

Sie sind geboren, um zu empfangen

Wie Sie sehen, kann das Geben Sie energetisch anheben, wenn Sie es auf gesunde Weise tun. Genauso ist es beim Empfangen. Bedauerlicherweise wissen viele von uns nicht, wie man etwas annimmt, obgleich wir bereits im Mutterleib vollständig davon abhängig waren, als wir durch die Nabelschnur nährendes Blut aus der Plazenta erhielten. Als wir geboren wurden, hat die Nabelschnur uns dann weiter mit Sauerstoff versorgt, während wir die nötigen massiven Veränderungen in unserer Lunge und unserem Herzen durchgemacht haben, damit wir selbst atmen konnten. Danach diente der Körper unserer Mutter uns als externe Plazenta, indem wir weiter von ihr Nährstoffe und Annehmlichkeiten bekamen. Wir konnten nur leben, weil wir etwas annahmen. Vielen von uns ist diese Fähigkeit abhandengekommen. An die Erfahrung, wie man etwas freudig voll und ganz empfängt, muss man sich als erwachsener Mensch dann erst wieder erinnern.

Dabei findet Empfangen in jedem Bereich unseres Lebens statt. Hier ein anschauliches Beispiel: Ballen Sie Ihre Hand so fest wie möglich zu einer Faust zusammen. Drücken Sie sie zusammen, bis Ihre Knöchel sich weiß färben. Halten Sie Ihre Faust in diesem Zustand und zählen Sie bis 10. Jetzt öffnen Sie Ihre Hand – mit der Handfläche nach oben – und spüren Sie, wie das Blut in sie zurückströmt. Das fühlt sich gut an, oder? Ihre Hand ist jetzt im Empfangsmodus. Sie empfängt Sauerstoff, Glukose, Immunzellen, Elektrolyte und alles andere, was mit dem Blut transportiert wird. Das ist die Kraft des Empfangens.

Sie können auch bei anderen Arten des Empfangens, die nichts mit Ihrem Körper zu tun haben, das gleiche gute Gefühl verspüren.

Erinnern Sie sich daran, wie Sie als Kind am Vorweihnachtsabend oder vor Ihrem Geburtstag so aufgeregt waren, dass Sie kaum schlafen konnten? Das ist die Freude des Empfangens. Diese Erfahrungen waren rein. Man hatte noch nicht versucht, Sie davon abzubringen, diese Freude so leidenschaftlich zu empfinden. Und vermutlich waren Sie noch so jung, dass Ihre Freude nicht durch vergangene Erfahrungen befleckt war – Erfahrungen, in denen Sie die niederschmetternde Enttäuschung gespürt haben, die dann einsetzt, wenn man nicht bekommt, was man sich leidenschaftlich gewünscht hat. Und Sie hatten auch noch nicht gelernt, dass man sich das Empfangen verdienen muss. Es gibt viele verschiedene Wege, wie unsere Fähigkeit, mit offenem Herzen zu empfangen, zerstört werden kann.

Im Laufe der Jahre ist nicht wenigen von uns beigebracht worden, »die Hoffnungen nicht zu hoch zu hängen«, um nicht enttäuscht zu werden. Dieser irrige Gedanke sollte uns vor Schmerz bewahren, aber er ist in Wirklichkeit die Folge des unaufgelösten Schmerzes derjenigen, die ihn uns eingeredet haben. Ein Muster, das Generationen weit zurückreichen kann. Am Ende leben wir in dem schmalen Bereich, in dem man »nicht zu glücklich und nicht zu traurig« ist. Eine Art Kompromiss, bei dem wir frei von richtigem Kummer und richtiger Enttäuschung sind, aber auch von herrlichem Überschwang. Wir lernen, nicht zu viel zu erwarten, und das wird dann unsere tägliche Realität. Schließlich glauben wir, dass wir es nicht verdient haben, etwas zu bekommen – und deshalb bekommen wir auch nichts. Wie Amanda Owen in ihrem Buch *The Power of Receiving* schreibt: »Das einzige passende Gegenstück für jemanden, der nicht zu empfangen weiß, ist jemand, der nicht zu geben weiß. Nicht-Empfangende werden von Nicht-Gebenden angezogen. Mit anderen Worten, das Problem besteht nicht darin, dass Sie von nicht-gebenden Menschen angezogen werden, sondern dass Sie unerfahren im Empfangen sind.«

Schlimmer noch, wurde vielen von uns beigebracht, dass wir es nicht verdienen, etwas zu empfangen, ohne dafür etwas zurückzugeben. Wie heißt es doch: »Nichts im Leben ist umsonst.« Solche Sätze vermitteln uns, dass wir so, wie wir sind, nicht wertvoll sind, und das ist natürlich komplett falsch. Im Laufe meiner medizinischen Arbeit habe ich unzählige Frauen kennengelernt, die nur dann Unterstützung, Aufmerksamkeit und Zuwendung von ihrem Mann und ihren Kindern bekamen, wenn sie krank waren. Was ist also passiert? Sie mussten Krankheiten entwickeln (wenn auch unbewusst), um die Aufmerksamkeit und Zuwendung zu bekommen, die sie auch im gesunden Zustand hätten bekommen sollen. Ebenso hatte ich zahlreiche Patientinnen, denen irgendwann aufging, dass sie als Kinder krank sein mussten, um die Zuwendung ihrer Mutter zu bekommen. Kein Wunder, dass es eine so große Herausforderung sein kann, etwas anzunehmen! Wir haben gelernt, dass wir es uns irgendwie verdienen müssen. Indem wir Aufgaben erfüllen, die uns wertvoller machen. Oder durch gesundheitliche Probleme und Unfälle. Ja, auch das. Studien zeigen, dass Unfällen häufig Wut oder Kummer vorausgehen – Emotionen, die uns wissen lassen, dass wir ein unerfülltes Bedürfnis haben. Aber wenn wir in Sachen Empfangen derart tief und unbewusst programmiert worden sind, wo können wir da anfangen?

Das Einmaleins des Empfangens

Glücklicherweise kann man das Empfangen lernen – und es ist sehr lohnenswert, das zu tun. Etwas annehmen zu können führt zu einem sehr viel erfüllenderen Leben mit weit mehr Vergnügen und Freude, als Sie es jetzt vielleicht für möglich halten.

Der Anfang ist ungeheuer leicht. Sie müssen lediglich Komplimente annehmen. Wenn jemand also zu Ihnen sagt: »Oh, du hast aber ein schönes Kleid an«, sollte Ihre Antwort lauten: »Danke.« Das ist alles. Einfach nur danke! Sagen Sie nicht: »Ich habe es für fünf Dollar bei Goodwill gekauft.« Das wertet das Kompliment und das Geschenk ab, das Sie gerade erhalten haben. Und Sie müssen auch dem Drang widerstehen, das Kompliment zu erwidern, indem Sie so etwas sagen wie: »Oh, deins ist aber auch sehr schön.« Sie müssen bei einem Kompliment nichts zurückgeben. Indem Sie einfach nur danke sagen, nehmen Sie das Kompliment voller Güte an. Langsam aber sicher werden Sie lernen, sich beim Annehmen von Komplimenten wohlzufühlen.

Etwas Interessantes wird passieren, wenn Sie damit beginnen. Zuerst werden Sie sich wahrscheinlich unbehaglich und verletzlich fühlen. Sie sind schließlich aus der Übung. Wenn Sie also bemerken, dass Sie sich unwohl fühlen, sagen Sie zu sich selbst: »Ich liebe dich.« Derjenige Teil von Ihnen, dem unbehaglich zumute ist, braucht mehr Liebe, nicht weniger.

Wenn Sie sich allmählich wohler beim Empfangen von Komplimenten fühlen – oder auch, während Sie noch daran arbeiten –, können Sie zu etwas fortgeschritteneren Weisen im Annehmen übergehen. So schlägt Tosha Silver in ihrem Buch *Change Me Prayers* vor, ein Wandle-mich-Gebet zu sprechen, das Ihrem Gehirn helfen soll, sich neu zu vernetzen, so dass Sie leichter empfangen können. Sagen Sie zum Beispiel etwas wie: »Göttlich-Geliebtes, bitte wandle mich in jemanden, die bereit ist zu empfangen. Bitte wandle mich in jemanden, die ihren eigenen Wert kennt. Bitte wandle mich in jemanden, die dankbar all das annimmt, was du mir zu geben hast. Bitte wandle mich in jemanden, die anderen die Möglichkeit schenkt, mir mit Freude etwas geben zu können.«

Im nächsten Kasten finden Sie eine meiner liebsten Empfangensübungen. Je häufiger Sie sie praktizieren, desto besser werden Sie darin werden. Und vergessen Sie nicht, der Grund, warum Sie Probleme mit dem Empfangen haben, liegt darin, dass Ihr inneres Kind noch immer glaubt, dass es nicht wertvoll genug sei, um etwas zu erhalten. Also fangen Sie damit an, diesen Teil von sich zu lieben. Denn das ist alles, was das innere Kind will.

Komplimente der Natur

Diese Übung habe ich vor Jahren gemacht, als ich von einem Hotelzimmer in Seattle aus auf den Mount Rainier blickte. Ich war auf einer medizinischen Fachtagung und bereitete mich darauf vor, nach unten zu gehen, um mich zu all den Fremden zu gesellen. Um diese Übung zu machen, brauchen Sie aber keine Berge in der Nähe. Denken Sie einfach an einen Platz in der Natur, den Sie kennen und lieben. Engel sind überall in der Natur anzutreffen, auf Bergen, Bäumen und an allen anderen möglichen Orten in der Natur.

Stellen Sie sich vor, dieser Baum oder Berg oder diese Blume würden zu Ihnen sprechen. Sie sagen Ihnen, wie wundervoll Sie sind. Hören Sie einfach zu, wenn sie sagen:

Du bist wundervoll.
Du bist klug.

Du bist entzückend und bezaubernd.
Du bist wertvoll.
Und du bist unwiderstehlich.
Du bist gesund.

Jetzt atmen Sie diese Aussagen ein. Empfangen Sie sie direkt in Ihrem Herzen. Mit Ihrem Wesen. Wenn Sie sich davon erfüllt fühlen, kehren Sie in Ihren Alltag zurück. Aber achten Sie darauf, was passiert.

Ich habe damals die Erfahrung gemacht, dass ich ganz anders behandelt wurde, als ich schließlich nach unten zu den übrigen Tagungsmitgliedern ging. Ich erhielt viel mehr positive Aufmerksamkeit als zuvor. Die äußeren Umstände, in denen ich mich befand, hatten sich nicht unbedingt verändert, vielmehr glaube ich, dass ich durch meine »Empfangsmuskeln«, die ich in der Abgeschiedenheit meines Hotelzimmers trainiert hatte, nun in der Lage war, das zu empfangen, was die ganze Zeit für mich da gewesen war. Diese Erfahrung hat mich ziemlich erstaunt.

Nie werde ich den Moment vergessen, als ich das erste Mal Standing Ovations für einen Vortrag erhielt. Ich hatte das Gefühl, als würde ich rückwärts die Bühne herunterfallen. Fast hätte ich geweint. Ich wusste gar nicht, was ich mit all der Energie tun sollte, die mir da entgegengebracht wurde. Also bin ich nach Hause gefahren und habe ein langes Bad genommen. Meine Fähigkeit, etwas anzunehmen, war damals noch sehr wenig ausgeprägt. Und meine medizinische Ausbildung, die mich darin gefördert hatte, ohne Ruhepausen und gutes Essen auszukommen, half mir auch nicht gerade. Seitdem habe ich mir ganz bewusst vorgenommen, in solchen Momenten einfach aufrecht dazustehen und anzunehmen, was kommt. Es wirklich anzunehmen. Mein Herz zu öffnen. Denn das weiß ich sicher: Wenn meine Worte einen Zuhörer oder Freund berühren können, dann deshalb, weil diese Worte auch für sie gelten. Wenn ich öffentlich spreche, drücke ich im Grunde oft das aus, was andere ebenfalls glauben oder fühlen, was sie aber nicht sagen können, weil ihnen die Fähigkeit dazu fehlt. Meine Fähigkeit, ihr Lob anzunehmen, dient also uns beiden. Indem ich es annehme, erhöhe und ehre ich den Schenkenden voll und ganz. Der Kreis ist jetzt vollendet. Unsere Schwingungen erheben sich gemeinsam, und die Welt wird heller.

Von der Natur empfangen

Wenn ich mir die Beziehung zwischen Geben und Empfangen als fröhlich und freigiebig vorstelle, dann, weil ich dabei an die Natur denke. Mutter Natur gibt uns unerschöpflich und großzügig, und es steht uns allen frei, ihre Gaben zu empfangen. Als ich heute Morgen aufstand und feststellte, dass es für die Jahreszeit ungewöhnlich warm war, bin ich barfuß im Bademantel nach draußen gegangen. Ich habe zugelassen, dass meine Füße die negativen Ionen der Erde empfangen, in dem Wissen, dass sich Entzündungsprozesse verringern, wenn ich 20 Minuten lang so stehe. Mutter Erde gibt dieses Geschenk freiwillig. Ich nahm es voller Dankbarkeit an. Dabei blickte ich über den Fluss und nahm einfach die Herrlichkeit der Natur in mich auf – wohl wissend, dass die warmen Tage des Herbstes schon bald Eis und Schnee weichen würden.

Auf meinem Rückweg zum Haus machte ich noch einmal Halt und dankte einer rosafarbenen Begonie vor der Tür. Diese Pflanze hatte mir den ganzen Sommer lang ihre Schönheit geschenkt, und aus irgendeinem Grund hatte sie noch immer nicht aufgehört zu blühen, obwohl die tödlichen Fröste längst eingesetzt hatten. Der Standort bei der Tür hatte sie geschützt. Also dankte ich ihr dafür, dass sie mir so viele Monate so viel Farbenpracht und Freude schenkte. Ich nahm die Liebe an, die sie mir gab.

Bevor ich mich dem Schreiben widmete, machte ich einen Spaziergang im Wald – und nahm vorher die Kontaktlinsen heraus. Auf diese Weise konnte das Herbstlicht über die Netzhaut direkt in mein Gehirn gelangen. Irgendwann unterwegs blieb ich stehen und nahm das Sonnenlicht ganz bewusst in mich auf. Ich sprach sogar ein Dankesgebet an den Engel der Sonne. »Danke, lieber Engel der Sonne, dass du mich in dein Licht tauchst. Bitte hilf mir, dein herrliches lebensspendendes Licht in jeder Zelle meines Körpers zu empfangen.« Ich ließ meinen Blick sanft über die goldenen Blätter der Bäume schweifen und gestattete den Stäbchen und Zapfen in meinen Augen, die Schwingung der Farben aufzunehmen. Ich empfing die sanfte Brise auf meiner Haut. Ich empfing die ausgelassenen Possen zweier Streifenhörnchen, die spielerisch miteinander rangen. Bei meinem Gang durch die Natur ging es darum, all das zu empfangen, was sie mir an diesem Tag zu geben hatte. Ich bemerkte, dass die Apfelbäume ihren beachtlichen Reichtum an die Erde abgegeben hatten, um sie wieder anzureichern und zu erneuern – und um dem Wild und den Eichhörnchen Nahrung zu geben. Der Boden empfing diesen Reichtum und badete wunderschön darin.

Mutter Natur gibt uns unaufhörlich etwas. Wir können von ihrem Beispiel lernen, während wir uns bewusst einstimmen und ihre Gaben annehmen. Ein Sonnenuntergang, ein aufgehender Mond, eine Blume, ein Vogelschwarm, eine großartige Aussicht – wir müssen nur offen dafür sein zu empfangen.

Bewusst von der Natur empfangen

Der bereits zuvor erwähnte verstorbene Peter Calhoun, ehemaliger Priester der Episkopalkirche und später Schamane, lehrte die Menschen, wie sie so in die Natur gehen können, dass sie die Gaben auch empfangen, die sie dort erwarten. Ich hatte das Glück, ein Jahr vor seinem Tod einen Workshop bei ihm machen zu können. Und dies hat er uns beigebracht: Sorge dafür, dass dein Blick weich bleibt. Bewege dich sehr langsam. Wenn du an einen Baum kommst, der zu dir spricht, bleibe bei ihm stehen. Peter sagte, dass Baumgeister nur sehr langsam herauskommen, und dass sie es nicht gewohnt sind, die Aufmerksamkeit von Menschen zu bekommen. Aber menschliche Aufmerksamkeit beschleunigt ihre Evolution. Bleiben Sie einfach dort stehen und lieben Sie diesen Baum. Und lassen Sie es zu, dass er Sie ebenfalls liebt. Empfangen Sie, was der Baum zu geben hat. Vollständig. Rückhaltlos. Sie können den Baum auch mit einigen Kristallen oder Münzen beschenken. Peter war der Auffassung, dass die Naturgeister so etwas lieben. Sie können das Gleiche mit Steinen tun, mit Felsen und mit anderen Pflanzen. Und auch mit Gewässern. Wenn Sie Ihre Schwingung in der Natur erhöhen, wird die ganze Schöpfung mit Ihnen singen.

Der Priester Matthew Fox schrieb ein Buch mit dem Titel *Original Blessing* (als Gegensatz zu der Doktrin der Erbsünde). Darin äußert er sich darüber, wie Kinder – egal, wie missbraucht oder einsam sie sind – oft einen Platz in der Natur haben, an dem sie Heilung empfangen. Ein großer Stein, ein besonderer Baum, eine Schlucht. Sie können immer noch die Heilkraft spüren, die die

Erde ihnen bietet. Und sie wissen, wie sie sie empfangen können, egal, was sonst noch in ihrem Leben vor sich geht.

Wenn Sie sich also gegenüber Ihrem eigenen Wert und Ihrer Fähigkeit zu empfangen öffnen möchten, fangen Sie mit Mutter Natur an. Sie wird Sie nie im Stich lassen.

Das Geschenk der Dankbarkeit

Ich hatte schon erwähnt, dass man sich das Empfangen von etwas nicht verdienen muss, und das stimmt. Wenn Sie ein Kompliment bekommen, geht es nicht darum, dass Sie es erwidern. Empfangen Sie es dagegen voll und ganz und freudig, wird damit ein weiteres Geschenk einhergehen: das Geschenk der Dankbarkeit. Lassen Sie den Spender eines Geschenks wissen, wie sehr Sie es schätzen; damit heben Sie sich und den Spender auf eine höhere Schwingungsebene. Und Sie helfen damit auch, den Kreislauf des gesunden Gebens und Nehmens zu stärken. Indem Sie danke sagen und dies auch wirklich tief in Ihrer Seele fühlen, können Sie Licht und Leichtigkeit in eine schwierige Angelegenheit bringen.

Einer der schnellsten Wege, wie Sie das Gute in Ihrem Leben verlieren können, besteht darin, dass Sie ihm nicht genug Wertschätzung entgegenbringen. Auf der anderen Seite stellt Dankbarkeit für das, was Sie bereits haben, einen todsicheren Weg dar, um mehr zu bekommen. Dankbarkeit ist eine innere Haltung. Sie hebt Ihre Schwingung und Anziehungskraft auf natürliche Weise an, denn indem Sie sich auf die Fülle ausrichten, die Sie gegenwärtig haben, werden Sie zu einem Magneten für noch mehr davon. Beginnen Sie damit, dankbar für die Dinge zu sein, die Sie vielleicht für selbstverständlich halten: einen gesunden Körper, Essen im Kühlschrank, ein Telefon, das auch funktioniert, wenn Sie jemanden anrufen wollen. Wenn Sie sich angewöhnen, dankbar zu sein, werden Sie überall um sich herum Gaben und Gutes sehen.

Am diesjährigen Neujahrstag begeisterte mich ein Facebook-Post auf der Seite von Dr. Joe Dispenza. Er stammte von einer Frau, die ein Dankbarkeits-Tagebuch angefangen hatte, bei dem sie ein Jahr lang jeden Tag ein Foto von etwas postete, für das sie dankbar war. Am Ende des Jahres hatte sie nicht nur ihre Beziehung zu ihrem Mann, sondern ihr ganzes Leben transformiert – weil sie erkannt hatte, wie sehr ihr Leben bisher von ihrer Einstellung des »halb leeren Glases« geprägt gewesen war. Ihr Hashtag war #365grateful. Viele Menschen sind ihrem Beispiel gefolgt. Mich hat das so inspiriert, dass ich dachte, es würde Spaß machen, jeden Tag ein kleines Video auf Instagram zu veröffentlichen, mit den Dingen, für die ich dankbar bin. Weil 2016 ein Schaltjahr war, hieß mein Hashtag auf Instagram #366gratitude. Es hat mir extrem viel Freude gemacht. Und ich habe gemerkt, wie leicht es ist, etwas zu finden, das ich filmen konnte, während ich erklärte, warum ich dankbar dafür bin. Ein Spaziergang im Wald, ein Sonnenuntergang, meine Katze, mein aufgeräumter Kleiderschrank, meine Enkelin und ihre Familie, Feuerholz – die Liste ist unendlich. Und es geht nichts darüber, diese Dinge zu dokumentieren und mit anderen zu teilen, um unsere kollektive Schwingung zu erhöhen. Auf diese Weise habe ich auch die Feen gefunden, die mich als tanzende Kugeln auf den Videos besucht haben, wie ich in Kapitel 4 erzählt habe. Viele Menschen posten so etwas in den sozialen Medien. Dankbarkeit ist ansteckend. Und sie hilft wirklich, chronische Negativität auszulöschen. Versuchen Sie es. Ein Dankbarkeits-Tagebuch, ein Foto jeden Tag, ein kleiner Text. Sie werden feststellen, dass Sie zu sehen beginnen, wie himmlisch das Leben auf der Erde sein kann.

Kapitel 7

Glauben

Glauben ist nichts anderes
als für wahr halten, was man nicht sieht.

Der heilige Augustinus

Von allen Eigenschaften, die das Leben leicht machen, uns Weisheit schenken und uns in unsere ureigene Mitte führen, ist die wichtigste der Glaube. Er ist zugegebenermaßen aber auch diejenige, die uns in der Regel am meisten herausfordert. Wie schon erwähnt wird unser gegenwärtiges Leben von einem morphischen Feld aus Energie und Informationen erschaffen, die noch aus der Vergangenheit stammen und jene Umstände anziehen, die unsere gegenwärtige Erfahrung bilden. Wir nehmen die Arbeit an unseren Seelenlektionen in diesem Leben dort auf, wo wir sie im letzten Leben abgebrochen haben. Und der Glaube ist es, der uns die Kraft gibt, auf unserer Reise immer weiterzumachen. Wir erlernen und verdienen ihn uns im Laufe eines ganzen Lebens.

Als ich vor vielen Jahren mit dem Projekt der neuen Frauengesundheitsfürsorge begann, war das für mich eine große Herausforderung in meiner Fähigkeit zu glauben. Ich wollte Menschen dazu befähigen, sich besser um ihre eigene Gesundheit zu kümmern, aber um das tun zu können, musste ich alles zurücklassen, was ich wusste, und mich auf eine völlig neue Art der Arbeit einlassen.

Die Idee, das zu tun, entstand nach einem Workshop, den ich bei David Gershon und Gail Straub belegt hatte, den Autoren von *Empowerment.* David und Gail haben es sich zur Lebensaufgabe gemacht, Menschen überall auf der Welt zu ermächtigen, indem sie ihnen helfen, ihre eigene Kraft zu finden und so das Leben zu leben, das sie sich immer erträumt haben. Durch ihre Arbeit bin ich das erste Mal mit den universellen Gesetzen des Universums in Kontakt gekommen – vor allem mit dem Gesetz der Anziehung, das seither durch Bücher wie *The Secret* sehr viel Beachtung gefunden hat.

Gail und David ließen uns zu jedem Aspekt unseres Lebens Affirmationen sprechen, darunter zu unserer körperlichen Gesundheit, unserer Karriere, unseren Beziehungen, unserer Familie und so weiter. Die Gesetze von Manifestation und Anziehung leuchteten mir unmittelbar ein. Sie berührten eine Wahrheit in mir, so ähnlich wie damals, als ich die Arbeit von Edgar Cayce entdeckt hatte und das Vorhandensein von Engeln. Ich war vollkommen davon überzeugt, dass wir uns unsere Realität durch die Gedanken erschaffen, die wir denken, und durch die Gefühle, die daraus resultieren.

Da stand ich also, eine Ärztin mit einem neuen Ziel und nun auch mit den richtigen Werkzeugen in der Hand, um meine eigene Realität zu erschaffen. Sprich nur die richtigen Affirmationen, und das Leben, das du dir wünschst, wird sich manifestieren. Klingt einfach, oder? Ein Kinderspiel. Aber halt, nicht so voreilig. Ich sprach meine Affirmationen. Ich tat so, als würde sich alles genau so entwickeln, wie es sollte. Und doch ging es mit unserem neuen medizinischen Zentrum nicht annähernd so voran, wie ich es mir vorgestellt hatte.

Dann lernte ich die Macht des Glaubens richtig kennen. Ich hatte bei meinen Affirmationen und dem, was ich sonst noch so tat, einen bestimmten Ausgang im Kopf gehabt. Aber schon bald begriff ich, dass es beim wahren Glauben darum geht loszulassen. Ich musste dem Teil von mir vertrauen, der meine Lebensumstände von einer höheren Warte aus orchestrierte. Dieser Teil ist nicht derselbe wie das kleine Selbst, das hier unten auf der Erde herumwandelt und den Alltag zu bewältigen versucht; der Teil, der mit schreienden Kindern zu tun hat, die ganze Nacht bei kranken Patienten zubringt und trotzdem versucht, genug Schlaf zu bekommen. Dennoch, dass ich – wenn auch etwas naiv – den Mut fand, meine bisherige medizinische Arbeit aufzugeben und mitzuhelfen, einen neuen Weg der medizinischen Versorgung zu erschaffen, hatte viel damit zu tun, dass ich zutiefst überzeugt war von der Wahrheit des Gesetzes der Anziehung und der Art und Weise, wie sich Dinge manifestieren.

Das Göttliche um Hilfe bitten

Es gibt im Wesentlichen zwei verschiedene Möglichkeiten, das Leben zu leben – entweder im Glauben oder in der Angst. Uns allen bringt man bei, vor fast allem Angst zu haben. Davor, älter zu werden, zuzunehmen, allein zu sein, sich einen Virus einzufangen, nicht richtig angezogen zu sein, kein Geld zu haben, krank zu werden und schließlich – das ist das wahre Monster unter dem Bett – zu sterben!

Wie ich schon an anderer Stelle erwähnte, faszinieren mich Menschen mit Nahtoderfahrungen seit Langem. Die Geschichte von Tommy Rosa, die sich in seinem Buch *Die 8 Prinzipien der Gesundheit* findet, hat mich jüngst besonders berührt. Rosa, ein ehemaliger Klempner aus der Bronx, war mit 40 Jahren bei einem Verkehrsunfall mit Unfallflucht »gestorben«. Während dieser Zeit, als er »tot« war, erlebte Tommy im Himmel eine atemberaubende Zeit mit einem tiefsinnigen Lehrer, der sich später als Jesus zu erkennen gab.

Während er im Himmel war, wurde Tommy zu einem wunderschönen Meer mit unglaublich blauem Wasser geführt. Er erzählt, dass alles in Schwingung versetzt gewesen sei und seine Seele sich gefühlt habe, als wäre sie wirklich zu Hause. Aber während er mit seinem Lehrer im Ozean Wasser trat, sah Tommy plötzlich einige große dunkle Schemen, die auf ihn zugerast kamen – große weiße Haie mit riesigen Zähnen und weit aufgerissenem Maul. In diesem Moment verschwand sein Lehrer, und als die Haie auch noch begannen, ihn zu umkreisen, geriet Tommy in Panik. Er wusste, dass er von diesen Monstern in Stücke gerissen werden würde. Als er seinen Tod schon für unausweichlich hielt, erklang eine feste, klare und ruhige Stimme in seinem Kopf, die sagte: »Hab keine Angst.«

Tommy schickte im Geiste eine Antwort zurück, die in etwa lautete: »Du hast gut reden. Du hast mich hier zum Sterben zurückgelassen.«

Wieder sagte die Stimme, dieses Mal eindringlicher: »Hab keine Angst.«

Also schloss Tommy die Augen und bemühte sich, zu dem inneren Frieden und der Ruhe von vorher zurückzukehren.

Nach einigen Momenten öffnete er die Augen wieder, und zu seinem großen Erstaunen waren die Haie verschwunden. Einfach so.

Während er erleichtert aufseufzte, materialisierte sich sein Lehrer neben ihm und erklärte ihm etwas über den Einfluss der negativen Energie, die durch Angst erzeugt wird.

Die Essenz dieser Lektion lautete, dass man im Leben das, wovor man Angst hat, anziehen wird. Wenn Sie Angst vor Krankheiten haben, werden Sie sie anziehen. Wenn Sie Angst davor haben, allein zu sein, werden Sie so lange allein bleiben, bis Sie diese Angst überwunden haben. Wenn Sie Angst haben zu sterben, werden Sie niemals richtig und in Freuden leben.

In körperlicher Hinsicht senkt Angst unsere Schwingung und macht uns deutlich empfänglicher für Viren und Bakterien.

Angst erzeugt einen biochemischen Zustand in unserem Körper, der das Immunsystem ungünstig beeinflusst und unsere Anfälligkeit für die krankmachenden Viren und Bakterien erhöht, die überall um uns herum sind. Die meisten Menschen tragen zum Beispiel das Bakterium, das eine Lungenentzündung hervorruft, ständig in sich, aber es wird für gewöhnlich in Schach gehalten – so lange, bis unsere Schwingung irgendwie sinkt. Genauso ist es bei fast allen anderen Bakterien oder Viren, die wir gelernt haben zu fürchten.

In emotionaler Hinsicht hält uns die Angst davon ab, weiter auf das Leben zuzugehen, das wir uns erträumen. So ist eine Frau möglicherweise in einer Beziehung so sehr verletzt worden, dass sie es gar nicht noch einmal probieren will. Sie bleibt einfach allein zu Hause, bejammert zwar ihre Situation, hat aber zu viel Angst, um eine Veränderung zu wagen.

Der Angst liegt immer ein Mangel an Glauben zugrunde – so einfach ist das. Und wenn Sie Ihrer Angst nachgeben, vertrauen Sie dem Göttlichen nicht. Der einzige Weg, den »Glaubensmuskel« aufzubauen, besteht darin, dass Sie sich beruhigen und auf Gott vertrauen. Deshalb heißt es auch: »Der Mensch denkt und Gott lenkt.«

Es sind Geduld und Hingabe nötig, um Angst in Glauben zu wandeln. Ganz sicher ist es nicht hilfreich, jemandem einfach nur zu sagen, dass er oder sie statt Angst zu haben zu einem unerschütterlichen Glauben finden soll, um das erträumte Leben doch noch leben zu können. Dies ist erst recht ungünstig, wenn das Nervensystem noch unter dem Eindruck von Kindheitstraumata steht.

Wir erben unsere Ängste häufig von unseren Eltern und Großeltern; wir saugen sie quasi mit der Muttermilch in uns auf. So nimmt es nicht Wunder, dass wir den Grund für unsere eigenen Ängste oft nicht genau festmachen können. Es ist gut dokumentiert, dass Babys die Angst ihrer Mütter sogar schon im Mutterleib übernehmen können.

Angst, ebenso wie ihre nahe Verwandte, die Depression, liegt in der Familie. Und das trifft auch auf all die Ängste zu, die sie am Leben erhalten. Ein guter Freund von mir litt vor Kurzem unter ziemlichen Ängsten und Befürchtungen bezüglich seiner Karriere; schließlich fand er heraus, dass seine beiden Eltern Medikamente gegen Angst einnahmen, ohne dass er davon gewusst hatte. Ich erklärte ihm, dass diese Angst nicht genetisch begründet sei, sondern lediglich ein Muster, das er im Laufe der Zeit erlernt habe. Vor allem aber sagte ich ihm, dass er die Macht besitze, dem ein Ende zu bereiten. Und er hat es beendet – indem er sich unablässig bemüht hat, den Glauben an die Stelle der Angst zu setzen.

Wenn Sie ernsthaft wollen, dass Ihr Leben leicht wird, müssen Sie einfach nur alles Nötige tun, damit neue Verschaltungsmuster in Ihrem Hirn entstehen, die auf Vertrauen und Glauben basieren.

Wie Vertrauen und Glauben das Gehirn verändern

So wie Ihr Hirn sich umorganisiert, wenn Sie sich dazu entscheiden, jene Gedanken zu denken, bei denen Sie sich besser fühlen, tut es das auch, wenn Sie anfangen, Vertrauen und nicht Angst zur Basis Ihres Erlebens zu machen. Hierbei geht es wieder darum, dass sich Neuronen, die gemeinsam feuern, miteinander verbinden. Gedanken, die auf Vertrauen, Sicherheit und Schutz gründen, formen Ihr Gehirn und Ihren Körper so um, dass Sie in einen ruhigeren, friedvolleren Zustand kommen. In dem Maße, in dem Sie Gedanken dieser Art denken und wiederholen, werden die alten Verschaltungen der Furcht und des Schreckens wegschmelzen. Das liegt daran, dass es nur eine begrenzte Menge der Substanz gibt, die als Nervenwachstumsfaktor bekannt ist und dem Hirn gestattet, neue Verbindungen zu verschalten. Wenn Sie also neuronale Verbindungen erschaffen, die mit positiven Gedanken verbunden sind (Ich fühle mich sicher und geschützt und verbinde mich mit der Heilkraft der göttlichen Liebe), werden negative Gedankenmuster (Ich habe Angst, dass ich wie meine Mutter Krebs bekomme) zu schrumpfen beginnen und absterben. Mehr noch, Sie werden Umstände anziehen, die Ihren neuen Glauben widerspiegeln. Der Beweis Ihres Wohlbefindens nimmt dann mehr und mehr Gestalt an.

Sicher ist es keine leichte Aufgabe, Ihr Hirn dazu zu bringen, in positiver Hinsicht zu feuern, wenn man in einer Kultur lebt, deren Medizinverständnis angetrieben wird von der Angst vor all dem, was schiefgehen könnte. Aber das Ziel, nämlich widerstandsfähig zu werden gegenüber der Angst, ist die Mühe allemal wert. Es ist einfach unendlich viel angenehmer und produktiver, im Vertrauen und Glauben zu leben.

Angst ist der Versuch Ihres Egos, Sie zu beschützen

Um Ihre Angst in den Griff zu bekommen, müssen Sie zuerst einmal die Rolle Ihres Egos verstehen. Wie ich in Kapitel 1 ausgeführt habe, entsteht Ihr Ego durch den Stress, den Sie in der Kindheit erlebt haben, und durch die sich daraus entwickelnden unterbewussten Überzeugungen. Ihr Ego ist nicht Ihr wahres Selbst – also jener Teil, der direkt mit dem Göttlichen verbunden ist. Das Ego ist entstanden, um Sie zu beschützen und Ihnen die Fähigkeiten und das Urteilsvermögen zu geben, die Sie brauchen, damit Sie das tun können, wozu Sie hierhergekommen sind. Ihr Ego tut, was es tut, um Sie davor zu schützen, Schmerz zu empfinden, Verlust, Angst und Trauer. Und sein hauptsächlicher Modus ist Angst. Sie werden niemals in der Lage sein, Ihr Ego oder die angsterregenden Vorstellungen zu bekämpfen, die es Ihnen immer wieder präsentiert. Wenn Sie also ein Leben im

Glauben führen wollen, besteht der erste Schritt darin, dass Sie Ihre Angst nicht weiter bekämpfen, oder sich schlecht fühlen, weil Sie da ist.

In ihrem wunderbaren Buch *Big Magic. Nimm dein Leben in die Hand und es wird dir gelingen* spricht Elizabeth Gilbert über die Tatsache, dass die Angst Sie begleiten wird, ganz egal, was Sie tun – sogar ganz besonders dann, wenn Sie das Leben leben wollen, das Ihre Seele für Sie möchte, statt dasjenige zu führen, das Ihre Eltern oder die Gesellschaft für Sie ausgewählt haben. Gilbert schlägt vor, sich die Angst als Familienmitglied auf einer Autofahrt vorzustellen. Sie muss hinten sitzen. (Sie können entscheiden, ob sie sich anschnallen soll oder nicht.) Und sie hat nichts zu sagen. Sie darf nicht den Weg auswählen. Oder den Radiosender. Lassen Sie sie auch nicht zu viel Wasser trinken, sonst wird sie ständig anhalten wollen, um zur Toilette zu gehen. Das Letzte war nur ein Witz.

Ein Mangel an Vertrauen kann darauf hinauslaufen, dass wir glauben, nichts wert zu sein. Nicht der Liebe wert, nicht der Akzeptanz wert, der Fürsorge, des Verständnisses. Tommy, der schon erwähnte Klempner, erlebte eine erstaunliche und ereignisreiche Zeit im Himmel mit seinem Lehrer. Was er gelernt hat, war kostbar, heilig und grundlegend. Lebensverändernd, genau gesagt. Und doch hatte er acht Jahre nach seiner Rückkehr ins Leben mehr als hundert Pfund zugenommen und entwickelte eine Herzinsuffizienz. Er sagte, dass sein Ego die Tatsache einfach nicht akzeptieren könne, dass er einer solchen Liebe und eines solchen Mitgefühls, wie es ihm im Himmel zuteilwurde, würdig sei. Er hatte auch zu viel Angst, ausgelacht zu werden wegen der Dinge, die er erfahren hatte, so dass er sie nicht mitteilen konnte – was, wie er später begriff, an seinem Ego lag. Wie er in meiner Radiosendung im Interview erzählte, hatte er über seine Erfahrung zuerst mit dem Pfarrer seiner Gemeinde gesprochen, der daraufhin zu Tommys Mutter gesagt hatte, dass ihr Sohn psychiatrische Hilfe benötige. Unsere Ängste gründen auf der Wahrheit unserer Erfahrung – aber wir müssen sie trotzdem noch transformieren.

Die meisten von uns denken, dass es beim Ego immer um Selbstherrlichkeit und Prahlerei geht. Aber egal, ob wir unsere Wichtigkeit aufblähen oder uns unwürdig fühlen – in beiden Fällen wird der Egotrip durch Angst genährt. Und der einzige Ausweg daraus besteht darin, mehr Vertrauen in Gott und das Göttliche zu entwickeln als in unser Ego. Ich möchte Sie daran erinnern, dass dieses Dilemma einen großen Teil dessen ausmacht, was die irdische Schule uns lehren soll. Und wir bestehen diese Prüfung nur, wenn unser Glaube über unsere Angst triumphiert.

Die Angst anhalten, bevor sie an Fahrt gewinnt

Es gibt einige Methoden, die Ihnen helfen können, Ihre Angstreflexe umzuprogrammieren. Bevor ich sie Ihnen vorstelle, möchte ich darauf hinweisen, dass wir lernen müssen, die Angst in dem Moment aufzuhalten, wenn sie akut auftritt – bevor sie richtig Besitz von uns ergreift. Oder wir müssen sie zurückdrängen, wenn sie das bereits getan hat. Das Letzte, was Sie brauchen, ist, dass die Angst Ihnen das Steuer aus der Hand reißt. Wie bei einem Auto, das oben auf einem Berg steht und zu rollen beginnt, müssen Sie die Angst anhalten, bevor sie schneller wird und auf dem Weg nach unten noch weiter beschleunigt.

Wenn ich bemerke, dass sich Angst in mir aufbaut, tue ich das Folgende: Zunächst einmal beobachte ich sie nur. Ich taste auch meinen Körper gedanklich ab und finde heraus, wo genau ich die Angst spüre – für gewöhnlich in meinem Solarplexus. Dann sage ich zu meiner Angst: »Ich liebe dich. Du bist wertvoll. Ich weiß, dass du Angst hast. Ich werde mich um dich kümmern.« Dadurch wird die Angsttrance sofort unterbrochen.

Dann atme ich tief und langsam durch die Nase ein und halte die Luft ein paar Sekunden an. Danach atme ich langsam durch die Nase aus, wobei das Ausatmen länger dauert als das Einatmen. Ich wiederhole das Ganze dreimal, dann habe ich den Kampf- oder Fluchtreflex in meinem Körper gestoppt. Ich habe den Schalter umgelegt, in Richtung des parasympathischen Nervensystems, der Entspannung und Stärkung.

Dieses Verfahren ist wirklich einfach.

Widerstandsfähig gegenüber der Angst werden

Man braucht sehr viel Willenskraft, um ein Leben der Angst hinter sich zu lassen und stattdessen eines im Vertrauen zu beginnen. Ja, Sie sind jetzt in der Lage, die Angst anzuhalten, wenn Sie von ihr überrascht werden, und es ist ein großartiger Anfang, aber damit sich Ihr Denken ändert, ist mehr nötig als das.

Der Lehrer Abraham, der durch Esther Hicks gechannelt wird, beantwortet etliche Fragen von Menschen, die sich erst dann an ihn wenden, wenn sie sich in einer Krise befinden. Abraham vergleicht das mit jemandem, der aus einem Flugzeug springt und feststellt, dass der Fallschirm nicht funktioniert, und dann fragt: »Was soll ich tun?« Die Standard-Antwort lautet: »Keine Sorge. Es ist bald vorbei.« Es ist sehr viel leichter, eine Krise zu verhindern, als mit einer umzugehen, die bereits da ist. Entscheidend dafür ist, dass Sie Ihre Ängste bemerken und sich um sie zu kümmern, wenn sie im Begriff sind, in Sie hineinzukriechen.

Es gibt viele Wege, die Angst daran zu hindern, in Sie hineinzukriechen. Zu den drei hilfreichsten zähle ich Mut, Gebet und Klopfakupressur.

Mut praktizieren

Achten Sie darauf, sich nicht selbst zu sabotieren, indem Sie gleich die größte Angst Ihres Lebens angehen, wenn Sie lernen wollen, sich auf der Basis von Vertrauen durchs Leben zu bewegen. So wie zum Beispiel: »Ich bin 39 und habe den Mann meiner Träume noch nicht gefunden. Ich möchte unbedingt ein Kind haben, und nun habe ich Angst, dass mir die Zeit davonläuft.« Beginnen Sie mit etwas Kleinem. Sagen wir, Sie haben Angst vor Zurückweisung oder davor, um Hilfe zu bitten. Sie können mental ein Szenario entwerfen, das Sie an den Rand einer bestimmten Angst führt, so dass Sie die Emotionen durcharbeiten können, die damit verbunden sind.

Nehmen wir die Angst vor Zurückweisung. Stellen Sie sich vor, Sie betreten ein Café. An der Theke sehen Sie einen attraktiven Mann oder eine attraktive Frau stehen, der oder die gerade bestellen will und umgänglich wirkt. Jetzt stellen Sie sich weiter vor, dass Sie zu diesem Menschen hingehen und Hallo sagen. Das ist alles, was Sie sagen müssen. Sagen Sie »Hi«. Mehr nicht. Stellen Sie sich vor, wie Sie das tun, und spielen Sie die Szene mehrmals im Kopf durch. Stellen Sie sich das Ganze mit verschiedenen Personen vor.

Was ist Ihnen während der Übung aufgefallen? Sind Ihre Handflächen feucht geworden? Haben sich Ihre Atemzüge beschleunigt? Ist Ihre Kehle trocken geworden? Was haben Sie wahrgenommen? Sind Sie zurückgewiesen worden? Oder wurden Sie angenehm überrascht?

Wiederholen Sie diese Übung sieben Tage lang jeden Tag. Sie dauert nur etwa 15 Sekunden, also glauben Sie mir, Sie können die Zeit dafür erübrigen. Nach einer Woche Training im Kopf tun Sie es. Gehen Sie in ein Café. Oder irgendwohin, wo Sie sonst üblicherweise hingehen. Und sagen Sie »Hi« zu einem Fremden. Finden Sie heraus, was passiert.

Dasselbe können Sie tun, wenn Sie Angst haben, um Hilfe zu bitten. Denken Sie an jemanden, den Sie um Hilfe bitten könnten. Wer fällt Ihnen als Erstes ein? Gibt es noch jemanden? Schreiben Sie die Namen auf.

Jetzt machen Sie eine Liste mit den Dingen, bei denen Sie gern Hilfe hätten, wenn die Welt perfekt wäre und Sie keine Angst vor Zurückweisung hätten. Das kann alles sein: den Keller aufräumen, einkaufen, die Wäsche waschen, Urlaubseinkäufe, in ein Konzert gehen, Sie auf einem Ausflug begleiten, sich ein Gedicht anhören, das Sie geschrieben haben, zusammen essen gehen und so weiter.

Suchen Sie sich etwas davon aus. Und dann nehmen Sie das Telefon und tun Sie so, als würden Sie um Hilfe bitten. Machen Sie es so real, wie Sie können. Schreiben Sie ein Drehbuch, damit Sie wissen, was Sie sagen wollen. Zum Beispiel: »Hi, Joe. Ich würde dich gern bei etwas um deine Hilfe bitten, aber ich habe Angst, dich zu fragen.« Und dann fragen Sie ohne großes Drumherum. »Wäre es möglich, dass du mir helfen könntest, Leergut wegzubringen? Ich weiß, dass du das regelmäßig tust. Könntest du vielleicht bei mir vorbeikommen und ein bisschen was von mir mitnehmen?«

Und dann, wenn Sie es geübt haben, probieren Sie es in der Realität aus. Sie werden erstaunt sein, wie oft Menschen Ja sagen, wenn Sie sie um Hilfe bitten. Nicht immer, aber oft genug.

Wenn Sie kleine Siege erringen, die Ihnen zeigen, dass Sie Vertrauen in jemanden haben können, oder in Gott, fangen Ihre Vertrauensmuskeln an, sich zu bilden.

Die Macht des Gebetes

Larry Dossey, Internist und Autor von *Heilende Worte: Die Kraft der Gebete als Schlüssel zur Heilung*, hat dokumentiert, wie sehr das Gebet zu einer Verbesserung unserer Lebensbedingungen beitragen kann – einschließlich unserer Heilfähigkeit. So hat sich gezeigt, dass Gebete bei Paaren mit Unfruchtbarkeit die Empfängnisquote steigern. Oder bei Patienten mit Herzanfällen die Zeit auf der Intensivstation verkürzen. Selbst Pflanzen wachsen durch Gebete besser. Man kann wohl ganz allgemein sagen, dass es nichts gibt, bei dem Gebete nicht helfen könnten.

Es gibt mehr als 300 wissenschaftlich durchgeführte Studien über die Heilkraft von Gebeten. Wie sich gezeigt hat, existiert die Wirkung von Gebeten unabhängig vom Glaubenssystem oder der Religion. Es spielt auch keine Rolle, welche Art von Gebeten Sie benutzen. Wichtig ist nur, dass Sie aufrichtig den Wunsch haben, sich mit dem Göttlichen zu verbinden.

Ich erinnere mich an eines von Anne Lamotts Büchern, das ich vor einer Weile gelesen habe. An einer Stelle äußert sie sich zu den beiden besten Gebeten, die sie kennt. Diese lauten: »Hilf mir, hilf mir, hilf mir« und »Danke, danke, danke«.

In seinem wunderbaren Buch *Hallo Engel* schreibt Kyle Gray, dass er seine Gebete immer beginnt mit »Ich danke dir, [Engel], für deine Hilfe [in dieser Angelegenheit].« Stellen wir uns also einmal vor, Sie würden Erzengel Raphael, der für seine Heilkraft bekannt ist, um Hilfe bitten. Das Gebet könnte dann folgendermaßen lauten: »Ich danke dir, Erzengel Raphael, dass du mir deine Heilenergie schickst und mir dabei hilfst, meinen Glauben an meine Fähigkeit zu stärken, gesund zu sein.«

Tosha Silvers Wandle-mich-Gebete haben ebenfalls eine große Reichweite, wenn es darum geht, dem Todesgriff der Angst zu entkommen und auf göttliche Hilfe zurückzugreifen, um Vertrauen aufzubauen. Dies trifft besonders bei den großen Ängsten zu, die Sie nachts wachhalten. Die Ängste, die einem das Gefühl geben, als könnte man sie niemals überwinden, was immer man auch tut.

Wandle-mich-Gebete, die Ängste lindern und Vertrauen stärken sollen, können sehr einfach sein. Zum Beispiel so: »Wandle mich, Göttlich-Geliebtes, in jemanden, die darauf vertraut, dass ihre Bedürfnisse immer erfüllt werden.« Oder: »Wandle mich,

Göttlich-Geliebtes, in jemanden, die wirklich vertrauen kann. Wandle mich in jemanden, deren Angst wegschmilzt wie Tau im Sonnenlicht. Stärke meinen Glauben an dich und an die Tatsache, dass sich für mich alles gut entwickeln wird. Immer.«

Die Angst wegklopfen

Eine weitere sehr wirksame Methode, mit der Angst umzugehen, ist das Klopfen – auch bekannt als Emotional Freedom Techniques (*Techniken der emotionalen Freiheit*), abgekürzt EFT. Da Angst ein elektromagnetisches Feld erzeugt, das die Dinge anzieht, vor denen Sie Angst haben, müssen Sie einen Weg finden, wie Sie dieses elektromagnetische Feld verändern. Genau das passiert durchs Klopfen. Es trägt dazu bei, die neuromuskuläre Spannung in unserem Körper aufzulösen, die wir bewusst und unbewusst durch unsere Angst aufrechterhalten. Somit hilft das Klopfen uns, die Angst im Körper loszulassen, wobei in diesem Prozess auch die Stresshormone gesenkt werden.

EFT beginnt damit, dass Sie das Problem benennen. Dann fügen Sie eine positive Affirmation hinzu und klopfen mit den Fingerspitzen auf bestimmte Akupressur-Punkte, die auf den 12 Hauptmeridianen des Körpers liegen. Es sind dieselben Punkte, die seit mehr als 5000 Jahren in der traditionellen Akupunktur benutzt werden.

Wenn der natürliche Energiefluss in Ihren Meridianen blockiert wird, dann ist das auch in Ihrem physischen Körper der Fall. Indem Sie auf die Energiepunkte klopfen, die mit einem bestimmten Organ oder System verbunden sind, bringen Sie Energie zu genau diesem Meridian. Sie beruhigen dadurch auch die Amygdala, den Teil des Gehirns, der bei der Kampf-Flucht-Reaktion eine Rolle spielt. Die Verwendung der positiven Aussage – etwa »Ich habe alles, was ich brauche, um mich sicher, geschützt und geliebt zu fühlen« – hilft dabei, Ihre Meridiane zu klären, die emotionalen Blockierungen aus dem Bioenergie-System Ihres Körpers zu befördern und Sie wieder ins Gleichgewicht zu bringen.

Klopfen hilft bei wesentlich mehr als nur Angst (auch wenn Angst oft die Ursache all unserer Leiden ist). Worin auch immer Ihr Problem besteht – ob es sich um Krankheit, Trauer, Schmerz, Angst, finanzielle Not oder Übergewicht handelt, oder ob Sie einfach nur effektiver darin sein wollen, Ihre Ziele zu benennen und umzusetzen – das Klopfen kann helfen. Stets geht es darum, das Problem zu erkennen und dann durch die Ereignisse oder Gefühle hindurchzugehen, die damit verbunden sind.

Hier erfahren Sie, wie Sie EFT selbst anwenden können:

1. **Nehmen Sie Brille und Schmuck ab.** Wenn möglich, nehmen Sie Ihre Brille und Ihren Schmuck ab, weil Sie nicht so gut darum herumklopfen können. Bei Schmuck, ganz besonders bei Edelsteinen, kann es zudem sein, dass Ihre Bemühungen auf elektromagnetischer Ebene gestört werden.
2. **Finden Sie heraus, was Sie quält.** Bevor Sie mit dem Klopfen beginnen, müssen Sie herausfinden, was es genau ist, das Sie in Ihrem Leben in Ordnung bringen wollen. Vielleicht Ihre Angst vor dem Fliegen? Oder Sie haben Angst, jemanden um Hilfe zu bitten? Es könnte auch sein, dass Sie körperliche Schmerzen haben, die Sie im Leben zu behindern scheinen.
3. **Schätzen Sie das Ausmaß Ihres körperlichen oder emotionalen Unbehagens ein.** Wenn Sie festgestellt haben, was Sie quält, schätzen Sie den Grad Ihres Unbehagens bezüglich dieser Situation auf einer Skala von 1–10 ein, wobei 1 bedeutet, dass Sie kaum betroffen sind, und 10, dass es eine Menge Probleme verursacht. Achten Sie darauf, den *gegenwärtigen* Zustand zu bewerten, nicht einen vergangenen. Machen Sie sich nicht zu viele Gedanken über die Zahl. Schreiben Sie einfach nur, was Ihnen in den Sinn kommt. Sie werden diese Ein-

schätzung vor und nach dem Klopfen vornehmen; die Zahl bietet Ihnen die Möglichkeit, den Fortschritt zu sehen.

4. **Sprechen Sie Ihre Affirmation aus.** Beginnen Sie die Klopfakupressur immer mit einer positiven Affirmation, um unterbewusste negative Gedanken zu bereinigen. Benutzen Sie folgende Formulierung: »Auch wenn ich [benennen Sie das Problem oder die Situation] habe, liebe und akzeptiere ich mich voll und ganz.« Wenn Sie also Angst haben, Sie könnten nicht in der Lage sein, Ihre College-Schulden zu begleichen, würden Sie sagen: »Auch wenn ich Angst habe, dass ich meine Schulden nicht bezahlen kann, liebe und akzeptiere ich mich voll und ganz.« Wenn Sie sich mit der Formulierung, dass Sie sich lieben, nicht wohlfühlen, können Sie die Affirmation auch mit »Ich bin in Ordnung« enden lassen. Seien Sie so konkret wie möglich. Versuchen Sie, die Hauptursache der Emotion oder der Angelegenheit zu benennen, die Ihnen Schmerz verursacht.
5. **Erfinden Sie ein Wort oder eine Kurzform zur Erinnerung.** Wenn Sie auf die einzelnen Punkte klopfen, müssen Sie nicht die ganze Affirmation benutzen. Stattdessen können Sie auf ein Wort oder eine Kurzform zurückgreifen. Mit Hilfe dieser Kurzform, die für das Thema steht, das Sie angehen, wird dieses im Zentrum Ihres Bewusstseins festgehalten werden. Die verkürzte Aussage bezogen auf die College-Schulden könnte also lauten: »dieses Darlehen« oder »diese Angst«.
6. **Benutzen Sie Ihre Fingerspitzen.** An Ihren Fingerspitzen befinden sich eine ganze Reihe von Energiemeridianen. Üblicherweise klopft man mit dem Zeige- oder Mittelfinger.

- Beginnen Sie am Karatepunkt, der an der Außenseite Ihrer Hand ist und zum Beispiel eine Rolle spielt, wenn Sie ein Brett durchschlagen. Klopfen Sie auf diese Stelle, während Sie die Affirmation ein paar Mal wiederholen.
- Dann gehen Sie weiter, benutzen Sie eine oder beide Hände, und klopfen Sie fünf- bis neunmal fest auf jeden Punkt der

folgenden Sequenz, während Sie die Kurzform wiederholen. Klopfen Sie die Grundsequenz zwei Runden lang.

- Augenbraue: die Stelle neben der Nasenwurzel am inneren Ende der Augenbraue
- Seitlich des Auges: gleich außerhalb des Augenwinkels auf Höhe der Schläfe
- Unter dem Auge: direkt unter dem Auge auf dem Jochbein
- Unter der Nase: in der Kuhle unter der Nase
- Unter dem Mund: in der Kuhle zwischen Mund und Kinn
- Schlüsselbein: auf dem inneren Ende des Schlüsselbeins
- Unter dem Arm: etwa zehn cm unter den Achseln
- Auf dem Kopf (stellen Sie sich vor, ein Affe würde sich am Kopf kratzen)

7. **Bestimmen Sie den Grad Ihres Unbehagens neu.** Nachdem Sie zwei Runden geklopft haben, prüfen Sie die Zahl, die Sie vorher für Ihr Unbehagen festgelegt haben. Fühlen Sie, ob die Angst oder der Schmerz – oder was immer es war – abgenommen hat. Meistens geht das sehr schnell. Wenn die Zahl dramatisch gesunken ist, hat das Klopfen gewirkt. Wenn Sie hingegen nur teilweise Erleichterung verspüren, machen Sie noch weitere Klopfrunden. Wenn eine neue Art von Unbehagen auftaucht, nachdem Sie angefangen haben, klopfen Sie in Bezug darauf erneut. Zum Beispiel könnten Sie zunächst Angst verspürt haben, aber nach dem Klopfen große Traurigkeit. In diesem Fall würden Sie jetzt bezogen auf die Traurigkeit klopfen. Wenn Ihr Unbehagen von derselben Ursache herrührt wie das, worauf Sie ursprünglich geklopft haben, benutzen Sie einfach den Satz: »Auch wenn ich immer noch [das Problem] habe, liebe ich mich voll und ganz.«
8. **Lauschen Sie in sich hinein und nehmen Sie wahr.** Wenn Sie Ihre Klopfsitzung beendet haben, holen Sie tief Luft, bleiben Sie ruhig sitzen und lauschen Sie in sich hinein. Sie werden wahrscheinlich bemerken, dass eine Art Führung in Ihnen

aufgetaucht ist, die Sie nicht hören konnten, als Sie noch im Sumpf der Angst waren. Ein Beispiel dafür könnte etwa so lauten: »Obwohl ich sehr viel Angst hatte, dass ich mein Darlehen nicht bezahlen kann, sind mir jetzt ein paar Ressourcen eingefallen, die mir zur Verfügung stehen. Ich fühle mich etwas erleichtert. Und ich bin glücklicher bei alldem.« Häufig steigen die Antworten oder Entschlüsse spontan von irgendwo tief in Ihrem Inneren auf. Dies geschieht innerhalb weniger Minuten. Nehmen Sie wahr, wie es sich anfühlt, wenn Sie nicht mehr das Gefühl haben, festzustecken und machtlos zu sein, weil das Klopfen Sie aus dem Verstand geholt und in Ihr eigenes Herz und Ihre eigene Weisheit gebracht hat.

Für den Fall, dass Sie allein mit der Klopftechnik arbeiten, können Sie im Internet alle möglichen Quellen finden, durch die Sie noch mehr darüber erfahren. Googeln Sie einfach »Klopfen« oder »EFT« – Sie werden möglicherweise mehr Informationen finden, als Sie brauchen, darunter auch kostenlose Video-Anleitungen und alle Arten von Abbildungen, die Ihnen beim Klopfen als Orientierung dienen. Ich kenne viele Leute, die sich erst einmal auf YouTube Videos über das Klopfen anschauen, um ein Gefühl für die Methode zu bekommen, bevor sie anfangen.

Wenn Sie vorhaben, mit einem EFT-Therapeuten in Einzelbehandlung zu arbeiten, können Sie zertifizierte Therapeuten im Internet finden. Die Person, mit der Sie dann arbeiten, wird Ihnen vermutlich auch helfen, einen Text zu verfassen, der genau auf Ihre Situation zugeschnitten ist.

Bei alldem sollten Sie immer in Erinnerung behalten, dass die Klopfakupressur nicht an strenge Regeln gebunden ist. Sie müssen sich keine Sorgen machen, ob Sie die Affirmationen genau richtig machen. Achten Sie einfach darauf, dass Sie nicht leugnen, was Sie durcharbeiten müssen. Und wenn es auch keine Technik oder Methode gibt, die stets bei allen Menschen und immer funktioniert, zeigen Studien doch, dass sich durch das Klopfen bei einem speziellen Problem deutliche Verbesserungen einstellen. Auch Ihr Cortisol-Spiegel sinkt. Das allein macht das Klopfen sinnvoll, da Cortisol mit entzündlichen Prozessen in Verbindung steht und entzündliche Prozesse die Grundursache beinahe aller chronischen Krankheiten wie Arthritis, Diabetes, Herzleiden und Krebs sind.

Wenn Sie sich entscheiden, das Klopfen anzuwenden, um sich von Ihren Ängsten zu befreien, die mit Geld, Gesundheit, Beziehungen oder einem anderen Aspekt Ihres Lebens zu tun haben, denken Sie daran, dass im Mittelpunkt beinahe immer Ihre Überzeugungen über Ihren Wert oder Ihre Liebenswürdigkeit stehen. Mit fast allen Bereichen habe ich selbst zu tun gehabt, angefangen vom Geld bis hin zu Beziehungen. Ich habe meine Überzeugungen geändert. Sie können das auch. All das geschieht nicht über Nacht. Aber so wie meine Ängste über die Jahre hinweg entstanden sind, war ich auch in der Lage zu sehen, wie sie angesichts von Vertrauen und Selbstliebe allmählich wichen. Dadurch hat sich mir eine völlig neue Welt eröffnet, mit Freunden, Freude und Finanzmarktwissen. Und ich habe mehr Vertrauen als je zuvor.

Hingabe und Opfergabe

Es ist verhältnismäßig einfach, vertrauensvoll zu leben, wenn einem noch nie etwas wirklich Schlimmes passiert ist. Aber früher oder später erleben wir alle etwas, das unseren Glauben ernsthaft auf die Probe stellt. Vielleicht finden Sie heraus, dass Ihr Ehepartner eine Affäre hat, oder Ihr Haus brennt ab und Sie verlieren alles, oder Sie oder ein geliebter Mensch erhalten eine lebensbedrohliche Diagnose. Diese Liste ist unendlich.

Das sind die Ereignisse, die die Gläubigen wirklich von den Angstvollen unterscheiden.

Häufig werden diese schmerzhaften Ereignisse tatsächlich von der Seele orchestriert, um uns dabei zu helfen, von der Angst zum Glauben zu gelangen. Es ist enorm hilfreich zu begreifen, dass auf einer bestimmten Ebene alles, was Ihnen passiert, dazu dient, Ihre spirituelle Entwicklung zu fördern. Obwohl ich Schwierigkeiten und Widerstände bei meiner Aufgabe hatte, die Art und Weise zu ändern, wie Frauen ihren Körper und ihre Gesundheit betrachten, ist es das wert gewesen. Aber es war anstrengend. Und es forderte Hingabe. Ob Ihr Leben leicht ist oder nicht, hängt sehr davon ab, wie Sie mit Verlusterfahrungen, Versagen, Unfällen, Scham, Konflikten und Krankheiten umgehen.

Lassen Sie zu, dass ein Verlust oder ein Unfall Sie bis zum Ende Ihres Lebens emotional verkrüppelt? Oder werden Sie diese Erfahrung nutzen, um zu einem unerschütterlichen Glauben zu gelangen? In schmerzhaften Emotionen verbirgt sich immer ein Geschenk. Trauer zieht die Schwere aus uns heraus. Sie macht uns leichter, wenn wir uns das Trauern nur gestatten. Ist das unangenehm? Darauf können Sie wetten. Ist es das wert? Ja. Die Entscheidung, ob Sie das Geschenk der Unannehmlichkeit und des Unbehagens annehmen wollen oder nicht, liegt ganz bei Ihnen. Ihre Wahl wird darüber entscheiden, ob Sie den Himmel auf Erden erschaffen, oder genau das Gegenteil hervorrufen … und Sie in die tiefe Schwingung der Hoffnungslosigkeit und Hilflosigkeit gestoßen werden, die wir als die Hölle auf Erden bezeichnen.

Der Glaube daran, dass die Dinge aus einem bestimmten Grund geschehen, ist wirklich der einzige Weg, der uns hindurchführt. Ich habe zwei Schwestern verloren. Bei der ersten war ich noch sehr jung, etwa fünf Jahre alt. Bei der zweiten befand ich mich gerade im praktischen Teil meiner Ausbildung und stand unter dem Einfluss der Saturn-Rückkehr. Als ich die Nachricht erhielt, dass sie bei einem Autounfall ums Leben gekommen war, war ich am Boden zerstört. Es fühlte sich an, als wäre mein Leben von einem Blitzschlag getroffen worden. Nie wieder würde es so sein wie vorher. Aber ich wusste auch, dass dies der Zeitpunkt war, um das zu praktizieren, was ich immer gepredigt hatte. Ich musste mich einem größeren Plan ergeben und mich daran erinnern, dass unsere Seelen unsterblich sind, dass wir nicht wirklich sterben. Ich wusste, ich würde meine Schwester eines Tages wiedersehen. Dies linderte meine Trauer etwas und gab dem Verlust Bedeutung. Dennoch weinte ich mich monatelang in den Schlaf. Meine Mutter brauchte sogar noch länger, um mit diesem Verlust ihren Frieden zu schließen, ja, sie sagt sogar: »Ich glaube nicht, dass ich jemals ganz darüber hinwegkomme. Und das ist in Ordnung.«

Ich versichere Ihnen, wenn Sie es mit einer Angst oder Verlusterfahrung zu tun haben, werden Gefühle wie Wut, Kummer, Traurigkeit oder Angst aufkommen. Und wie meine Mutter sagt: Das ist in Ordnung. Es ist nicht nur in Ordnung; es ist sogar der einzige Weg für die Seele, das tun zu können, weswegen sie hierherkam. Sicher wollen Sie nicht dauerhaft in Bitterkeit, Wut oder chronischer Trauer verharren. Solange Sie auf dieser Erde sind, müssen Sie Ihr Leben leben – trotz allem. So lautet der Auftrag.

Zu Tosha Silvers Arbeit gehört es, anderen Menschen zu zeigen, wie man dem Göttlichen alles übergibt. Alles. Sie sagen dann also zum Göttlichen: »Schön. Ich gehöre dir. Und die Beziehung, die mich in den Wahnsinn treibt, gehört dir ebenfalls. Ich gebe dir das alles, eingeschlossen meinen Körper, meine Gesundheit und meinen Lover, der mich gerade verlassen hat.« Wenn wir den Griff auf etwas lockern möchten, besteht der Weg darin zu begreifen, dass uns nichts davon wirklich gehört. Es gehört alles dem göttlichen Teil in uns. Tosha erzählt gern die Geschichte einer Frau, die aus ihrem Haus evakuiert werden musste, weil Waldbrände in dem Gebiet wüteten. Sie hing unglaublich an dem Haus und allem, was damit verbunden war. Die Vorstellung, davon getrennt zu werden, war für sie unerträglich. Als sie dann im Laufe der nächsten Tage bei einer Freundin wohnte, während die Feuerwehr gegen die Brände kämpfte, wiederholte sie immer wieder: »Mein Haus gehört *dir,* Göttlich-Geliebtes. Es gehört mir nicht. Ich übergebe alles *dir.* Hilf mir, es loszulassen.« Es dauerte mehrere Tage, bis sie ihre Anhaftung an das Haus »ausgebrannt« hatte. Später stellte sich heraus, dass das Feuer genau vor ihrem Haus aufgehalten worden war. Sie war bereit gewesen, ihr Haus und alles, was damit verbunden war, dem Göttlichen zu übergeben – und dann war es gar nicht nötig.

Wie oft ist Ihnen so etwas schon passiert? Sie kommen plötzlich damit zurecht, etwas loszulassen, und dann stellen Sie fest, dass das Problem sich durch Ihre Bereitschaft auf magische Weise aufgelöst hat. Natürlich haben Sie inzwischen Ihre Schwingung verändert, weg von der Angst und hin zum Glauben! Sie haben alles dem Göttlichen übergeben. Wir alle haben die Fähigkeit, das zu tun. Es ist ein Prozess, kein Ereignis. Es ist keine Sache des Verstandes. Und es erfordert Liebe und Geduld.

In der yogischen Philosophie gibt es das Konzept der Samskaras, oder der Anhaftungen, die losgelassen werden müssen. Es gibt viele Herangehensweisen, die dabei nützlich sein können. Beachten Sie nur, dass der Prozess des Loslassens lang andauernder Anhaftungen – so wie die an einen Lover, der einen verlassen hat – unglaublich schmerzhaft sein kann. Es fühlt sich buchstäblich so an, als würde man verbrannt werden. In Wirklichkeit allerdings brennen Sie die Anhaftungen weg, die Sie im Griff haben.

Wenn Sie wahre Hingabe praktizieren und alles dem Göttlichen anbieten – wieder und wieder und wieder –, werden Sie herausfinden, dass sich um Sie herum und in Ihnen wahre Weite und Frieden öffnen. Dann haben Sie Ihre Angst in Glauben transformiert.

Kapitel 8

Vorwurf, Schuld und Verletzlichkeit

Es gibt Menschen
die können ihr Herz öffnen,
und Menschen, die können es nicht.
Haruki Murakami

Einer der stärksten emotionalen Aspekte unseres Lebens, die uns davon abhalten, den Himmel auf Erden zu haben, ist das, was ich als Schuldknoten bezeichne. Beide damit einhergehenden Emotionen sind die Folge von einem integralen Bestandteil unserer Gesellschaft: der Scham.

Scham wird in unserer Kultur von einer Generation an die nächste weitergegeben. Schämen tun wir uns für alles – den sozialen Status, die Körpergröße, das Alter, die Garderobe, das Einkommen, den Akzent und die Herkunft. Es ist unmöglich, älter als zwölf Jahre zu werden und sich noch nicht wegen irgendetwas geschämt zu haben. Einen anderen zu schikanieren oder sich über ihn lustig zu machen ist eine Taktik, die häufig eingesetzt wird, um das Verhalten von jemandem zu kontrollieren und konformes Verhalten zu erreichen. Dabei können Aussagen wie »Große Jungs weinen nicht« oder »Bist du eine Pussy?« zu Selbsthass und Selbstbeschimpfung führen. Jungen neigen dazu, Scham im Außen auszuagieren, während Mädchen die Scham häufig nach innen wenden und Depressionen, Essstörungen oder Perfektionismus entwickeln.

Schikaniert und bloßgestellt werden wir häufig durch genau die Menschen, die uns beschützen sollten. Die meisten von uns wachsen in Gemeinschaften auf, die uns nur belohnen, wenn wir bestimmte Verhaltensregeln befolgen. »In unserer Familie sind alle Ärzte. Wir erwarten, dass du auch einer wirst.« Oder »Für wen hältst du dich eigentlich, Little Miss Perfect. In unserer Familie geht niemand aufs College. Du denkst wohl, du bist was Besseres als wir?«

Ihr »Stamm« wird Sie schützen, solange Sie glauben, was er glaubt und sich so verhalten, wie er sich verhält. Ganz früher haben Stämme sogar innerhalb von Einfriedungen gelebt, die ihre Mitglieder geschützt haben, solange sie sich in dem eingezäunten Bereich aufhielten. Sobald sie diese Grenze überschritten, konnten sie sich auf den Schutz ihres Stammes nicht mehr verlassen. Wie Dr. Mario Martinez in seinem Buch *The Mindbody Code* so wunderbar belegt, verwundet uns unser »Stamm«, wenn wir den Mut aufbringen, die Grenze zu übertreten, für gewöhnlich durch Verlassen, Verraten und Schikane – und er tut das sowohl, um uns zu schützen, als auch, um uns weiter zu kontrollieren. Unglücklicherweise passen die Regeln des »Stammes« häufig nicht zu dem, was unsere Seele will und braucht, und so kann unser Gefühl für unseren Selbstwert ebenfalls verletzt werden, wenn wir unser Leben entsprechend dieser Regeln ausrichten. Es kann auch eine Situation eintreten, bei der es keine Gewinner gibt, wenn Ihr »Stamm« und Ihre Seele einfach nicht zusammenpassen.

Ich habe vor Kurzem mit einer Künstlerin gearbeitet, die mit zwölf Jahren merkte, dass sie gerne Haare schnitt. Sie war so gut darin, dass ihre Freundinnen oft zu ihr kamen, um sich von ihr die Haare schneiden zu lassen. Ihr Vater war jedoch ein strenger Katholik und hielt es für eine Sünde, dass sie ihre Zeit mit der

Verschönerung der eigenen Person verschwendete – oder sich auch nur künstlerisch betätigte. Sie hatte daher das Gefühl, alle künstlerischen Ambitionen vor ihm verbergen zu müssen. Wenn er sie zufällig erwischte, wie sie gerade jemandem auf dem Rasen die Haare schnitt (sie traute sich nicht, es im Haus zu tun), überhäufte er sie mit Vorwürfen, sie würde ihre Zeit verschwenden und seine Wünsche missachten. Aufgrund seiner Missbilligung ihrer Gaben und Talente fühlte sie sich unwürdig. Glücklicherweise hörte sie dennoch auf ihre Seele und verließ ihre Familie. Schließlich wurde sie eine erfolgreiche Künstlerin und erkannte ihren ihr angeborenen Wert.

In vielen Familien herrschen alle möglichen Arten von unausgesprochenen Regeln und Vorschriften. Ein Kind lernt sie normalerweise erst dann kennen, wenn es eine davon übertritt – eine unsichtbare Linie, die bisher nie erwähnt worden ist. Das gut erforschte System von Alkoholikerfamilien eignet sich als anschauliches Beispiel dafür. Dieses System beruht auf unausgesprochenen Regeln, die ein Kind intuitiv erkennen muss, ohne dass ihm jemals etwas erklärt wurde. Das Kind spürt die unterschwellige Spannung, die aus dem Familiengeheimnis resultiert. Die Mutter betrinkt sich regelmäßig, und das Kind weiß, dass irgendetwas nicht stimmt. Weil die Erwachsenen aber nicht darüber sprechen, gibt das Kind sich selbst die Schuld und agiert seine Frustration dann destruktiv aus – indem es später selbst zu Drogen und Alkohol greift oder eine kleine Little Miss Perfect wird.

Wenn wir uns als Kinder geschämt haben, weil uns etwas peinlich ist, verinnerlicht sich die Scham. Irgendwann glauben wir, dass wir zutiefst fehlerhaft und es nicht wert sind, die Beziehung einzugehen, nach der wir uns so verzweifelt sehnen. Und weil wir uns so oft schämen und wertlos fühlen, ist da ein unstillbares Verlangen nach der Anerkennung durch andere, das Bedürfnis, irgendwo dazuzugehören. Es ist sehr leicht, uns mit anderen nicht über unsere jeweiligen Stärken und unserer Herrlichkeit zu verbinden, sondern wegen der Aspekte, wegen der wir uns wie Opfer fühlen: unsere Verletzungen, unsere Krankheiten, unsere Schwächen.

Die Scham führt dazu, dass wir anfangen, in einer Welt voller Vorwürfe, Wut und Schuldgefühle zu leben. Und das heißt, wir sind gestrandet in den Gefühlen der Trennung und Wertlosigkeit.

Narzissmus und Persönlichkeitsstörung

Unsere Beziehungen nähren häufig den Kreislauf aus Scham, Wut und Schuld – sowohl unsere Liebesbeziehungen als auch unsere Freundschaften. Eine Art von Beziehung neigt allerdings mehr als alle anderen dazu, unermessliche Scham und Schuld hervorzurufen: die Beziehung mit Menschen, die unter Persönlichkeitsstörungen leiden.

Menschen, die narzisstisch veranlagt oder asozial sind, oder die eine Borderline-Störung haben, fügen den Menschen, mit denen sie in Beziehung stehen, erheblichen Schaden zu. Während sich all die verschiedenen Persönlichkeitsstörungen voneinander abgrenzen lassen, verbindet sie doch eines: der Narzissmus. Selbst die fähigsten Menschen können dazu gebracht werden, sich unzulänglich und verrückt zu fühlen, wenn sie ein Elternteil, einen Ehepartner, Verwandte, Arbeitgeber oder Geschwister haben, die narzisstisch sind. Interessanterweise neigen sogar gerade besonders qualifizierte, erfahrene und empathische Leute dazu, diese menschlichen Vampire anzuziehen. Sandra Brown, Autorin von *Women Who Love Psychopaths: Inside the Relationships of Inevitable Harm with Psychopaths, Sociopaths & Narcisstics,* hat in ihrer Untersuchung herausgefunden, dass dies ganz besonders auf Frauen zutrifft, die außergewöhnlich empathisch und fähig sind. Diese Frauen – häufig Anwältinnen, Ärztinnen oder CEOs von erfolgreichen Unternehmen, werden von Narzissten angezogen, weil sie das Gefühl haben, sie könnten ihnen helfen. Und wieso auch nicht? Sie sind schließlich auch in allem anderen gut. Aber sie können ihnen nicht helfen. Personen mit Persönlichkeitsstörungen ändern sich nicht. Niemals. Nun ja – vielleicht hat es irgendwo irgendjemanden mal gegeben, der sich geändert hat, aber dass es regelmäßig so wäre, sieht man eigentlich nur in Filmen. Im richtigen Leben gehen echte Narzissten einfach weiter zur nächsten Quelle, wo sie ihren »narzisstischen Nachschub« finden. Browns Arbeit konzentriert sich auf Frauen, aber ich bin auch schon Männern begegnet, die in Beziehungen mit narzisstisch veranlagten Frauen oder Frauen mit einer Borderline-Störung lebten. Sosehr sich diese Männer auch bemühten, sie konnten es den Frauen, die sie aus finanziellen Gründen benutzten, ehe sie weiterzogen, einfach nicht recht machen.

Narzisstischer Missbrauch ist in unserer Gesellschaft weit verbreitet; Sandra Brown bezeichnet ihn sogar als das unerkannte Hauptproblem der öffentlichen Gesundheit unserer Zeit. Ich glaube, der Berufsstand der Psychologen scheint diesen Umstand zu beschönigen – vermutlich, weil es keine verlässlichen und wirksamen Behandlungsmethoden gibt. Aber wir müssen dennoch hinsehen, weil narzisstischer Missbrauch in den Menschen, die ihn erleiden, den Schuldknoten verstärkt.

Gerade Menschen, die sich besonders stark zur Spiritualität und Selbsthilfe hingezogen fühlen, werden häufig zur Zielscheibe von Narzissten. Narzissten sind charmante, verführerische Chamäleons, die auf die Wunden ihres Opfers zielen und ihm genau das sagen, von dem sie wissen, dass das Opfer es sehnsüchtig hören will. »Wo bist du mein ganzes Leben gewesen? Du bist die hübscheste Frau (der gutaussehendste, stärkste Mann), der ich jemals begegnet bin.« Narzisstische Chamäleons benutzen ihren Charme und ihre Fähigkeiten, um als »perfekte« Partner zu wirken. Aber nach einer Weile fällt die falsche Persona, die von ihren

Egos erschaffen wurde, von ihnen ab, denn eine solche Fassade lässt sich für gewöhnlich nicht mehr als ein paar Jahre aufrechterhalten. Dann beginnen ihre wahren Eigenschaften durchzuscheinen, und dann kann man ihnen nichts mehr recht machen. Normale empathische Menschen machen den Fehler zu glauben, dass Narzissten die gleichen empathischen Fähigkeiten und Reuegefühle haben wie sie selbst. Sie glauben, mit genug Liebe und Fürsorge werde der Narzisst sich ändern. Aber das ist nicht so.

Jene, die unter narzisstischem Missbrauch leiden, neigen dazu, sich selbst die Schuld für die Probleme zu geben, die es in der Beziehung gibt, und arbeiten weiter an sich in dem Versuch, die Beziehung wieder zum Funktionieren zu bringen oder den Narzissten zu verändern. Sie glauben, dass, wenn er (oder sie) einfach nur dieses oder jenes Buch lesen würde, zu dieser oder jener Veranstaltung ginge, würde er (oder sie) es plötzlich »begreifen« und sich ändern. Aber all dies raubt nur der empathischen Person ihre Energie, während sie den Narzissten nährt – der ihr gerade genug gibt, dass sie nicht wegläuft. Die empathische Person denkt, *Oh – jetzt begreift er es. Er wird sich bessern.* Aber das Einzige, was er »begriffen« hat, ist die Tatsache, dass er so tun muss, als hätte er es begriffen, damit sie bleibt.

Narzissten können Menschen zerstören, mit denen sie in einer Beziehung leben, sie können ihren Schmerz, ihre Scham und ihre Schuldgefühle verstärken. Sie saugen die Opfer aus, setzen sie herab und lassen sie an ihrem eigenen Wert zweifeln. Man kann bei einem Paar oft erkennen, wer von beiden ein Narzisst ist. Der Narzisst sieht körperlich großartig aus, während die empathische Person (ihre Zufuhr) müde aus der Wäsche guckt und übergewichtig ist. Wenn Sie sich in einer solchen Beziehung befinden, ist es wichtig, sie so schnell wie möglich als das zu erkennen, was sie ist. Um in Ihre ureigene Mitte zu finden, müssen Sie lernen, wie Sie einen Narzissten erkennen, und aufhören, um die Frage zu kreisen, warum Ihr Partner diese Eigenschaften hat. Sie müssen aufhören zu versuchen zu helfen, denn Sie sind einfach nur eine »Blutspende«, statt Ihr eigenes Leben zu leben. Narzissten haben ihre eigene Höhere Macht. *Sie* sind sie nicht.

Ausgehend von alldem ist es nun wichtig zu erkennen, dass ein Teil von Ihnen – Ihre Seele – diese Personen in Ihr Leben geholt hat, damit Sie Ihren Wert und Ihre persönliche Macht finden und dafür einstehen. Wenn Sie den narzisstischen Missbrauch beim Namen nennen und sich davon erholen, werden Sie feststellen, dass Ihr Leben leichter wird und mehr Spaß macht, als Sie jemals für möglich gehalten hätten. Aber es ist ein Prozess, keine einmalige Angelegenheit. Und die Gesellschaft neigt seit Jahrhunderten dazu, Narzissten zu schützen, weil viele von ihnen in dem, was sie tun, brillant sind. Deshalb entschuldigen wir die Art und Weise, wie sie andere behandeln.

Wenn Sie aufwachen und die Realität des narzisstischen Missbrauchs erkennen, kann das schockierend sein, und möglicherweise können Sie es zunächst vielleicht gar nicht glauben. Aber Sie müssen es glauben – und dann alles tun, was nötig ist, um nicht mehr auf den Narzissten zu reagieren, und anzufangen, Ihr eigenes Leben zu leben. Wenn Sie das nicht tun, werden Sie weiter mit Vorwürfen überhäuft und in Schuldgefühle gedrängt werden, was ein leichtes Leben verhindert. Ich habe in den Quellenangaben einige gute Hilfsmittel für so einen Fall aufgelistet.

Die Suche nach Sinn

Wenn wir ein Leben führen, für das wir uns schämen, verschließen wir uns häufig und trennen uns von unserem göttlichen Selbst. Dann übernehmen unsere Egos, die wir erschaffen haben, um uns vor dem Schmerz dieser Trennung zu schützen, und vor dem Schmerz, der mit dem Verlassen unseres angeborenen Einheits-Bewusstseins einhergeht. Unsere Egos begeben sich auf die Suche nach dem Sinn in unseren täglichen Erfahrungen von Scham, und eine Art, dies zu tun, besteht darin, sich mit einer der drei vordefinierten archetypischen Rollen zu identifizieren: dem Opfer, dem Verfolger oder dem Retter. Opfer sind jene, die keine Verantwortung übernehmen, sondern die Schuld für ihre Lebensumstände auf alle anderen und alles andere schieben: »Es ist nicht meine Schuld, dass ich Übergewicht habe, das ist genetisch bedingt.« Verfolger übernehmen die volle Verantwortung, allerdings nicht in liebevoller Weise: »Es ist meine Schuld, dass ich übergewichtig bin. Ich sollte nicht so viel Kuchen essen. Ich bin ein Schwächling.« Und Retter weichen der Situation aus, indem sie sich darauf konzentrieren, anderen bei ihren Problemen zu helfen: »Mein Gewicht? Vergiss es, ich muss mich darauf konzentrieren, diese Schule in Afrika zu errichten.«

In keiner dieser Rollen gehen Sie die Probleme auf gesunde Weise an, sondern Sie finden Ausreden dafür, sich nicht dem stellen zu müssen, was falschläuft und berichtigt werden muss. Diese Rollen geben Ihnen einen Platz. Ein Ziel. Einen Sinn.

Wir alle haben zu unterschiedlichen Zeiten jede dieser drei Rollen inne. Das gehört zum Menschsein. Aber wenn man den Himmel auf Erden leben und Weisheit erlangen will, muss man aus ihnen heraustreten und das Blickfeld erweitern. Die meisten Menschen können sich leicht mit der Rolle des Opfers oder des Retters identifizieren. Nur wenige jedoch sind bereit zuzugeben, dass sie manchmal auch die Verfolger sind. Ich kenne kein einziges Elternteil, mich eingeschlossen, das nicht irgendwann auf das eigene Kind losgegangen wäre und es auf irgendeine Weise verletzt hätte. Ich erinnere mich noch eindringlich daran, wie ich einmal nach einem langen Arbeitstag am Ende meiner Kräfte war und meine schreiende älteste Tochter (damals sechs Monate alt) einfach nicht beruhigen konnte. Ich schrie ebenfalls, schüttelte den Kindersitz im Auto und brüllte: »Was willst du von mir?« Oh je …! Inzwischen habe ich mich dafür entschuldigt.

Es hilft einem jedoch nicht, die Opfer- oder Retterrolle anzustreben, um der Verfolgerrolle aus dem Weg zu gehen und zu leugnen, dass Sie jemals irgendjemand anderem oder sich selbst geschadet haben. Jeder von uns hat schon einmal den Schurken gespielt und jemanden »gefeuert« – nicht kontaktiert, nicht zur Party eingeladen oder ihn auf irgendeine andere Weise enttäuscht. Und egal, wie Sie Ihre Position auch erklären, Sie werden immer noch als »Bösewicht« angesehen. Es führt kein Weg daran vorbei.

Solange Sie eine dieser drei Positionen chronisch überbesetzen, werden Sie keine Kraft finden, irgendetwas in Ihrem Leben zu ändern. Caroline Myss, die bekannte Alternativheilerin, hat damals in den 1980ern ein Reading für mich gemacht. Sie sagte: »Du hast ein Helfersyndrom. Hörst du? Dein Herzrhythmus hat sich im Laufe des Jahres verändert. Du musst dieses Verhalten aufgeben.« Ich wusste tief in meinem Herzen, dass sie recht hatte. Ich hatte mich in die Rolle des Retters begeben und dabei häufig ignoriert, dass alle Menschen eine Höhere Macht haben – ein göttliches Selbst, das sie direkt mit ihrer eigenen einzigartigen inneren Führung verbindet. Angesichts meiner medizinischen Ausbildung hatte ich manchmal vergessen, dass nicht ich diese Höhere Macht für meine Patientinnen war. Denn, glauben Sie mir, es ist ein erstaunlich angenehmer Egotrip, sich für eine erfahrene Retterin zu halten, die für andere immer alle Antworten parat hat. Aber es ist genauso ungesund, wie stets das Opfer oder der Verfolger zu sein.

Körperliche Manifestationen von Scham und Schuld

Nicht nur aus emotionalen Gründen ist es gut, die Rolle des Opfers, Verfolgers oder Retters hinter sich zu lassen; es ist auch die Voraussetzung für körperliche Gesundheit. Sich für etwas zu schämen, ohne darüber sprechen und es loslassen zu können, produziert im Körper eine entzündlich wirkende Substanz namens Interleukin-6 (IL6). Die daraus folgenden entzündlichen Prozesse und andere proinflammatorische Substanzen bilden die Basis für alle chronischen degenerativen Erkrankungen wie Krebs, Herzkrankheiten und Arthritis. Wie Sie gesehen haben, hat meine Gesundheit darunter gelitten, dass ich ständig die Retterin sein wollte. Mein Drang, Frauen vor unnötigen Gebärmutteroperationen und Kaiserschnitten zu bewahren – und allen möglichen anderen Dingen –, hatte buchstäblich meinem eigenen Herzen geschadet.

Im Laufe der vielen Jahre während meiner Arbeit als Ärztin musste ich einen Weg finden, wie ich andere Menschen darin unterstützen konnte, Zugang zu ihren eigenen Heilungskräften zu finden – was bedeutete, dass sie sich mit allen ihren Anteilen beschäftigen mussten, Körper, Geist und Seele. Die Scham loszulassen ist der erste Schritt dabei. Wenn Sie das nicht können, werden Sie auch die Tatsache nicht akzeptieren können, dass Sie die Kraft haben, eine gesündere Realität zu erschaffen. Das Ego übernimmt dann, und Sie fallen einfach zurück in ihre alten Rollen. Sie werden Opfer, die rufen, dass sie für Ihre Krankheiten oder Lebensumstände nicht verantwortlich sind, was auch bedeutet, dass Sie sie nicht ändern können. Oder Sie werden Verfolger und nehmen die ganze Schuld für Ihr Leben auf sich, um dann in Ihrer gefühlten Unfähigkeit zu schwelgen, statt sich zu ändern. Oder Sie besetzen die Retterrolle und wenden sich ganz von der Situation ab.

Hat das Ego das Steuer erst einmal an sich gerissen, wird es sich jedes Mal sträuben, wenn irgendjemand erklärt, wir hätten die Macht, unsere eigene Realität zu erschaffen. Ganz besonders, wenn es um unsere Gesundheit geht, von der man uns gesagt hat, dass wir keine Kontrolle darüber besitzen. Dies ergibt sogar Sinn. Unsere Egos beschützen uns. Das Problem ist, dass sie uns gleichzeitig davon abhalten, Zugang zu unserer Macht zu bekommen, durch die wir wahrhaft erblühen könnten.

Der Teil von uns, der die Krankheit oder das Ungleichgewicht erschafft, ist nicht der Teil, der damit auf der Erde – in einer niederen Schwingung – umgehen muss. Es ist eine Kombination aus unerlöstem Kindheitsschmerz plus der Seelenlektion, deretwegen wir hier sind.

Um irgendwelche Gesundheitsprobleme oder eine gefühlte Negativität zu beheben, müssen Sie bereit sein, sich die Überzeugungen und Verhaltensweisen anzusehen, die zu Ihren gegenwärtigen Lebensumständen geführt haben. Sie müssen die 10 000-Fuß-Perspektive einnehmen und sich über die Situation erheben.

Ihre Macht zur Veränderung liegt immer im gegenwärtigen Moment. Wenn Sie erleben, dass Sie eine ganze Menge tun können, um Ihre Gedanken, Emotionen und Ihr Verhalten zu ändern, und so Ihre Lebensumstände, ja sogar Ihre Gesundheit, sind Sie in Ihrer Kraft. Wir alle verfügen über sehr viel Macht, unser Leben zum Besseren zu verändern, wenn wir bereit sind, aus dem machtlosen Zustand unserer Ego-Rollen auszusteigen.

Sich erheben

Die 10 000-Fuß-Perspektive einzunehmen bedeutet, Sie müssen in jeder Situation die größere Wahrheit finden und verstehen, dass alle Situationen eine Gelegenheit für spirituelles Wachstum bieten. Denken Sie daran, dass diese Umstände noch vor Ihrer Geburt von dem göttlichen Teil in Ihnen festgelegt worden sind.

Zu den ernüchterndsten – und befreiendsten – Situationen in meiner medizinischen Laufbahn zählte ein Vorfall, bei dem mich ein Arzt für Allgemeinchirurgie beim Board of Registration in Medicine anzeigte. Eine seiner Patientinnen hatte seiner Meinung nach Darmkrebs, der dringend operiert werden musste; ihm gefiel nicht, dass ich dem nicht zustimmte. Helen – so hieß die Frau – litt unter Verdauungsproblemen und Bauchschmerzen. Er war nicht in der Lage, ein Sigmoidoskop weit in ihren Dickdarm zu bringen, weshalb er überzeugt davon war, dass sie Darmkrebs habe und eine rasche Operation unumgänglich sei. Helen kam zu mir, um eine zweite Meinung einzuholen. Sämtliche Symptome waren nämlich verschwunden, nachdem sie eine makrobiotische Diät begonnen hatte. Sie fühlte sich so gut wie schon lange nicht mehr. Ich sagte ihr, dass ich von einem gut dokumentierten Fall wüsste, bei dem ein Darmkrebs im 4. Stadium durch makrobiotische Diät geheilt worden sei, aber ich konnte ihr nicht sicher sagen, dass sie keinen Krebs hatte. Sie stimmte also zu, ihre makrobiotische Diät fortzuführen, aber ein paar Monate später alle Untersuchungen in einem anderen Krankenhaus wiederholen zu lassen. Ich schrieb an ihren Chirurgen und erklärte ihm, auf welche Vorgehensweise wir uns verständigt hatten. Wütend schrieb er einen Brief an das Medical Board, in dem er fragte: »Ist es medizinischer Standard, Darmkrebs mit makrobiotischer Diät zu behandeln?«

Es ist wohl unnötig zu erwähnen, dass ich große Angst hatte. Obwohl die Patientin selbst an das Board geschrieben und versichert hatte, dass sie mit dieser Vorgehensweise vollkommen einverstanden sei, war ich mir nicht so sicher, ob das Board ihr Recht darauf, diese Option zu wählen, mittragen würde. Ein Loch bildete sich in meiner Magengrube, das wochenlang dort blieb. Und ich betete, denn ich wusste, wenn ich diese Situation in mir heilen würde, würde sie vermutlich auch außerhalb von mir verschwinden. Damals traf sich das Board alle drei Monate, um Klagen zu bearbeiten, daher wusste ich, dass es eine Weile dauern würde, bis das »Urteil« über mich gesprochen werden würde.

Wochenlang lief ich mit der Angst herum, dass man mir meine Berufserlaubnis entziehen könnte. Schließlich wurde damals jeder Arzt für einen Quacksalber gehalten, der auch nur in Erwägung zog, die Ernährung könne irgendetwas mit der Gesundheit zu tun haben. Aber ich hielt an meiner Überzeugung fest, dass ich meinen Beruf in einer Weise ausüben musste, die das Recht der Patienten unterstützte, das Sagen über ihren eigenen Körper zu haben. Abgesehen davon hatte ich viele medizinische Wunder gesehen, die durch Ernährungsumstellung und einen veränderten Lebenswandel eingetreten waren – bei Menschen, die sich von der westlichen Medizin abgewandt hatten, weil sie ihnen nichts mehr zu bieten hatte.

Eines Tages widmete ich mich dem propriozeptiven Schreiben (siehe Kapitel 5), um mehr Klarheit, Frieden und Verständnis in dieser Angelegenheit zu gewinnen. Spontan begann ich, einen Brief an diesen Chirurgen zu schreiben. Eine Woge von Mitgefühl und Verständnis überwältigte mich. Und ich vergab ihm. Ich verstünde, schrieb ich, dass seine Motivation Helens Wohlergehen gelte. Er tue nur, was er für angemessen und richtig halte. Als ich fertig geschrieben hatte, war die Angst in meinem Solarplexus verschwunden. Etwas in mir hatte sich verschoben. Ich war kein Opfer mehr. Als ich am nächsten Tag ins Krankenhaus ging, traf ich beim Kaffeeautomaten einen Kollegen. Er arbeitete beim Board of Registration in Medicine. Und er sagte zu mir: »Hast du schon gehört? Das Board hat einstimmig entschieden, den Fall fallen zu lassen. Der Chirurg hat sich gewaltig geirrt. Deine Patientin hatte jedes Recht, über die Art ihrer Behandlung selbst zu bestimmen.« Natürlich war ich erleichtert. Und ich war ebenfalls erleichtert, als die neuen Untersuchungsergebnisse von Helen alle normal waren. Es gab keinen Hinweis auf irgendeinen Darmkrebs.

Sich die eigene Geschichte aneignen

Wie ich schon zuvor erwähnt habe, ist das Loslassen der Scham der erste notwendige Schritt bei dem Bemühen, den Schuldknoten zu lösen. Wenn Sie das nicht tun können, werden Sie immer wieder in die archetypischen Rollen des Opfers, des Verfolgers und des Retters zurückfallen – Rollen, die Ihnen die Macht nehmen, selbst über Ihr Leben zu bestimmen.

Erinnern Sie sich an die Geschichte, die ich Ihnen in Kapitel 7 über Tommy Rosa erzählt habe, den Klempner, der diese erstaunlich schöne und beruhigende Nahtoderfahrung gemacht hat? Nun, man sollte meinen, dass Tommy nach seiner Rückkehr auf die Erde ein wundervolles Leben hatte, da er im Himmel gewesen war und wusste, dass wir nicht sterben können, zumal er von einem der größten Lehrer aller Zeiten – Jesus – geführt worden war.

In Wirklichkeit war Tommy noch immer erfüllt von einem Wust an Schamgefühlen aus seiner Kindheit. Wie konnte es sein, dass er eine so unglaubliche Erfahrung machte? Wie konnte es sein, dass er würdig war, einem derart tiefsinnigen und liebevollen Lehrer zu begegnen, der ihm so unglaubliche Dinge über Gesundheit und Heilung verriet? Tommys ungeheilte Scham war auch durch seine Nahtoderfahrung nicht geheilt worden. Er musste zurückkommen und sie selbst heilen.

Ein anderer guter Freund von mir, John, ist an der Überdosis eines Schmerzmittels »gestorben«. Das Mittel war ihm aufgrund einer Verletzung an der Schulter verschrieben worden. John hatte eine lange Geschichte der Drogensucht und des Alkoholmissbrauchs hinter sich; er war seit einem Jahr clean und trocken, als ihn dieses Medikament schlagartig zurückwarf. Da er wusste, dass er Hilfe brauchte, begab er sich ins Krankenhaus, wo sein Herz stehenblieb. Zwei Mal. Er musste wiederbelebt werden. Ich sah ihn kurz danach, und er strahlte regelrecht von innen. Er war ein anderer Mensch geworden. Der Geist leuchtete regelrecht durch ihn hindurch.

Er sagte zu mir: »Erzengel Michael hat mich gerettet.« Damals wusste er nicht viel über Erzengel Michael, aber er war sicher, dass es so gewesen war.

Obwohl Erzengel Michael ihn buchstäblich von der Schwelle des Todes zurückgeholt hatte und John noch viele Monate danach die machtvolle Anwesenheit des Engels spüren konnte, fiel es ihm sehr schwer zu akzeptieren, dass er es wert war, gerettet zu werden. *Wieso ich? Wieso sollte dieses mächtige Wesen mich retten?* Johns irisch-katholischer Hintergrund sowie die Vernachlässigung durch seine Eltern als kleines Kind trugen dazu bei, dass er Minderwertigkeitsgefühle hatte und sich unwürdig fühlte.

Scham gedeiht in der Dunkelheit, im Verborgenen. Sie hat eine niedrige, langsame Schwingung, die uns durch die Überzeugung gefangen hält, wir würden nicht genügen. Wir würden nicht dazugehören. Wir wären schrecklich fehlerhaft. So ähnlich wie die Hauptfigur in Alice Walkers *Die Farbe Lila,* die jahrelang vergewaltigt und geschlagen wird und erst durch die Liebe einer anderen Frau beginnt, ihren eigenen Wert zu spüren und zu begreifen, dass sie die schlechte Behandlung nicht verdient – und niemals verdient hatte. Durch die Erkenntnis bricht der Bann, und sie findet den Mut, sich aus der Missbrauchsbeziehung zu befreien. Das Einzige, was sich geändert hat, ist sie. Sonst nichts. Nur sie. Auch Tina Turner ist hierfür ein Beispiel, die schließlich ihren sie misshandelnden Ehemann Ike verließ, mit nur 10 Cent in der Tasche.

Wir haben mehr Macht zur Veränderung in uns, als man uns eingeredet hat. Und es beginnt immer damit, dass wir uns unsere persönliche Geschichte zu eigen machen. Wie Brené Brown schreibt: »Unsere Geschichten anzuerkennen, auch die schwierigen, verleiht uns die Macht, sie besser zu Ende zu schreiben.« Um den Schuldknoten zu lösen und den Himmel auf Erden zu leben, muss man bereit sein, Verantwortung für sich und die eigenen Lebensumstände zu übernehmen. Und wenn es etwas gibt, das man bisher nicht gewusst hat, aber jetzt weiß, muss man auf der Basis dieses neuen Wissens handeln und – wenn möglich – berichtigen, was berichtigt werden muss.

Eines meiner Lieblingsbeispiele dafür stammt aus meiner eigenen Kindheit. Ich bin in einer Kleinstadt aufgewachsen. Eines Tages bekam mein Vater einen Anruf von der örtlichen Apotheke, die ihn darüber in Kenntnis setzte, dass meine Schwester Süßigkeiten gestohlen hatte. Weil sie erwischt worden war, musste sie die beschämende Erfahrung machen, es zurückzugeben, aber sie lernte auch zu unterscheiden, was falsch und was richtig war. Sie lernte, dass ihr Verhalten falsch war, aber dies nicht ihren Wert als menschliches Wesen minderte. Und sie lernte, dass man manchmal die Verantwortung für die eigenen Handlungen übernehmen muss, um die Dinge wieder geradezubiegen.

Meine Eltern gingen mit dieser Situation auf sehr konstruktive Weise um – sie richteten das Augenmerk auf ihr Verhalten und nicht auf ihren Wert als Mensch. Das tun nicht viele Leute. Wenn man in einem lieblosen Zuhause aufgewachsen ist, in dem man regelmäßig für das eigene Verhalten bestraft wurde, hat man diese Unterscheidung wahrscheinlich nie gelernt.

Wie man Scham loslässt

Denken Sie an etwas, für das Sie sich schämen. Etwas, das Sie bisher noch niemandem erzählt haben. Etwas, das Sie für so schlimm halten, dass Sie es niemandem anvertrauen können. Vielleicht haben Sie als Kind etwas gestohlen und es niemandem gesagt. Oder Sie haben festgestellt, dass es Ihnen Vergnügen bereitet hat, als Sie sexuell belästigt wurden. Oder Sie waren pornosüchtig. Oder Sie haben in der Schule mit Ihren Freundinnen andere Schülerinnen gemobbt. Oder es ist etwas an Ihrem Körper, für das Sie sich schämen. Oder an Ihrer Familie. Vielleicht schämen Sie sich für Ihre Eltern. Was immer es ist, Sie sollten wissen, dass der Schaden, den es Ihnen zufügt, umso größer wird, je länger Sie es verbergen.

Es ist sehr leicht, mehr Liebe an den Ort zu bringen, wo bisher die Scham lebt. Sie müssen einfach nur laut aussprechen, für was Sie sich so schämen. Sagen Sie es jetzt. Sagen Sie einfach: »Ich schäme mich so dafür, dass ich [suchen Sie sich etwas aus].« Und dann schauen Sie in den Spiegel und sagen Sie laut: »Ich liebe dich so, wie du bist«.« Dies bringt die unendliche Liebe Ihres göttlichen Selbst mitten in die Dunkelheit und die Isolation Ihrer Scham. Und transformiert sie in Liebe.

Diese Übung ist noch wirksamer, wenn Sie sie mit einem vertrauten Menschen machen. Sagen Sie ihm oder ihr, für was Sie sich schämen, und lassen Sie sich dann von diesem Menschen sagen: »Ich liebe dich so, wie du bist.« Die Scham wird wegschmelzen wie Tau im Sonnenlicht. Mehr noch, Sie haben dafür gesorgt, dass das verängstigte Kind in Ihrem Inneren, das es nicht gewagt hat, die Wahrheit zu sagen, »erwachsen« werden kann.

Zu Ihrer eigenen Geschichte zu stehen hilft Ihnen nicht nur, die Scham loszulassen, sondern es stärkt auch Ihr Selbstwertgefühl. Wenn Sie sich bei etwas geirrt haben, ist es wesentlich wirksamer, vorzutreten und dies zuzugeben, als sich zu rechtfertigen und zuzulassen, dass sich Ihr Ego aufbläht. Ich erinnere mich an eine Situation vor einiger Zeit, als Bernie Siegel, der Autor von *Prognose Hoffnung: Liebe, Medizin und Wunder,* und ich gemeinsam im Vorstand der American Holistic Medical Association waren.

Nach seiner Amtszeit sollte ich ihm als Präsidentin folgen, aber er war so viel unterwegs, dass ich einfach schon eher einsprang und die täglichen Pflichten des Büros übernahm. Bernie flog überall im Land herum und inspirierte viele tausend Menschen mit seinen machtvollen Heilungsbotschaften, deshalb dachte ich, dass dies das Mindeste sei, was ich tun könnte. Und weil ich vermutete, dass Bernie zu beschäftigt war und es ihn nicht interessierte, nahm ich mir die Freiheit, einen Text zu überarbeiten, den er für den Newsletter geschrieben hatte. Ich unterließ es, ihm die überarbeitete Version zu zeigen. Wie sich herausstellte, war er mit dem Ergebnis gar nicht glücklich. Da wusste ich, was ich zu tun hatte, und rief ihn an. Ich sagte: »Ich allein bin verantwortlich für diese Überarbeitungen. Niemand sonst.« Und das, so sagte er mir, stärkte sein Vertrauen in mich noch mehr als zuvor. Denn ich hatte nicht versucht, mich hinter irgendjemandem zu verstecken und die Verantwortung abzuwälzen.

Diese Ehrlichkeit hat mir im Laufe der Jahre immer wieder geholfen. Und es wird immer leichter mit der Zeit. Wie mein Bruder John einmal erklärte: »Ich sage immer die Wahrheit. Dann muss ich mir nicht so genau merken, was ich wo von mir gegeben habe.«

Der Scham gegenüber resilient werden

Abgesehen davon, dass Sie die Scham loslassen und Verantwortung für Ihre Geschichte übernehmen müssen, ist es auch wichtig, dass Sie sich der Scham in dem Moment zuwenden, wenn sie auftaucht. Im Grunde müssen Sie scham-resilient werden, damit der zusätzliche Schmerz als Folge von Schamgefühlen nicht an Ihrem Selbstwert nagt.

Da wir in einer Gesellschaft leben, in der es »normal« ist, sich zu schämen, müssen wir die Scham mit Liebe auflösen, wann immer wir sie bemerken – sowohl in unserem eigenen Leben als auch bei anderen um uns herum. Vor Kurzem postete ich ein Foto, auf dem mein Freund Noah Levy und ich während einer Signierstunde zu sehen waren. Vor uns standen drei Flaschen Wasser von einer großen, bekannten Firma. Sofort schrieb jemand: »Ich kann nicht glauben, dass Sie das trinken. Es ist Gift.« Unter meinen Lesern waren eindeutig ein paar Wasseraktivisten. Sie rieten mir, den Dokumentarfilm *Abgefüllt* anzusehen, damit ich erkennen würde, wie falsch das war, was ich tat. Meine erste Reaktion war, mich zu verteidigen. Ich hatte das Wasser nicht gekauft, es war von den Veranstaltern dort hingestellt worden. Ich hatte nichts falsch gemacht. Aber ich hielt mich zurück. Schließlich hatte ich mich einfach nur bei all den Menschen bedanken wollen, die zu meiner Signierstunde gekommen waren. Um eine Moralpredigt in Sachen Wasserflaschen hatte ich nicht gebeten.

Früher bin ich mit solchen Situationen, besonders in den sozialen Medien, folgendermaßen umgegangen. Ich habe sie als Gelegenheit genutzt, um die Leute darüber aufzuklären, wie wichtig es ist, andere nicht bloßzustellen oder lächerlich zu machen. Ich schrieb etwas wie: »Das hier ist ein Bereich, in dem niemand bloßgestellt wird. Sie dürfen hier gern Ihre Meinung sagen. Aber wenn Sie mich beschimpfen, ist mir das peinlich. Und ob Sie es glauben oder nicht, es schadet Ihnen. Wenn ich für mich eintrete, verbessert sich allerdings mein Immunsystem. (Dieses Wissen basiert auf den wissenschaftlichen Arbeiten von Dr. Mario Martinez). Also unterlassen Sie es bitte, mich oder sonst jemanden auf dieser Seite unfair zu kritisieren oder bloßzustellen.« Und dann pflegte ich eine Grenze zu setzen. Wenn jemand mich beharrlich weiter kritisierte, sperrte ich den User und entfernte ihn von meiner Seite. Allerdings hat es nie funktioniert, einem solchen Menschen sein Verhalten zu erklären. Und es scheint auch nicht so, als wäre die Situation dadurch irgendwie geheilt worden.

Dann lernte ich bei dem spirituellen Lehrer Matt Kahn eine andere Herangehensweise kennen, die sich sehr viel besser anfühlt. Matt »likt« einfach alle Kommentare auf seiner Facebook-Seite – ganz egal, wie sie lauten. Dann schickt er göttliche Liebe an alle, die andere Menschen kritisieren oder schikanieren. Er tut das deshalb, weil diese Leute andere seiner Meinung nach nur deshalb so behandeln, weil sie selbst so behandelt worden sind. Wenn Sie anerkennen (sich selbst gegenüber), dass dieser Mensch voller Schmerz ist und dass er deshalb so reagiert, hilft das, das Opfer-Täter-Muster aufzubrechen. Auf irgendeiner Ebene wird diese andere Person das spüren. Sie können ihr auch ein Kompliment machen oder einen Segen schicken. Auf diese Weise wird sich der harte Griff ihres Egos lösen.

Verstehen Sie mich aber bitte nicht falsch. Ich meine damit nicht, dass Sie in einer missbräuchlichen Beziehung bleiben sollen, in der jemand Sie (selbst in den sozialen Medien) regelmäßig kritisiert und schikaniert. Wenn jemand wirklich unangenehm wird, sperre ich den User noch immer.

Aber den Schmerz des anderen anzuerkennen und ihm oder ihr Liebe zu schicken (ob im persönlichen Kontakt oder in den sozialen Medien) verhindert, dass Sie sich durch deren Härte beherrscht fühlen. Außerdem passt sich Ihre Schwingung nicht der des Gegenübers an und sinkt dadurch. Gerade emotional feinfühlige Menschen (wie Sie und ich) neigen dazu, dies zu tun, wenn sie mit dem selbstsicheren und dominierenden Ego eines anderen Menschen zu tun haben. Erheben Sie sich stattdessen einfach in Liebe, mit dem Vertrauen und der Überzeugung, dass das Licht immer siegt. Nichts löst den Griff des Egos schneller, als wenn man das liebt, was gerade auftaucht, ohne Scham oder Schuld oder Selbstgerechtigkeit.

Wenn also das nächste Mal jemand versucht, Sie lächerlich zu machen oder unfair kritisiert, tun Sie etwas wirklich Drastisches. Sagen Sie einfach nur »Ich danke Ihnen.« Und dann gehen Sie noch einen Schritt weiter. Machen Sie der Person ein Kompliment oder segnen Sie sie. Aufrichtig. Danach kümmern Sie sich um den Teil von sich, der sich schämt. Sagen Sie Folgendes laut in den Spiegel, während Sie sich liebevoll in die eigenen Augen blicken: »Du bist mein geliebtes Kind, mit dem ich rundum zufrieden bin.«

Hilfe bei Vorwürfen und Scham

Wenn man Ihnen für etwas die Schuld gibt, ob es nun gerechtfertigt ist oder nicht, empfinden Sie Scham oder Wut. Damit müssen Sie als Erstes aufhören. Verteidigen Sie sich nicht. Gehen Sie einfach nur Ihren Körper durch und schauen Sie, wo Sie den Vorwurf spüren. Atmen Sie tief in diese Stelle hinein. Versuchen Sie, die Gefühle der Scham, der Schuld und der Wut zu spüren und lieben Sie den Teil von sich, der all dies empfindet. Denn genau deshalb hat sich dieser Teil gerade gezeigt – um von Ihnen geliebt zu werden. Allein das kann schon Wunder wirken. Das verletzte, missverstandene Kind bekommt Ihre Liebe und Aufmerksamkeit. Großartig. Und dann handeln Sie.

Stellen Sie sich vor, man wirft Ihnen vor, Sie hätten vergessen, Milch einzukaufen. In diesem Fall sollten Sie sich fragen, ob der Vorwurf berechtigt ist. Haben Sie gesagt, dass Sie die Milch kaufen würden und es dann doch nicht getan?

- Wenn der Vorwurf gerechtfertigt ist, sind Sie dafür verantwortlich. Übernehmen Sie die Verantwortung. Wenn Sie vorher zugesagt haben, die Milch zu kaufen, sollten Sie jetzt zugeben, dass Sie es vermasselt haben. Und dann gehen Sie los und holen die Milch.

- Ist der Vorwurf nicht gerechtfertigt, versuchen Sie herauszufinden, welche Lektion in dem Vorwurf liegt. Wenn Ihre Frau zum Beispiel einfach nur erwähnt hat, dass die Milch ausgeht, ohne Sie direkt zu bitten, neue zu besorgen, kann sie nicht davon ausgehen, dass Sie welche kaufen. Sehr häufig wiederholen wir Kindheitsmuster, um herauszufinden, was unsere Bedürfnisse sind – und unsere Verletzungen der Kindheit zu heilen und unsere Seelenlektion zu lernen. Wenn Ihr Vater Dinge von Ihnen erwartet hat, ohne genau zu sagen, um was es sich handelt, und Sie dann Schwierigkeiten bekommen, weil Sie seine Erwartungen nicht erfüllt haben, werden Sie wahrscheinlich jemanden heiraten, der genauso ist. Sobald Sie dieses Muster erkennen und den Teil von Ihnen lieben, der sich schuldig gemacht fühlt, fangen Sie an, Selbstwertgefühl aufzubauen. Ihr inneres Kind beginnt, sich wertvoll zu fühlen. Und nach einer Weile wird es Ihnen nicht mehr möglich sein, die Schuld für etwas zu übernehmen, das Sie bei Ihrem Partner wahrscheinlich nicht lösen können. Sie haben auch die Möglichkeit, mit Ihrem Partner über Ihr Bedürfnis zu sprechen, dass Dinge klar ausgesprochen werden. Aber werden Sie nicht selbstgerecht. Vorverurteilen Sie ihn nicht.

Statt überleben glücklich leben

Die Macht, Schamgefühle loszulassen und aus der Machtlosigkeit der Ego-Rollen auszutreten, zeigt sich bei einem Phänomen, das viele Menschen als Wunder bezeichnen – der vollständigen Remission von Krebs im Endstadium. Dr. Kelly Turner war noch in der Ausbildung, als sie sich für dieses Phänomen zu interessieren begann. Sie stellte fest, dass es mehr als 1000 gut dokumentierte derartige Fälle gab, aufgeführt in PubMed, einer wissenschaftlichen Online-Datenbank. Als sie die Fallberichte las, stellte sie verblüfft fest, dass als Grund für die Remission bei allen »unbekannt« stand. Sie machte es sich daher zur Aufgabe, einige dieser Menschen ausfindig zu machen und herauszufinden, was sie genau getan hatten, um ihren Zustand so stark zu verändern. Die Ergebnisse finden sich in Kellys Buch *9 Wege in ein krebsfreies Leben. Wahre Geschichten von geheilten Menschen.* Darin stellt sie neun Faktoren vor, die die Überlebenden getan haben, um sich von ihrer Krebserkrankung zu erholen. Dabei haben nicht alle diese Menschen, die angeblich Krebs im Endstadium hatten, alle neun Dinge getan. Die meisten machten aber zumindest ein paar davon. Und zwar:

1. Sie stellten ihre Ernährung radikal um
2. Sie übernahmen die Kontrolle für ihre Gesundheit
3. Sie folgten ihrer Intuition
4. Sie nahmen Kräuter und Nahrungsergänzungsmittel
5. Sie ließen unterdrückte Emotionen los
6. Sie förderten und steigerten ihre positiven Emotionen
7. Sie nahmen Unterstützung von anderen an
8. Sie vertieften ihre spirituelle Verbindung
9. Sie hatten starke Gründe zu leben

Beachten Sie bitte, dass keiner dieser unglaublichen Menschen in seiner Ego-Rolle verhaftet blieb. Nicht ein Einziger. Stattdessen fanden Sie alle zu der Kraft in sich, aus der heraus sie erfüllt und gut leben konnten.

Interessanterweise sahen sie sich auch gar nicht als Überlebende einer Krebserkrankung. Und sie verfielen auch nicht dem Märchen, sich wegen der tödlichen Diagnose als etwas Besonderes zu fühlen und zu glauben, dass niemand sie verstehen könnte.

Sie verzichteten darauf, sich selbst mit Bezeichnungen zu etikettieren, die sie in ihrem Gefühl, herrlich und großartig zu sein, einschränkten, wie es das Wort *Überlebende* tut. Durch solche Bezeichnungen wird man Teil einer Gruppe, die sich aufs Kranksein fokussiert, und das macht es einem schwerer zu heilen. Sie lenken Ihre Aufmerksamkeit auf das Problem und nicht auf die strahlende, gesunde Zukunft, die vor Ihnen liegt. Ja, es gibt eine Zeit, da können Selbsthilfegruppen Ihnen helfen, mit der Situation umzugehen. Aber übermäßig lang im Modus des »Opfers« oder der »Überlebenden« zu bleiben, ist eine Erfindung des Egos.

Vergebung: die ultimative Heilung von Vorwürfen und Schuldgefühlen

Vergebung ist ein wesentlicher Faktor, um den Schuldknoten vollständig aufzulösen. Häufig wird Vergebung missverstanden als Billigung all der schlimmen Dinge, die Ihnen angetan worden sind. Oder die Sie jemandem angetan haben. Das ist aber nicht gemeint. Vergebung bedeutet, der Vergangenheit nicht länger zu erlauben, dass sie einen daran hindert, in der Gegenwart glücklich zu sein. Dr. Mario Martinez bezeichnet Vergebung als »die Freiheit von der Selbstverstrickung«.

Als ich mich scheiden lassen wollte, war mein erster Gedanke, dass ich das Leben meiner Töchter ruinierte. Mit der Zeit begriff ich allerdings, dass ich meinen Kindern etwas sehr Gutes zeigte, indem ich dem Diktat meiner Seele folgte. Ich zeigte ihnen, dass mein Leben und mein Glück (und somit auch ihres) wirklich eine Bedeutung hatten. Und dass das Verbleiben in einer unguten Situation nichts Erstrebenswertes ist.

Wenn wir etwas besser wissen, machen wir es auch besser. Uns für etwas zu geißeln, das wir in der Vergangenheit nicht wussten, hält uns nur in Selbstvorwürfen und Schuldgefühlen gefangen. Und die können jahrelang schwelen.

Jeder von uns hat in der Vergangenheit etwas, das Vergebung verlangt. Und die Person, der wir am schwersten vergeben können, sind wir selbst. Also verzeihen Sie sich und fangen Sie an, den Teil von Ihnen zu lieben, der sich unwürdig fühlt und der der Vergebung angeblich nicht wert ist.

So ähnlich wie bei der Scham beginnt Vergebung mit der Anerkennung dessen, was vergeben werden soll; danach bitten Sie um Vergebung. Das Göttliche. Das Universum. Sich selbst. Machen Sie ein Wandle-mich-Gebet daraus: »Göttlich-Geliebtes, bitte nimm mir meine Schuldgefühle und meine Scham. Und bitte wandle mich in jemanden, die sich würdig und ganz fühlt. Wandle mich in jemanden, die sich wie ein Mensch fühlt, dem voll und ganz vergeben wurde und der sich frei fühlt.« Bitten Sie aber nicht nur das Göttliche um Hilfe, sondern helfen Sie sich auch einfach selbst. Sagen Sie laut: »Ich spreche mich jetzt von der Bürde der Schuld und der Scham frei.«

Sich selbst zu vergeben bedeutet auch, sich selbst in die Liebe mit einzuschließen und sich um die eigenen Bedürfnisse zu kümmern. Der verstorbene Marshall Rosenberg, Autor von *Gewaltfreie Kommunikation: Eine Sprache des Lebens,* hat jahrzehntelang anderen Leuten beigebracht, sich ihre Bedürfnisse durch gewaltfreie Kommunikation zu erfüllen. Er machte klar, dass jedes Gefühl, das wir haben, auf ein Bedürfnis verweist.

Ich erinnere mich gut daran, wie ich zum ersten Mal in einem Workshop eine Übung machte, in der ich Rosenbergs Konzept der Bedürfnisse und Emotionen anwandte. Die Teilnehmer bildeten Dreiergruppen. Jemand begann damit, eine Geschichte aus seinem Leben zu erzählen. Die anderen beiden hörten zu und suchten nach den Emotionen und den darin verborgenen Bedürfnissen. Eine Reihe von kleinen Karten, auf denen einzelne Emotionen standen, halfen uns dabei – Wut, Traurigkeit, Bitterkeit, Gereiztheit, Freude, Glück und so weiter. Dann hielten wir eine Karte hoch und fragten die Person, ob es das war, was sie fühlte. Empfand sie Wut? Traurigkeit? Frustration? Nachdem wir die entsprechenden Emotionen herausgefunden hatten, sahen wir auf die Bedürfnis-Karten, auf denen Worte wie Essen, Ruhe, Anerkennung, Bestätigung und Berührung standen. Jetzt hielten wir die Karte mit dem jeweiligen Bedürfnis hoch, das wir meinten wahrgenommen zu haben, während die Person die Geschichte erzählte. Unsere Aufgabe bestand darin, das unerfüllte Bedürfnis zu spiegeln, auf das die Emotion der erzählenden Person verwies.

Diese Erfahrung war für mich eine Offenbarung. Und ein enorm mächtiger Weg, um meine eigenen Emotionen und Bedürfnisse von der Gruppe bestätigt zu sehen. Zum ersten Mal konnte ich wirklich spüren, dass meine Bedürfnisse berechtigt waren und ich sie nicht verleugnen musste. Bis dahin hatte ich meine Bedürfnisse (und Emotionen) als falsch oder schlecht verurteilt. Oder als etwas, das ich überwinden sollte. Ich war davon ausgegangen, dass ich sie nicht hätte, wenn ich erwachsener und innerlich weiter entwickelt wäre. So viel zu einem No-Win-Glaubenssystem! Sie finden eine Liste mit den Bedürfnissen und Emotionen unter www.cnvc.org. Es lohnt sich, einen Blick darauf zu werfen.

Nachdem ich erfahren hatte, dass unsere Emotionen auf legitime Bedürfnisse verweisen, wollte ich unbedingt die fünf Faktoren kennenlernen, die David Richo in seinem Buch *Reif werden füreinander. Wie man in Beziehungen erwachsen wird. Die fünf Dimensionen authentischer Liebe* vorstellt. Diese Faktoren lauten:

- Aufmerksamkeit
- Wertschätzung
- Akzeptanz
- Zuneigung
- Zulassen

Während die ersten vier sich von allein erklären, braucht der fünfte Faktor, das *Zulassen*, ein wenig Erläuterung. Richo meint hiermit, dass wir die Erlaubnis haben müssen, den Weisungen unserer Seelen zu folgen, ohne dass sich andere einmischen und uns sagen, was wir ihrer Meinung nach tun »sollen«.

Diese fünf Faktoren sind nötig, um in der Kindheit das Selbst aufbauen zu können, das wir unbedingt brauchen. Aber sie sind auch nötig, um als Erwachsene in einer Liebesbeziehung Glück und Erfüllung zu erfahren – aber nicht nur dort. Sie gelten nämlich auch für jede andere Beziehung – die zu uns selbst, die zum Göttlichen und die zu allen anderen Menschen auf diesem Planeten. Glücklicherweise können wir uns selbst diese fünf Aspekte der Liebe schenken, und indem wir das tun, helfen wir uns zu heilen und vergeben uns unsere vergangenen Fehltritte. Die fünf Faktoren haben wir alle als Säuglinge und Kleinkinder gebraucht, aber sie sind auch die Voraussetzung für erwachsene Intimität – in den Beziehungen zu uns selbst und zu den Menschen in unserem Umfeld. Richo schreibt: »Dass dieselben Schlüssel alle Tore im Laufe unserer Entwicklung aufschließen, ist Zeichen einer großartigen Sparsamkeit der menschlichen und spirituellen Entwicklung.«

Verletzlich sein

Wenn wir die Schamgefühle loslassen und aus unserem Ego heraustreten, können wir Beziehung und Intimität entwickeln – die Währung eines sinnvollen Lebens.

Suchen Sie aber nach dem »Superfood« für Beziehungen, wenden Sie sich Ihrer Verletzlichkeit zu. Auch wenn man Ihnen womöglich geraten hat, sich unberührbar zu geben oder nie jemanden sehen zu lassen, dass Sie mit etwas zu kämpfen haben, handelt es sich bei der Verletzlichkeit tatsächlich um eine Superkraft – wenn sie bewusst eingesetzt wird und auf einem gut entwickelten

Selbstgefühl gründet. Verletzlichkeit wird in unserer Kultur oft missverstanden, weil sie mit Schwäche gleichgesetzt wird, ganz besonders bei Männern. Das Wort selbst bedeutet die »Fähigkeit, verletzbar zu sein – zum Beispiel durch eine Waffe. Oder offen zu sein für moralische Angriffe, für Kritik oder Manipulation.« Kein Wunder, dass man uns so eifrig lehrt, uns zu schützen.

In Wirklichkeit geht es bei der Verletzlichkeit jedoch darum zuzulassen, dass Ihre ganze Menschlichkeit von anderen gesehen und berührt werden kann – ungeschönt. Unsere Verletzlichkeit ist liebenswert. Sie macht uns menschlich. In ihrem bahnbrechenden TED-Vortrag über die Macht der Verletzlichkeit, der inzwischen von mehr als 26 Millionen Menschen gesehen wurde, erinnert uns Brené Brown daran, dass Beziehung – die Fähigkeit, uns verbunden zu fühlen – der Grund ist, warum wir hier auf dieser Erde sind. Verletzlich zu sein ist ein Teil des Gefühls, verbunden zu sein. Es ist das, was uns unserem Leben Sinn und Zweck verleiht. Wenn wir bereit sind, verletzlich und ganz und gar Mensch zu sein, öffnen wir uns unserer eigenen Menschlichkeit und Göttlichkeit zugleich. Wir wissen, wohin wir gehören. Und wir fühlen uns dem, was das Leben an Gutem zu bieten hat, wirklich würdig.

Warum also ist es so schwer, sich verletzlich zu zeigen? Es läuft wieder alles darauf hinaus, dass das Ego uns vor dem Schmerz der Scham schützen will. Wenn Sie das aber überwinden können, kann das Leben so viel erfüllter sein.

Als mich einige Jahre nach meiner Scheidung eine Freundin besuchte, äußerte ich mich kritisch über meinen Exmann. Meine Freundin riet mir, wenn ich vorhaben sollte, in meinem Leben noch einmal Liebe zu erfahren, meine Verbitterung und Wut hinter mir zu lassen. Sie schlug mir vor, ihm einen Liebesbrief zu schreiben, in dem ich all das aufzählte, was ich an ihm so geliebt hatte. Ich wusste, dass sie recht hatte, und machte mich sofort ans Werk. In einer Vollmondnacht im Januar – dem gleichen Monat, in dem unsere Ehe einige Jahre zuvor so abrupt geendet hatte – stellte ich gefühlvolle Musik an, zündete eine Kerze an und begann zu schreiben (wie in Kapitel 5 näher beschrieben).

Meine ganze Liebe für diesen Mann kehrte zurück, als ich darüber schrieb, wie sehr ich die allererste Zeit unserer Beziehung auf der Universität genossen hatte. Wie herrlich es gewesen war, von ihm zu lernen, wie man die Fäden nach einer Operation verknotet. Wie viel Spaß es mir gemacht hatte, mit ihm zusammen in ein Gespräch über chirurgische Fälle einzutauchen – mit jemandem, in den ich so total verliebt war. (Er war mein Betreuer, als ich noch Medizin studierte. Sehr romantisch.) Wie dankbar ich dafür sei, dass er während meiner schwierigen Jahre der Facharztausbildung mein Ehemann und der Vater unserer beiden Töchter gewesen war. Die Flut von Tränen, die aus mir herausströmten, verblüffte mich.

Und dann ging ich noch einen Schritt weiter. Ich las ihm den Brief am Telefon laut vor. Es war um den Valentinstag herum. Zu diesem Zeitpunkt war er bereits wieder verheiratet, hatte ein weiteres Kind und lebte im Ausland. Aber in diesem Moment, als ich ihm den Brief vorlas, stand die Zeit einfach still. Da war nichts als Liebe. Wir befanden uns in zwei verschiedenen Ländern, getrennt durch einen riesigen Ozean, doch in diesem Moment waren wir zwei unsterbliche Seelen, die von unseren Egos und Persönlichkeiten unbelastet blieben. Da war nur die Erinnerung an die Liebe – die immer noch ganz und gar da war.

Diese Sache bewegte mich nicht nur zutiefst, sie heilte mich auch. Ich kann Ihnen nur dringend empfehlen, so etwas auch einmal zu tun, wenn es in Ihrem Leben jemanden gibt, an dem Sie noch voller Groll, Verbitterung oder Wut festhalten. Schreiben Sie den Brief einfach; Sie müssen ihn der Person nicht vorlesen oder auch nicht schicken. Sie können ihn auch verbrennen. Aber glauben Sie mir, Ihre Seele wird es fühlen. Und es muss auch gar kein Liebesbrief sein. Es kann eine Tirade aus Wut und Befreiung sein, wenn es nötig ist.

Vor Kurzem habe ich so etwas mit einem anderen Mann gemacht, den ich geliebt hatte, mit dem es aber irgendwie nicht hatte klappen wollen. Aber ich kam einfach nicht über ihn hinweg. Ich musste diese Beziehung zum Abschluss bringen. Also bat ich ihn, zu mir zu kommen, weil ich ihm etwas sagen müsse. Ich tat es nicht seinetwegen; es war ein Geschenk an mich selbst. Ich ließ ihn am Küchentisch Platz nehmen und sagte ihm – während ich meine Verletzlichkeit offen zeigte –, dass ich ihn immer geliebt hatte. Dass ich ihn immer noch liebte. Und dass ich, weil das Leben kurz sei, nicht wolle, dass er glaube, ich wäre wütend auf ihn, weil die Dinge sich so entwickelt hatten. Dass ich ihm vollkommen vergeben hätte – und auch mir – für alles, was geschehen war. Sogar die Art und Weise, wie es geendet hatte. Als ich fertig war, umarmte ich ihn. Ich schwöre Ihnen, am nächsten Tag war die Schwere in meinem Herzen, die die vergangenen Jahre dort gewesen war, weg. Ich war frei. Endlich. Seit jenem Abend habe ich ihn nie wiedergesehen oder mit ihm gesprochen.

Dies ist die Macht der Verletzlichkeit. Sie trauen sich, Ihre Seele zu offenbaren und Ihr Herz auf der Zunge zu tragen. Sie öffnen sich der Kritik und der Lächerlichkeit. Und am Ende merken Sie, dass all das nicht die geringste Rolle spielt. Weil das göttliche Selbst durch nichts von alldem berührt wird. Sie stellen zu Ihrer Überraschung fest, dass Verletzlichkeit eine großartige Medizin ist. Ihre Wahrheit befreit Sie, erleichtert Ihr Herz und heilt Ihre Welt.

Kapitel 9

Ihr Körper, Ihr Heiligtum

Den dünnen Gallerten,
den rötlichen, in dir und mir,
den Knochen und dem Knochenmark,
Dem köstlichen Gefühle der Gesundheit;
Oh, ich sage: dies alles ist Gedicht und Teil des
Körpers nicht allein, sondern der Seele!
Oh, ich sage jetzt: sie sind die Seele!

Walt Whitman

Inzwischen muss auf den Umstand, dass Sie eine Seele sind, wohl nicht mehr extra hingewiesen werden. Sie sind *nicht* Ihr Körper. Aber Sie *haben* einen. Und es ist Ihre Aufgabe, sich um diesen Körper zu kümmern, bis Sie ihn verlassen. So, wie Sie sich auch um Ihr Haus oder Ihr Auto kümmern. Es ist *Ihre* Verantwortung – nicht die Ihres Arztes, Ihres Ehepartners oder Ihrer Mutter. So einfach ist das.

Sich um den Körper zu kümmern bedeutet vor allem, eine gesunde Einstellung dazu zu haben, was in Bezug auf ihn möglich ist und was nicht – ganz besonders, wenn Sie älter werden. Spätestens dann müssen Sie sich nämlich den körperlichen Aktivitäten zuwenden, die nötig sind, um Ihr physisches Selbst zu erhalten.

Überzeugungen in Bezug auf Ihren Körper und Ihre Gesundheit

Die optimale Fürsorge für Ihren Körper beginnt bei Ihrer inneren Haltung. Es ist wichtig zu wissen, dass Ihr Körper für Gesundheit, Vitalität und Wohlergehen geschaffen ist – und zwar Ihr ganzes Leben lang. Die meisten Menschen glauben, es sei normal, dass der Körper nach dem 25. Lebensjahr abbaut und dann von Jahr zu Jahr mehr verfällt. Ich habe schon 32-Jährige getroffen, die sich über ihren schlimmen Rücken beschwerten und klagten, dass ihr Körper sie aufgrund seines Alters im Stich lasse. Aber unser Körper lässt uns nicht im Stich, und er ist auch nicht dazu verurteilt, mit jedem verstreichenden Jahr abzubauen und zu verfallen. Diese Vorstellung gehört in das in unserer Kultur populäre Glaubenssystem und ist so verbreitet, dass man deren Auswirkungen überall um sich herum sehen kann. Ändern Sie aber Ihre Überzeugung darüber, was bezüglich Ihrer Gesundheit und Ihres physischen Körpers unabhängig von Ihrem Alter möglich ist, werden Sie die positiven Veränderungen schneller erleben, als Sie es jemals für möglich gehalten hätten. Studien haben zum Beispiel ergeben, dass Sie durch Krafttraining auch jenseits der 90 noch ihre Muskelkraft verbessern können.

Ich habe ein ganzes Buch darüber geschrieben, wie man diese ungünstigen Überzeugungen, die viele Menschen über das Altern ihrer Körper haben, erkennt und wie man sie überwindet. Das Buch heißt *Göttinnen altern nicht. Wie wir der Zeit die Macht nehmen, indem wir uns für die Fülle des Lebens entscheiden.* Die wichtigste Botschaft dieses Buches lautet, dass Ihre Überzeugungen mächtiger sind als Ihre Gene. Das ist wirklich so. Ihre innere Haltung, also das, was Sie glauben und für möglich halten, ist zweifellos der entscheidende Faktor, wenn es darum geht, was mit Ihrem Körper und Ihrer Gesundheit geschieht. An anderer Stelle haben wir bereits über die Macht der Gedanken und der

Gefühle gesprochen; jetzt möchte ich die Frage, wie Gedanken Ihre Gesundheit beeinflussen, von der Perspektive des Körpers aus angehen.

Wie Sie wissen, wird jeder Gedanke, den Sie denken, von biochemischen Signalen begleitet, die durch Ihren Körper wandern. Serotonin, Dopamin und Adrenalin sind Neurotransmitter, die alle Bereiche Ihres Körpers beeinflussen, und ihre Produktion beruht auf dem, was Sie denken und fühlen. Anstrengende Gedanken, die geprägt sind von Wut, Angst oder Kummer, treiben die Stresshormone in Ihrem Körper in die Höhe, was letztlich zu entzündlichen Prozessen führt – der Hauptursache für Osteoporose, Depression, Diabetes, Herzkrankheiten, Arthritis und Krebs.

Aber Gedanken beeinflussen Ihre Gesundheit noch auf andere Weise. Sie bestimmen buchstäblich den Genausdruck. Die Gene in der DNA einer Zelle werden von Schwärmen von Molekülen reguliert, sogenannten epigenetischen Faktoren. Diese Moleküle können auf Umwelteinflüsse reagieren, indem sie einige Gene zum Schweigen bringen und andere aktivieren, wenn es nötig ist.

Geist und Körper verbinden

Welche enorme Auswirkung Gedanken auf die Gesundheit haben, hat die Achtsamkeits-Pionierin Ellen Langer bekanntlich bereits in den 1990ern nachgewiesen. Langer teilte Männer im Alter von 70 bis 87 Jahren in zwei Gruppen ein, nahm sie aus ihrem normalen Leben heraus und ließ sie zehn Tage lang völlig abgeschieden von der Außenwelt leben. Vorher hatten alle eine Reihe von Untersuchungen mitgemacht, die ihre Sehfähigkeit, ihre Herzleistung, ihre Lungenfunktion, ihren Blutdruck, ihr Gewicht und ihr Aussehen betrafen.

Die Männer der einen Gruppe erhielten die Anweisung, einfach so zu leben wie immer. Die Männer der anderen sollten so tun, als wären sie in ihren besten Jahren. An den Wänden hingen Fotos von ihnen aus der Zeit, als sie zwischen 40 und 50 gewesen waren. Zeitschriften lagen aus, die ebenfalls aus dieser Zeit stammten; selbst im Fernsehen liefen die Sendungen von damals.

Nach Ablauf der zehn Tage wurden die Untersuchungen wiederholt. Bei den Männern, die so gelebt hatten, als wären sie in ihren besten Jahren, hatten sich alle Parameter verbessert. Die Herzleistung war besser geworden, die Lungenfunktion ebenfalls – all das, wovon wir glauben, dass es mit dem Alter nachlässt, hatte sich gesteigert. Darüber hinaus wirkten alle zehn Jahre jünger. Diejenigen, die in ihren besten Jahren gelebt hatten, hatten sogar angefangen, sich eine Art Touch-Football auszudenken. Bei der Kontrollgruppe waren dagegen überhaupt keine Verbesserungen zu verzeichnen. Langer hat seither noch viele weitere Experimente durchgeführt, die beweisen, welchen mächtigen Einfluss unsere innere Haltung auf unsere körperlichen Funktionen hat. Mehr dazu finden Sie in ihrem Buch *Die Uhr zurückdrehen? Gesund alt werden durch die heilsame Wirkung der Aufmerksamkeit.*

Das eindrucksvollste Beispiel dafür, wie sehr sich unsere Überzeugungen auf unseren physischen Körper auswirken, sind Forschungen von Dr. Mario Martinez zu den Stigmata, die sich bei Menschen zeigen, die eine sehr intensive Verbindung mit den Wunden fühlen, die Jesus am Kreuz zugefügt wurden.

Stigmata sind schmerzhafte körperliche Wunden, die Jesus' Leiden symbolisieren. In Zusammenarbeit mit dem Vatikan hat Dr. Martinez Menschen untersucht, die Stigmata haben. Einige dieser Stigmata sind Fälschungen. Andere sind echt. Zu den berühmtesten Menschen, die untersucht wurden, zählt Pater Pio. In Mexico City gibt es eine Frau, die ein sehr schmerzhaftes Kreuz auf der Stirn hat. Es blutet täglich. Und kranke Menschen, die zu ihr kommen, werden geheilt. Dr. Martinez wurde zu ihr geschickt, um sie zu untersuchen. Er legte eine Kultur mit dem Gewebe der Wunde an und fand heraus, dass sie steril war. Es gab keine Bakterien, keine Infektion und absolut kein Anzeichen dafür, dass sie sich ihre Wunde selbst zugefügt hatte. Sie war tatsächlich eine körperliche Manifestation ihres Glaubens.

Martinez fragte sie, ob sie Entlastung von ihrem Leiden wünsche. Das tat sie. Zusammen arbeiteten die beiden an dem System von Überzeugungen, das zu den Wunden geführt hatte. Ihre Stirn heilte. Daraufhin wurden die Menschen, die zu ihr kamen, allerdings auch nicht mehr geheilt. Kein Stigma, keine Heilung. Also arbeitete sie mit Martinez an einem brauchbaren Kompromiss. Schließlich gelang es, die Tiefe, den Schmerz und die Blutung des Kreuzes auf der Stirn abzuschwächen, so dass nur noch etwa 20 Prozent von dem blieben, was ursprünglich gewesen war. Ihr Leiden nahm deutlich ab, ohne jedoch ganz zu verschwinden. Auf diese Weise konnte die Gemeinschaft der Gläubigen die Wunde immer noch sehen und dadurch geheilt werden.

Es waren Erfahrungen wie diese, die Mario Martinez dazu veranlassten, das Biocognitive Science Institute zu gründen, das sich dem tiefgreifenden Zusammenhang von unserer inneren Haltung, unseren Überzeugungen und unserer körperlichen Gesundheit widmet.

Wir alle tragen familiäre und kulturelle Überzeugungen über die Gesundheit in uns, wie zum Beispiel: »Iss das nicht, es ist voller Bakterien und macht krank.« Oder: »Ich hatte mit Grippekranken Kontakt. Ich fange mir alles ein, was im Büro herumgeht, daher weiß ich einfach, dass ich mich anstecken werde.« Oder: »Ich bin schon zu alt, um [...].« Überzeugungen werden von tiefgreifenden biochemischen Prozessen begleitet, die in der Lage sind, den Genausdruck zu verändern. Die Wissenschaft der Epigenetik hat bewiesen, dass Ihr Körper nicht nur auf Ihre Umgebung reagiert, sondern auch auf Ihre Ernährung, Ihre Gedanken,

Ihre Handlungen und Emotionen. Da eine Überzeugung einfach ein Gedanke ist, den wir immer wieder denken, kann er geändert werden. Und als Folge dessen kann sich auch unsere Gesundheit bessern.

Faszien: Überzeugungen leben im Bindegewebe

Die Ansicht, dass Gedanken zu biochemischen Veränderungen in uns führen, setzt sich inzwischen mehr und mehr durch. Es gibt aber noch ein anderes Kommunikations- und Informationssystem des Körpers, das lange übersehen wurde. Die Rede ist vom Netzwerk des Bindegewebes, auch bekannt als Faszien, die sich durch den gesamten Körper ziehen. Faszien verbinden die Haut nicht nur mit den Muskeln, sondern sie umgeben und durchziehen die Muskeln auch. Darüber hinaus verbinden sie die Muskeln mit den Knochen und allen Organen durch eine zusammenhängende, lückenlose Umhüllung. Wenn Sie die Haut von einem Hühnchen ablösen, ziehen Sie dadurch die fasziale Schicht ab, die mit den darunterliegenden Muskeln verbunden ist.

Weil alle Faszien miteinander verbunden sind, wirkt sich das, was an einer bestimmten Stelle des Körpers geschieht, auch auf die Faszien an anderen Stellen aus. Wenn Sie das einmal erkannt haben, werden Sie verstehen, wie begrenzt medizinische Fachrichtungen sind, solange sie nicht von der Ganzheit des Körpersystems ausgehen.

Unser Fasziennetz ist ein zweites Nervensystem, aber ohne Schmerzfasern. Es wirkt stattdessen wie ein kristallines elektrisches Übertragungssystem, das Informationen sehr schnell durch den Körper schickt. In diesem System verlaufen auch Akupunkturmeridiane. Wenn die Nadeln auf einen bestimmten Punkt entlang der Meridiane gesetzt werden, wirkt sich das messbar in den Organen aus, die mit den jeweiligen Punkten in Verbindung stehen. Nehmen wir zum Beispiel Ihre Füße. Das Fasziennetz beginnt an den Füßen und zieht sich von dort durch den ganzen Körper bis hinauf zum Schädel. Wenn Sie eine Fußreflexzonen-Massage bekommen oder jemand Ihre Füße heftig reibt, ist das oft so entspannend, dass Sie in diesem Moment nicht denken können. Vielleicht schlafen Sie sogar ein. Dies hängt damit zusammen, dass die Stimulation der Faszien in Ihren Füßen – wo alle Meridiane des Körpers gewissermaßen ihren Ursprung haben – sich auf alle Organe in Ihrem Körper auswirkt, sogar auf Ihr Hirn. Und zwar auf gute Weise. Natürlich gilt das auch umgekehrt, so dass Ihnen alles andere ebenfalls wehzutun scheint, wenn Ihre Füße schmerzen.

Durch körperlichen, emotionalen oder mentalen Stress kann das Bindegewebe sehr fest, vernarbt und verdickt sein, denn Stress führt zu entzündlichen Prozessen, und diese ziehen die Verklumpung und Verdickung des Bindegewebes nach sich, weil die Fasern verkleben. Im Laufe der Zeit mehren sich dann die festen, vernarbten Faszien in den Muskeln und Gelenken, was schließlich Schmerzen hervorruft, die Beweglichkeit einschränkt und den stockenden, schlurfenden Gang erzeugt, den wir mit alten Menschen in Verbindung bringen. Aber nicht nur die physische Beweglichkeit wird eingeschränkt. In dem von Vernarbung befallenen Gebiet gibt es keinen freien Fluss von Informationen, Gefühlen oder Blut mehr, es wird von den übrigen Körperbereichen wie durch eine Mauer getrennt. Im Laufe der Zeit verringern sich auch die uns angeborenen Möglichkeiten, uns frei und vollständig zu bewegen, sowie uns körperlich, emotional und spirituell auszudrücken.

Nachdem Bob Cooley mit 28 Jahren von einem knapp 130 km/h schnellen Auto angefahren wurde, entdeckte er eine Form der Fasziendehnung, der er den Namen Resistance Flexibility gab. (So viel zur stürmischen Saturn-Rückkehr!) Sein Becken war gebrochen, das linke Bein übel zugerichtet, eine Schulter ausgerenkt und der linke Oberarm aufgeschlitzt. Darüber hinaus litt er unter einer Kopfverletzung und verlor eine Zeitlang immer wieder das Bewusstsein. Wie Sie sich vorstellen können, fiel ihm danach das Gehen schwer, und er litt unter ständigen Schmerzen.

Bob, der eine Tanzcompany geleitet und sich in Biomechanik weitergebildet hatte, machte sich selbst zu seinem Versuchsobjekt. So fand er heraus, dass Muskeln sich natürlicherweise zusammenziehen, wenn man sie dehnt. Wenn er die Muskeln anspannte und gleichzeitig dehnte – so wie ein Hund und eine Katze es tun, wenn sie sich nach einem Schläfchen erheben –, konnte er seinen Bewegungsradius vergrößern. Und er konnte auch den Schmerz verringern. Schließlich fand er Dehnungen für jedes Organsystem – Dehnungen, die die uralten Yoga-Asanas (Haltungen) nachahmen und den Prinzipien der Traditionellen Chinesischen Medizin entsprechen. Diese Dehnungen halfen ihm auch, seine Muskeln von festen Faszien und Narbengewebe zu befreien. Dadurch gelang es ihm nicht nur, die normale Funktionsfähigkeit seiner Gelenke und Muskeln wiederherzustellen, sondern auch seine Verdauung verbesserte sich, seine Lungenkapazität, sein Denkvermögen und seine Gesundheit insgesamt. Einige Zeit nach dem Unfall war sein körperlicher und geistiger Zustand besser als je zuvor. Obwohl ich schon vorher von der Verbindung zwischen Körper und Geist wusste, lernte ich erst durch Bob und seine Trainer, dass diese Verbindung sich in den Faszien befindet. Die Einheit von Körper, Geist, Emotionen und Verstand lässt sich am Körper erkennen. Das ist nicht nur irgendeine New-Age-Vorstellung.

Durch die Fasziendehnung fand ich heraus, wie grundlegend unsere Glaubensmuster und Verletzungen aus der Kindheit die Art und Weise prägen, wie wir in unserem Körper sind und uns bewegen. Etwas, das die verstorbene Isadora Duncaon, eine berühmte Tänzerin, einmal so ausgedrückt hat:

Heutzutage ist nur wenig von der Magie bekannt, die in der Bewegung und der Wirksamkeit bestimmter Gesten liegt. Die Anzahl der körperlichen Bewegungen, die die meisten Menschen in ihrem Leben machen, ist ziemlich begrenzt. Da ihre Bewegungen in der frühen Kindheit unterdrückt und diszipliniert werden, verlegen sie sich auf ein paar Bewegungsgewohnheiten, die nur selten variieren. Auch ihre geistigen Aktivitäten reagieren darauf, indem sie Denkgewohnheiten herausbilden. Mit dieser Wiederholung der körperlichen und geistigen Bewegungen begrenzen sie ihren Ausdruck, bis sie sich wie Schauspieler verhalten, die jeden Abend die gleiche Rolle spielen.

Indem Bob meine Faszien dehnte und »las«, konnte er erkennen, dass ich, nachdem meine Schwester im Kindesalter gestorben war, versucht hatte, meine Mutter zu heilen. Ohne dass mir dies bewusst gewesen wäre, brachte mich dieses Kindheitstrauma schließlich dazu, Geburtshelferin und Frauenärztin zu werden, um zu versuchen, andere Mütter und Kinder zu retten. Dieses emotionale Trauma in Verbindung mit der Tatsache, dass meine Mutter nicht wusste, wie sie mich lieben sollte (andere Dinge machte sie gut), verklebte die Faszien um mein Herz herum – mein »schwaches Glied«, wie Bob es nannte. Nachdem er die verklebte Faszie in meinem Herzmeridian gelöst hatte, fühlte ich mich sehr viel wohler in meiner Haut. Bob sagte: »Als du das erste Mal zu mir gekommen bist, hast du wenig liebenswert ausgesehen.« Er spielte damit auf die eingezogenen Schultern an, die der Welt verrieten, dass ich mich nicht liebenswert fühlte. Damals war das so. Jetzt nicht mehr. Die Auflösung der verklebten Faszie meines Herzmeridians hatte noch eine andere Wirkung: Ich fühlte mich nicht mehr so gezwungen, andere Menschen zu retten. Das war eine große Erleichterung. Mein Leben ist jetzt von so viel mehr Freude und Bewegungsfreiheit erfüllt.

Ihnen ist wahrscheinlich schon einmal aufgefallen, dass Kinder dazu neigen, genauso zu gehen wie ihre Eltern. Dass sie sich so bewegen wie sie. Das hat nichts mit Genetik zu tun. Der Wunsch dazuzugehören, lässt uns das nachahmen, was wir um uns herum sehen. Wir geben unsere Lebendigkeit auf, wenn wir immer wieder zu hören bekommen, dass wir leise sein oder stillsitzen sollen. Im Laufe der Zeit wird unser Körper durch diese Konditionierung in seinen Erfahrungsmöglichkeiten massiv eingeschränkt. Und es bilden sich verklebte Faszien, die unsere Bewegungen begrenzen.

Wenn Sie jedoch lernen, wie man die verklebten Faszien lösen kann, die unsere Glaubenssätze und Verhaltensmuster fixieren, können Sie fast buchstäblich wiedergeboren werden. In jedem Alter.

Die Faszien lösen

Man kann sich den Verklebungen und Verhärtungen der Faszien auf viele verschiedene Weisen nähern, darunter durch Yoga, Pilates und Akupunktur. Andere Formen der Körperarbeit, die sich mit Faszien beschäftigen, sind Rolfing, Yamuna-Body-Rolling und die MELT-Methode mit der Faszienrolle. Aber Sie können Ihre Faszien auch schon dadurch verändern, dass Sie Ihren Fuß einfach nur auf einem Tennisball hin und her bewegen, während Sie am Tisch sitzen. Meine Schwester hat ihre »frozen shoulder« komplett »geheilt«, indem sie mit dem Schultermuskel über einen Tennisball rollte, den Sie dabei gegen eine Wand drückte. Es hat ein paar Wochen gedauert, doch jetzt ist die Schulter wieder voll beweglich. Auf YouTube finden Sie gute Anleitungsvideos zu den meisten Techniken. Alles, was die Faszien dehnt und ihre Geschmeidigkeit fördert, ist hilfreich. John Barnes' Myofascial Release Approach hat ebenfalls vielen Menschen geholfen.

John hat Menschen auf der ganzen Welt in seiner einzigartigen Methode ausgebildet.

Obwohl alle diese Methoden wirklich gut sind, habe ich bei mir selbst festgestellt, dass das von Bob Cooley entwickelte Verfahren das schnellste und umfassendste ist, um das Fasziengewebe wieder in seinen ursprünglichen Zustand zu versetzen. Die dabei vorgenommenen Dehnungen können jedem helfen, seine Faszien umzugestalten und darüber hinaus neue emotionale und spirituelle Formen zu finden, die zu mehr Wohlbefinden führen. Es gibt einige Videos auf YouTube, in denen Sie die Dehnübungen sehen können; Sie finden sie, wenn Sie »Resistance Flexibility« eingeben. Unter www.BendableBody.com können Sie noch mehr darüber erfahren. Häufig wird die Technik, bei der die Muskeln angespannt werden, während man sie dehnt, in Yoga-Übungen und Ähnlichem integriert. Wie ich schon sagte: Beobachten Sie eine Katze oder einen Hund, die sich nach einem Nickerchen erheben. Oder nehmen Sie bewusst wahr, wie Sie morgens nach dem Aufwachen die Arme über dem Kopf strecken und dabei Hals und Schultern anspannen, während Sie gähnen. Wenn es Ihnen irgendwie möglich ist, lassen Sie sich bei den Dehnungen helfen. An vielen Orten in den Vereinigten Staaten gibt es Kurse, in denen Sie diese Methode direkt mit einem erfahrenen Trainer üben können.

Sitzen Sie nicht einfach nur: Lassen Sie die Schwerkraft für Sie arbeiten

Um dauerhaft gesund und zufrieden zu sein, ist es wichtig, sich regelmäßig – und das heißt täglich – zu bewegen. Der verstorbene Arzt Paul Dudley White, Gründer der American Heart Association und Vater der modernen Kardiologie, wusste dies nur zu gut. Ich erinnere mich, dass ich als Teenager mal etwas über ihn gelesen habe. Besonders gut gefiel mir sein Satz, er habe zwei Ärzte: sein rechtes und sein linkes Bein! Jeden Tag fuhr er mit dem Fahrrad am Charles River entlang. Und er ging regelmäßig zu Fuß.

Dr. Joan Vernikos, Autorin von *Sitzen gefährdet Ihre Gesundheit! Mit einfachen Bewegungen die gesundheitsfördernden Wirkungen der Schwerkraft im Alltag nutzen,* leitete die Abteilung Lebenswissenschaften der NASA, als John Glenn, der berühmte *Apollo*-Astronaut, im Alter von 77 Jahren noch einmal in den Weltraum wollte. Vernikos hatte keine Ahnung, ob das ungefährlich war oder nicht, denn noch nie war jemand in diesem Alter je im Weltraum gewesen. Aber da Glenn das gleiche Training wie seine sehr viel jüngeren Kollegen absolvierte, wurde ihm gestattet, mit den anderen Astronauten an Bord des Shuttles *Discovery* zu gehen. Er erfüllte seine Arbeiten mit Leichtigkeit, und nach der Rückkehr zur Erde ging es ihm nicht schlechter als den anderen. Sie alle litten aber, unabhängig vom Alter, einige Wochen lang unter den Nachwirkungen der Schwerelosigkeit. Wie Vernikos betonte, war dies nichts Neues. Die Wirkungen der Schwerelosigkeit führen zu einem Verlust des Gleichgewichtsgefühls, einer geringeren Herzleistung, geringeren Knochendichte und einem Verlust an Muskelmasse – es waren die gleichen ungünstigen Auswirkungen, die Vernikos bei vollkommen gesunden zwanzigjährigen Männern beobachtet hatte, die als Versuchspersonen einige Wochen nur im Bett gelegen hatten, damit an ihnen die körperlichen Wirkungen von Inaktivität untersucht werden konnten.

Vernikos kam zu dem Schluss, dass der Grund für den Verfall, den wir als »Altern« bezeichnen, in der Schwerelosigkeit liegt – darin also, dass der Körper nicht regelmäßig im Gravitationsfeld der Erde bewegt wird. Es ist dabei unerheblich, ob die Schwerelosigkeit auf den Weltraum zurückzuführen ist, auf das Liegen im Bett oder auf zu langes Sitzen – die Auswirkungen sind die gleichen.

Die Wirkungen, die von der Untätigkeit und der fehlenden Bewegung in der Schwerkraft herrühren, sind so ungünstig, dass Sitzen inzwischen als das »neue Rauchen« bezeichnet wird. Langes Sitzen (mehr als sechs Stunden am Tag) erhöht das Risiko für fast alle Erkrankungen, unter anderem Herzanfälle, Schlaganfälle, Diabetes, Verstopfung und Krebs. Selbst dann, wenn Sie regelmäßig Sport treiben, wird ein Teil der positiven Wirkungen durch langes Sitzen zunichtegemacht. Es fängt damit an, dass die Faszien in den Hüftgelenken verkleben – ein Prozess, der schon in Ihren Zwanzigern losgehen kann. So beginnt der Weg in den späteren Verfall lange, bevor man es bemerkt – sofern man nicht anfängt, sich zu bewegen.

Denken Sie daran, dies alles geschieht, weil Sie sich nicht regelmäßig gegen die Schwerkraft bewegen. Wann immer Sie Ihren Körper in der Schwerkraft bewegen – auch wenn Sie nur so etwas Einfaches tun, wie ein bisschen auf den Fußballen zu hüpfen –, finden in Ihrem Körper tausend winzige physiologische Veränderungen statt, die den Blutdruck betreffen, den Flüssigkeitsaustausch, die Hormonsekretion und den auf Knochen und Gelenken einwirkenden Stress. All diese Veränderungen tragen dazu bei, Ihre Gesundheit zu erhalten.

Den ganzen Tag zu stehen ist allerdings auch keine Alternative. Das Problem ist das gleiche. Die Lösung besteht darin, den Körper durch das Gravitationsfeld der Erde zu bewegen. Regelmäßig. Das bedeutet, etwa sechsmal pro Stunde aufzustehen, wenn Sie am Tisch sitzen. Schon allein einfach aufzustehen und sich wieder hinzusetzen macht einen großen Unterschied. Noch besser ist es natürlich, wenn Sie etwas mehr tun, ein paar Dehnungen oder Kniebeugen machen zum Beispiel. Oder Sie können, wenn Sie im Stehen am Computer arbeiten, regelmäßig in die Hocke gehen. Oder Sie hüpfen auf den Fußballen. Oder Sie gehen alle 15 Minuten etwas herum. Wenn ich am Computer arbeite, sitze ich auf einem Gymnastikball und hüpfe regelmäßig darauf herum.

Das Entscheidende ist: Wir sind nicht dazu geschaffen, schwerelos zu sein. Wir sind dazu geschaffen, uns im Raum zu bewegen. Die Rückstöße des Trampolins sind dafür perfekt geeignet. Vielleicht besorgen Sie sich eins und hüpfen beim Fernsehen darauf herum. Oder Sie setzen sich auf einen großen Gymnastikball, während Sie am Computer arbeiten. Das macht Spaß. Und Sie können darauf fröhlich durch den Raum rollen!

Übungen für ein besseres Gleichgewicht

In der Medizin gibt es eine große Diskussion, die folgendermaßen abläuft: Hat sie sich die Hüfte gebrochen und ist dann gestürzt? Oder hat ihr Sturz den Bruch der Hüfte verursacht? Es spielt keine Rolle, welche Version zutrifft; das eigentliche Problem besteht darin, dass 50 Prozent der Menschen, die sich die Hüfte brechen, danach nie wieder laufen werden. So weit muss es aber nicht kommen – wenn Sie lernen, das Gleichgewicht zu halten.

Erinnern Sie sich an die Astronauten, die wegen der Schwerelosigkeit ihr Gleichgewichtsgefühl verloren hatten? Dies hatte zum Teil auch damit zu tun, dass sie keinen Horizont hatten, an dem sie sich hätten orientieren können. Sie aber haben einen. Daher können Sie Ihr Gleichgewichtsgefühl leicht trainieren und verbessern. Machen Sie einfach folgende Übung:

1. Ziehen Sie die Schuhe aus.
2. Stehen Sie so lange wie möglich auf einem Bein.
3. Schließen Sie die Augen.
4. Wechseln Sie auf das andere Bein und bleiben Sie so lange wie möglich so stehen.

Mussten Sie Ihren Fuß absetzen, um das Gleichgewicht zu halten, als Sie die Augen schlossen? Mich erschreckte es, dass ich damals, als ich die Übung erlernte, die Balance verlor, kaum dass ich die Augen zumachte. Ich übte weiter, mindestens drei-, viermal am Tag. Und ich übte überall – im Lebensmittelladen in der Schlange oder zu Hause am Herd beim Kochen. Zwei Wochen später stellte ich fest, dass es mir nicht mehr schwerfiel, mit geschlossenen Augen 30 Sekunden oder länger auf einem Bein zu stehen. So schnell verändert sich das Gleichgewichtssystem, das für die Balance zuständig ist.

Tun Sie sich also selbst einen Gefallen und bauen Sie regelmäßige Gleichgewichtsübungen in Ihren Tagesablauf ein. Sollten Sie dann mal auf irgendetwas ausrutschen, haben Sie eine gute Chance, nicht zu stürzen. Das ist wahre Prävention.

Finden Sie Freude daran, sich zu bewegen

Selbst wenn wir darauf achten, uns regelmäßig in der Schwerkraft zu bewegen, um allen möglichen Leiden vorzubeugen, die mit dem Älterwerden einhergehen, dürfen wir nicht vergessen, dass unsere Körper dazu geschaffen sind, uns noch viel mehr zu bewegen als nur in dieser Weise. Auf Bäume klettern, laufen, kriechen, tanzen – alle diese Aktivitäten erhalten unsere körperliche Gesundheit nicht nur, sie verbessern sie sogar.

Viele Menschen treiben keinen Sport, weil es ihnen zu anstrengend ist. Sie wollen nicht mit Geräten trainieren. Sie mögen keine Ballspiele. Sie haben kein Gefühl für Koordination. Verantwortlich für diese Vorstellungen von Sport und Bewegung sind die

Schulen und ihre Konzentration auf bestimmte Sportarten. Auch unsere Kultur des Sports generell ist dafür verantwortlich. Es ist in Ordnung, Sport zu treiben, wenn Sie das mögen. Aber es gibt so viele andere körperliche Aktivitäten, als mit einem Ball zu spielen, ob Sie ihn nun stoßen, treten oder mit ihm laufen. Wenn Sie Golf und Tennis mögen, machen Sie damit unbedingt weiter. Ich habe viele Freunde, die in Hockey-Teams für Erwachsene sind. Männer und Frauen. Sie lieben es. Und es hält sie fit. Aber nicht alle von uns sind für Mannschaftssportarten gemacht. Meine Mutter ist ihr Leben lang Ski gefahren. Meine Schwester hat gerade angefangen zu surfen. Meine beiden Schwägerinnen reiten.

Ich erfülle mir endlich einen Kindheitswunsch, indem ich tanze. Das Tanzen in der Jugend fand für mich ein Ende, als der einzige Tanzlehrer der kleinen Stadt, aus der ich komme, wegzog – genau in der Woche, als meine Stepptanzschuhe mit der Post kamen. Aber da die Seele keinen linearen Zeitverlauf kennt, ist es nie zu spät. Jetzt habe ich meine Stepptanzschuhe gegen Tangoschuhe eingetauscht.

Damit es Ihnen gut geht, müssen Sie sich bewegen. So einfach ist das. Finden Sie heraus, welche Art der Bewegung Ihnen gefällt, und ob Sie sie lieber allein machen oder in einer Gruppe. Dann fangen Sie an. Oder machen Sie weiter. Und hören Sie niemals auf.

Ihre Füße: Ihre Basis

Wenden wir uns jetzt Ihren Füßen zu. Ich habe bereits erwähnt, dass die Fußsohlen wie eine Landkarte sämtliche Organe abbilden. Die Gesundheit Ihrer Füße und Ihrer Zehen ist daher ein direkter Spiegel der Gesundheit Ihres gesamten Körpers. Versuchen Sie einmal Folgendes: Ziehen Sie die Schuhe aus, sofern Sie welche anhaben und spreizen Sie dann die Zehen so weit Sie können. Sie sollten in der Lage sein, den Raum zwischen den Zehen zu sehen. Wenn das nicht geht, müssen Sie mit Ihren Füßen arbeiten. Es gibt ein Produkt namens YogaToes, das Sie zwischen die Zehen stecken können, um die Faszien zwischen ihnen zu dehnen und zu lockern. Sie können auch mit den Fingern in die Zwischenräume der Zehen greifen – mit der rechten Hand beim linken Fuß und umgekehrt – und versuchen, alle Finger der ganzen Länge nach in den jeweiligen Zwischenraum zu schieben. Kreisen Sie dann mit dem Vorderfuß. Als meine Pilates-Lehrerin Hope Matthews mich diese Übung zum ersten Mal machen ließ, hat es unglaublich weh getan. Aber ich habe weitergeübt. Jetzt kann ich meine Finger mit Leichtigkeit von beiden Seiten mit den Zehen verschränken. Und ich mache das oft, besonders gern in der Badewanne und wenn ich einen ganzen Abend Tango getanzt habe.

Auf Hopes Webseite gibt es eine ganze Reihe von Übungen für die Füße. Meine Füße sind seither wie ausgewechselt. Informieren Sie sich unter www.sparhawkpilates.com. Sie können auf YouTube auch Videos mit Pilates-Übungen für die Füße finden.

Wir alle müssen unsere Füße regelmäßig von der Tyrannei der Schuhe befreien. Mir ist klar, dass Schuhe herrlich und sexy sein können und Teil der modischen Selbstdarstellung sind. Ich selbst habe einen ganzen »Altar« mit Tangoschuhen, um der Perfektion schöner Schuhe zu huldigen. Aber ich beschränke die Zeit, in der ich Tangoschuhe oder High Heels trage. Ich laufe in ihnen nicht länger als zwei Stunden am Stück und nur ein- oder zweimal pro Woche, höchstens. Das reicht! Schuhe sind, wie Katy Bowman in ihrem Buch *Whole Body Barefoot* so eindrücklich erklärt, regelrecht ein Gipsverband für die Füße. Sie beschneiden Ihre Fähigkeit, alle Muskeln und Gelenke im Fuß zu benutzen. Sie frieren quasi die Bewegungen des Fußes ein. Und dann, im Laufe der Zeit, bekommen Sie lauter Probleme, die komplett vermeidbar wären. Zu diesen Problemen gehören ein Fersensporn, Hammerzehen, Ballenzehen, Hühneraugen und die Unfähigkeit, im Sand barfuß zu gehen. Ich bin Dutzenden von Menschen begegnet, denen orthopädische Einlagen verschrieben wurden, um ihren Füßen zu helfen. Am Ende hatten sich die Füße so sehr daran gewöhnt und waren derart geschwächt, dass sie ohne diese Einlagen gar nicht mehr gehen konnten. Der Pfad zu gesunden, glücklichen Füßen ist dieser: Stimulieren Sie Ihre Füße und kräftigen Sie sie.

Lieben Sie Ihre Füße

Es ist leicht, die Füße in Topform zu halten. Sorgen Sie einfach nur dafür, dass Sie sich auf möglichst unterschiedliche Weise bewegen. Gehen Sie regelmäßig barfuß, ganz besonders draußen, wenn möglich. Vielleicht kaufen Sie sich eine Kieselstein-Matte, deren unebene Oberfläche die ganze Fußsohle stimuliert – und somit auch Ihren ganzen Körper. Haben Sie immer einen Tennisball in der Nähe und rollen Sie regelmäßig mit dem Fuß darüber. Trainieren Sie Ihren Fuß, indem Sie ein Handtuch mit den Zehen zu sich heranziehen. Dann schieben Sie das Handtuch wieder von sich weg, indem Sie die Zehen spreizen und den Fuß nach vorn bewegen. Diese einfachen Übungen kann jeder Mensch machen, und Sie werden erstaunt sein, wie schnell Ihre Füße darauf reagieren.

Vergessen Sie auch nicht, dass Hüft- und Knieprobleme häufig bei den Füßen und bei falschen Schuhen beginnen. Und ehrlich gesagt sind alle Schuhe, abgesehen von Barfuß- oder Minimalschuhen, die falschen. Wie Sie vielleicht wissen, wurde Müttern beigebracht, dass ihre kleinen Kinder sofort Schuhe brauchten, wenn sie zu laufen beginnen, weil die Füße angeblich Unterstützung nötig haben. Aber in dem Moment, in dem ein kleines Kind einen Schuh anzieht, verliert es den Kontakt zur Erde und fängt an, wie Frankensteins Monster zu gehen, statt leichtfüßig über die Zehenspitzen abzurollen. Ich bin sicher, dass Sie so etwas schon einmal gesehen haben. Es ist zu vielen von uns passiert.

Wenn Sie Ihre Füße gekräftigt haben, gehen Sie zu Barfuß- oder Minimalschuhen über. Ohne Absätze. Ein Absatz schiebt Ihren Körper nach vorn und verhindert die natürliche Aufrichtung Ihres Körpers. Katy Bowman schlägt vor, schicke High Heels als eine Art »Dessert« zu betrachten. Gelegentlich sind sie okay, aber nicht jeden Tag.

Zittern, Tanzen, Weinen

Wir werden mit der Fähigkeit geboren, die Emotionen, die unserem Körper schaden, auch wieder loszulassen; wie bei allen Säugetieren ist sie auch im Menschen auf natürliche Weise verankert. Erinnern Sie sich, dass ich in Kapitel 3 das Schütteln erwähnte? Wenn eine Gazelle einem Jäger entkommen ist, zittert sie. Wenn eine Mutter ein Baby auf die Welt gebracht hat, zittert sie. Unkontrollierbar. Auf diese Weise entlässt ihr Körper die intensiven Emotionen. Eine andere Möglichkeit besteht darin, zu weinen oder Geräusche von sich zu geben. Tränen enthalten Giftstoffe, die durch das Weinen ausgeschieden werden. Bewegungen, Tränen und Laute sind wie Enterhaken, die durch den Körper gehen und die chronische Anspannung lösen, die im Nervensystem, in den Muskeln und in den Faszien stecken.

Aber das Zittern und auch die Tränen oder lautes Wehklagen können erst dann beginnen, wenn man sich sicher fühlt. Und das heißt, erst dann, wenn Sie es sich – endlich – leisten können, sich zu entspannen.

Ein guter Freund von mir hatte einmal eine starke Gehirnerschütterung, als ihm ein Bootsmast auf den Kopf fiel. Er ist stark und kräftig, ein erfahrener Wettkämpfer und ein meisterhafter

Bootsbauer. Sie können sich vorstellen, dass es nicht in seiner Natur lag, sich einen Moment zu nehmen, um zu zittern und zu weinen. Aber etwa sechs Jahre nach seiner Kopfverletzung brach er während einer medizinischen Untersuchung zusammen und weinte hemmungslos, als er Einzelheiten des Unfalls erzählen sollte. Dies passierte ein paarmal. Er konnte es nicht glauben. Ich versicherte ihm, dass es damit zu tun habe, dass der Körper sich endlich sicher genug fühle, um die chronische Spannung in den Zellen freizulassen.

Es ist wichtig, dass Sie sich regelmäßig einen sicheren Ort schaffen, an dem Sie sich entspannen und loslassen können, ob durch Weinen, Zittern, Singen oder einfach nur Herumtanzen.

Denken Sie daran, dass das Ego sich in der Kindheit entwickelt, als Folge eines überstimulierten Nervensystems. Das Unterbewusstsein produziert bestimmte Glaubenssätze und Denkmuster – die häufig in Familien weitergegeben werden –, um all den Erfahrungen des Kindes einen Sinn zu geben. Wenn die Eltern das Kind zum Beispiel einfach weinen lassen, bis es sich schließlich vor Stress erbricht, kann es dadurch zu der Überzeugung gelangen, dass es sich nicht darauf verlassen kann, dass irgendwer für es da ist. Und dass es besser ist, wenn es sich nur auf sich selbst verlässt. Diese Überzeugung wird im Bindegewebe gespeichert, was sich dann darauf auswirken wird, wie das Kind auf die Welt schaut, wie es sich bewegt und wen es später im Leben anzieht.

Es muss immer wieder betont werden, dass es für ein Baby bei all den neuen Erfahrungen und Stimulationen, auf die es reagieren muss, im Laufe der Zeit einfacher ist, die Spannung im Körper zu behalten, statt sich darum zu bemühen, wieder in einen vollständig glückseligen Zustand zu kommen, in dem es sich entspannen kann. Das liegt daran, dass es für das Baby ziemlich erschütternd ist, wenn es, gerade so richtig entspannt, wieder aus diesem Zustand herausgerissen wird. Es ist leichter, einfach in einem Zustand chronischer Anspannung zu bleiben. Und mit diesem Festhalten an der chronischen Anspannung geht der Verlust der angeborenen Flexibilität einher.

Bei meiner kleinen Enkelin konnte ich miterleben, wie das alles vonstattengeht. Ihre Mutter (meine Tochter Kate) weiß, dass Babys manchmal schreien müssen, um die angesammelte Anspannung loszulassen – wie es auch Erwachsene tun –, aber dass sie vielleicht auch schreien, weil sie eigentlich schlafen wollen. (Wir alle werden reizbar, wenn wir müde sind, nicht wahr?) Wenn die kleine Penelope weinen muss, stellen ihre Eltern einen Timer auf fünf Minuten und halten sie fest, während sie sich ausweint. Sie sprechen währenddessen mit ihr. Wenn sie nach fünf Minuten immer noch weint, versuchen sie, das Kind auf jede erdenkliche Weise zu beruhigen – ob sie sie wiegen, mit ihr hüpfen oder etwas singen. Fast ausnahmslos – es sei denn, es handelt sich um eine Unmenge an neuen Eindrücken wie zum Beispiel bei einer Flugreise – hört sie nach fünf Minuten auf zu weinen. Das schreiende Kind ist zu einem zufriedenen, glücklichen Baby geworden, das leicht einschläft. Aufgrund dieser liebevollen Fürsorge ist Penelope grundsätzlich ein sehr fröhliches Kind.

Ich glaube, das Gleiche gilt für alle Menschen, auch für uns Erwachsene. Könnten wir uns wirklich sicher fühlen und hätten wir einen Platz, an dem wir – wenn nötig – uns ausweinen und schlafen könnten, wann immer uns danach wäre, würden unsere Faszien nicht so verkleben. Wir hätten nicht die gesundheitlichen Probleme, mit denen wir uns herumschlagen.

Ungeweinte Tränen und unterdrücktes Weinen machen sich im Körper als Druck in den Zellen bemerkbar, was zu entzündlichen Prozessen führen kann. Viele Erwachsene unterdrücken die Tränen sofort, wenn sie sie aufsteigen spüren, um wieder die Kontrolle über alles zu haben. Das haben sie in der Kindheit gelernt. Besonders Männer werden darauf getrimmt, niemals zu weinen oder Verletzlichkeit oder Schwäche zu zeigen. Weit hilfreicher wäre es jedoch, wenn starke Emotionen auftauchen, abzuschätzen, ob man sich gerade an einem sicheren Ort aufhält, und die Tränen gegebenenfalls dann fließen zu lassen. Sollten Sie sich nicht an so einem Ort befinden, lassen Sie Ihren Körper wissen, dass Sie sich ihm später widmen. Und wenn es dann so weit ist, gestatten Sie sich, ganz in den Schmerz hineinzugehen. Schreien Sie ihn heraus. Heulen Sie richtig. Liegen Sie still da, bis die Tränen aufsteigen. Und zittern Sie, wenn Ihr Körper den Drang danach verspürt. Zuerst fühlt es sich vielleicht so an, als würden Sie niemals aus dem Schmerz wiederauftauchen, wenn Sie es zulassen, ungeweinte Tränen zu vergießen. Aber Sie werden feststellen, dass der Körper seine eigene Intelligenz hat. Wie ein Baby, das in Sicherheit weinen kann, weiß auch Ihr Körper, wie er sich richtig ausweint. Sie werden zehn Jahre jünger aussehen, wenn es vorbei ist. Der Druck in Ihren Zellen wird sich gelöst haben. Sie werden mit einem neuen Grad an Freude und Freiheit wieder auftauchen. Wenn Sie sich selbst die Freiheit nehmen, einfach zu weinen, wenn es nötig ist, ist das Risiko wesentlich geringer, dass Sie verklebte Faszien entwickeln, die Ihre Bewegungen einschränken.

Ist das nicht ein gutes System? Eine eingebaute Entgiftung. Ohne Batterien. Versuchen Sie es beim nächsten Mal, wenn Sie spüren, dass die Tränen aufsteigen und Ihre Kehle sich schließt. Langsam und tief zu atmen hilft auch sehr. Atmen Sie zehnmal langsam und tief durch die Nase ein und aus, wann immer Sie sich gestresst fühlen oder einfach nur das Bedürfnis haben, ein kleines bisschen Glückseligkeit zu spüren. Das kann Wunder wirken. Und Ihr Körper wird es Ihnen danken.

Kapitel 10

Essen Sie gut und kümmern Sie sich um Ihren inneren Garten

Die wahre Reform der Gesundheitsfürsorge beginnt in der Küche, nicht in Washington.

Anonym

Obwohl wir weit mehr sind als das, was wir essen, funktioniert unser Körper doch am besten, wenn er hochwertigen Brennstoff erhält. Wenn Sie an eine Zapfsäule fahren, haben Sie auch mehrere Möglichkeiten zur Auswahl – Normal, Super oder Super Plus. Alle Autos fahren am besten mit Super Plus. Es verbrennt besser und hinterlässt weniger Rückstände. Genauso ist es mit Ihrem Körper.

In dem, was Sie essen, sind die Bausteine enthalten, die zu Ihrem Bindegewebe und Ihren Organen werden. Als ich meine Facharztausbildung in Chirurgie machte und mich regelmäßig im OP aufhielt, erstaunte mich, wie unterschiedlich sich die Haut und das Gewebe von Menschen anfühlen kann. Einige hatten ein widerstandsfähiges, starkes Bindegewebe. Bei anderen – selbst dann, wenn sie noch nicht volljährig waren – war das Bindegewebe so schwach und von so schlechter Qualität, dass man es mit bloßen Fingern auseinanderziehen konnte, nachdem man eine

Bauchhöhleneröffnung gemacht oder verschiedene Organe aus dem Weg geschoben hatte. Bei gesundem Gewebe waren eine Schere oder ein Messer nötig, um es zu trennen. Einer meiner Professoren bezeichnete das schwache Zeug als »Taco-Gewebe«, weil es hauptsächlich von einer Ernährung herrührt, die aus viel Fast Food, vielen einfachen Kohlehydraten und wenig frischem Obst und Gemüse und Proteinen besteht.

Wenn erfahrene Körpertherapeuten Menschen berühren, um ihre Faszien zu dehnen oder ihre Muskeln zu massieren, können sie sofort die Qualität des Gewebes erkennen. Und die Qualität des Gewebes verbessert sich massiv durch eine Vollwerternährung mit Bio-Lebensmitteln. Hochwertige Vollwertprodukte – die in einem Boden mit einem hohen Nährstoffgehalt gewachsen sind – sind nicht nur lebenswichtig, um so gesund wie möglich zu sein, sondern auch, um sich von Krankheiten zu erholen. Ich weise gern darauf hin, dass eine Ernährung aus Bio-Vollkornnahrung so etwas ist wie die Muttermilch von Mutter Erde persönlich. Und so wenig, wie sich die Muttermilch als optimale Nahrung für Säuglinge ersetzen lässt, lassen sich Nahrungsmittel ersetzen, die direkt in der freien Natur gewachsen sind oder aus dem Meer kommen.

Welche Ernährung ist die beste?

Es herrscht kein Mangel an Büchern, die einem sagen, was man essen soll. Das Problem ist, dass sie sich häufig widersprechen. Jahrzehntelang predigte man die Vorteile einer fettarmen Ernährung. Daneben gab und gibt es die begeisterten Anhänger der Rohkost, die dafür sind, Nahrungsmittel niemals zu erhitzen, damit die Enzyme nicht zerstört werden. Jetzt ist das Pendel wieder zurückgeschlagen. Fett ist nicht mehr der Feind, wie er es die vergangenen 40 Jahre war, der neue Feind heißt raffinierter Zucker.

Seit Jahrzehnten habe ich, was Ernährungsweisen und -lehren angeht, an vorderster Front gestanden. Ich habe miterlebt, wie bedeutsam Essen als Medizin ist. Ich habe Menschen gesehen, die dramatische Heilungsprozesse durchliefen, indem sie einfach nur ihre Ernährung umgestellt haben. Und ich habe selbst jede Ernährung ausprobiert, die der Menschheit bekannt ist – von fettarm und vegan bis zu makrobiotisch, von Atkins bis zur ketogenen Ernährung. Ich wurde mit Biokost und wertvollen Nahrungsergänzungsmitteln großgezogen, lange bevor dies populär war. Ich habe fast alle Kochbücher, Ernährungsbücher und Bücher zum gesunden Essen gelesen, die je geschrieben wurden. Und ich habe Tausenden von Frauen geholfen, gesünder zu werden, Frieden mit ihrem Gewicht zu schließen und zu lernen, köstliches Essen zu genießen. Mein Interesse am Essen und an der Ernährung hängt zum großen Teil – abgesehen von meiner Tätigkeit als Ärztin – mit meinem jahrzehntelangen Kampf gegen mein Gewicht zusammen. Ich war immer der Meinung, 10 bis 20 Pfund Übergewicht zu haben. Und das geht ganz sicher nicht nur mir so.

Grundsätzlich kann man sagen, dass es keine Lehre gibt, die für alle gilt. Menschen sind unterschiedlich und sprechen auf jeweils verschiedene Ernährungsweisen an. Während die einen von einer fettarmen Ernährung profitieren, nehmen die anderen davon zu oder werden depressiv. Sie werden also etwas herumexperimentieren müssen, um herauszufinden, welche Ernährungsweise Ihnen guttut. Trotzdem gibt es ein paar erprobte Regeln, die für alle gelten, die sich gesund ernähren wollen.

Regel 1: Folgen Sie der 80-20-Regel

Wenn Sie gesund sind, sollten Sie eine Ernährung bevorzugen, die zu 80 Prozent aus Vollkornprodukten, natürlichen und überwiegend pflanzlichen Lebensmitteln besteht. Ich meine damit Gemüse, Obst, Nüsse und Hülsenfrüchte – und zwar wenn möglich biologisch. Tierische Nahrungsmittel sollten eher so etwas wie ein Gewürz sein. Wenn Sie tierische Proteine zu sich nehmen, sollten Sie darauf achten, dass sie von freilaufenden beziehungsweise auf der Weide gehaltenen Kühen, Hühnern, Rindern, Schweinen oder von Wild stammen. Die meisten Menschen brauchen hin und wieder tierisches Eiweiß, um sich richtig wohlzufühlen. Manche vertragen Milchprodukte oder Eier nicht gut. Und fast alle täten gut daran, ihren Konsum an Getreide zu reduzieren.

Was die restlichen 20 Prozent Ihrer Ernährung betrifft, sollten Sie gnädig mit sich sein. Gehen Sie auf die Party und amüsieren Sie sich. Lassen Sie sich nicht stressen von Überlegungen, was Sie essen. Stellen Sie sich vor, Sie würden aus einem Flugzeug steigen, in dem es absolut nichts Essbares gab, so dass Sie schier am Verhungern sind und gar nicht anders können, als sich auf den ersten Bissen zu stürzen, den Sie finden – auch wenn es eine Zimtschnecke ist. Geißeln Sie sich nicht dafür, dass Sie ein Mensch sind. In Ihren Adern fließen Tausende von Jahren der Evolution, und das Hauptanliegen dieser Kraft besteht darin, dass Sie überleben – indem Sie das süßeste, fetteste Essen zu sich nehmen, das Sie nur finden können. Auf diese Weise können Sie einen langen Winter oder lange Hungerzeiten überstehen. Sie sollten es nur nicht ständig tun. Aber mit der Zeit wird Junkfood vermutlich sowieso keine Anziehungskraft mehr auf Sie ausüben. Es wird einfach aus Ihrem Leben verschwinden.

Glücklicherweise wird es immer leichter, sich von biologischen Produkten zu ernähren; es gibt inzwischen nicht nur Bauernmärkte und Restaurants, die ihre Lebensmittel direkt vom Erzeuger beziehen, sondern auch das Prinzip der sogenannten Bio-Kiste, wo einem regional erzeugte Bio-Lebensmittel direkt nach Hause geliefert werden. Weil es sehr teuer sein kann, sich von Bio-Kost zu ernähren, ist es sinnvoll, sich darüber zu informieren, welches Gemüse und Obst besonders stark beziehungsweise besonders gering mit Pestiziden und schädlichen Chemikalien belastet ist. Kaufen Sie klug, wenn Sie nicht ausschließlich auf biologisches Gemüse und Obst setzen können.

Planung ist alles, wenn Sie sich daranmachen, sich gesund zu ernähren. Füllen Sie Ihre Vorratsschränke und Ihren Kühlschrank mit guten Produkten. Bereiten Sie am Sonntag – oder an einem Tag Ihrer Wahl – Speisen vor, die Sie dann im Laufe der Woche immer schnell zur Hand haben. Es ist wichtig, dass Sie jederzeit rasch auf gutes Essen zugreifen können, damit es nicht leichter ist, sich eine Pizza kommen zu lassen, die sehr schnell in Zucker aufgespalten wird (ob Sie es glauben oder nicht) und einfach kein gutes Grundnahrungsmittel darstellt. Es gibt Dutzende von Büchern, die Ihnen helfen können. Ich empfehle alles von Kris Carr oder Mark Heyman. Sowohl Anthony Williams *Mediale Medizin* als auch David Ludwigs *Nimmersatt?* sind äußerst informativ. Ebenso David Perlmutters *Dumm wie Brot – Das Kochbuch* und William Davis' *Weizenwampe.* Joan Borysenkos *The PlantPlus Diet Solution* schätze ich besonders, weil es sich dem individuellen Aspekt der passenden Ernährung widmet. Alle diese Bücher enthalten köstliche Rezepte. Ja, es gibt einander widersprechende Aussagen darin, aber vieles ist auch gleich! Es sind sehr gute Informationsquellen, um anzufangen.

Nahrungsmittel mit Liebe anreichern

Sie müssen nicht aufs Essen verzichten, wenn Sie irgendwo sind, wo es nicht die Speisen gibt, die Sie normalerweise zu sich nehmen. Wenden Sie sich einfach der Liebe zu.

Akzeptieren Sie Ihren Fastfood-Burger oder das Fisch-Sandwich oder den Salat oder die Pommes, und bevor Sie den ersten Bissen zu sich nehmen, segnen Sie dieses Essen mit der heilenden Kraft der göttlichen Liebe. Sagen Sie etwas wie: »Mit meinem Geist und der Hilfe der Engel bringe ich göttliche Liebe in diese Speise. Ich bitte darum, dass sie sicher hergestellt wurde und gesund für mich ist. Ich bitte darum gemäß dem Willen des Schöpfers.« Atmen Sie dann tief durch die Nase ein, halten Sie die Luft ein paar Sekunden an und atmen Sie danach stoßweise durch die Nase aus.

Es gibt noch eine andere Möglichkeit, wie Sie weniger gutes Essen mit Liebe aufladen können: Spüren Sie die Liebe, die bei der Zubereitung in die Speise mit eingeflossen ist. Wenn jemand Sie zum Essen zu sich einlädt, sind die servierten Speisen häufig im Geist der Liebe entstanden – auch dann, wenn es sich nicht um die glutenfreie vegane Kost handelt, die Sie sonst vielleicht bevorzugen. Sollten Sie sich aber streng an eine spezielle Ernährung halten müssen, achten Sie darauf, Ihre Gastgeber *vorher* darüber zu informieren. Und tun Sie ihnen den Gefallen und bringen Sie Ihr eigenes Essen mit. Erwarten Sie nicht von ihnen, dass sie etwas für sie völlig Ungewohntes kochen müssen. Wenn Sie aber nicht krank sind und kein Risiko darin besteht, das servierte Essen zu sich zu nehmen, sollten Sie es folgendermaßen tun. Fragen Sie sich: »Wurde das Essen mit Liebe zubereitet?« Es besteht die große Chance, dass es mit der Liebe und Fürsorge derjenigen angereichert ist, die es für Sie zubereitet haben. Dies sind die Fälle, in denen Essen wirklich Liebe *ist.* Also genießen Sie es einfach in dem Wissen, dass die Energie der Liebe und der Fürsorge sich mit dem Essen verbunden hat. Sie können zusätzlich – weil es nur helfen kann – göttliche Liebe ins Essen bringen. Und dies ist der kurze Weg: »Ich bringe göttliche Liebe in dieses Essen.« Jetzt atmen Sie ein, halten Sie den Atem einen Moment an und atmen Sie stoßweise wieder aus. Das war's.

Regel 2: Vermeiden Sie süchtig machende Zusatzstoffe in Lebensmitteln

Die meisten industriell verarbeiteten Lebensmittel sind mit hochgradig süchtig machenden Substanzen angereichert, die Sie dazu bringen sollen, zu viel zu essen. Der größte Übeltäter ist hier das Mononatriumglutamat. Mononatriumglutamat findet sich in vielen industriell verarbeiteten Lebensmitteln und kommt unter vielen verschiedenen Namen daher (aufgelistet im nächsten Kasten), von denen »Geschmacksverstärker« vielleicht der verwirrendste ist. 80 Prozent aller natürlichen Geschmacksstoffe – selbst diejenigen, die sich in Nahrungsmitteln in Reformhäusern finden – enthalten Mononatriumglutamat. Dies hat damit zu tun, dass Geschmacksverstärker in den Vereinigten Staaten das Protein Hydrolysat enthalten dürfen, das wiederum bis zu 20 Prozent Mononatriumglutamat Massenanteil enthalten kann. Vertrauen Sie niemals blind, nur weil auf einem Lebensmittel »natürlich« oder gar »Bio« steht.

Mononatriumglutamat – in seinen vielen Verkleidungen – verstärkt die Esssucht und das Binge-Eating, weil der exzitotoxische Effekt das Hirn stimuliert, immer weiterzuessen. In Labors wird es tatsächlich eingesetzt, um bei Mäusen Fettleibigkeit zu erzeugen. Unglücklicherweise geschieht bei Menschen das Gleiche. Die Substanz kann außerdem Kopfschmerzen erzeugen, Schweißausbrüche, Herzrasen, Brustschmerzen, Übelkeit und eine Reihe anderer Reaktionen.

Mononatriumglutamat in seinen vielen Erscheinungsformen

Wenn Sie eine der folgenden Zutaten auf der Verpackung eines Lebensmittels finden, das Sie kaufen wollen, stellen Sie es wieder ins Regal zurück! Darin ist Mononatriumglutamat enthalten – oder ein Ersatzstoff, auf den Ihr Körper genauso reagiert:

- Monosodiumglutamat
- Glutamat
- Hydrolisiertes Pflanzeneiweiß
- Hefeextrakt
- Gelatine
- Proteinhydrolysat
- Natürliche Aromastoffe
- Senomyx (ein Mononatriumglutamat-Ersatzstoff)

So gut wie 100 Prozent der konventionell hergestellten Snacks in den Mittelgängen der Supermärkte sind mit Mononatriumglutamat angereichert. Genau deshalb können Sie es nicht dabei belassen, nur einen zu essen – und ich meine nicht ein Stück. Sie essen die ganze Tüte leer – und dann wollen Sie noch die nächste. Obwohl Ihnen klar ist, dass Sie sich am nächsten Tag schrecklich fühlen werden. Die großen Lebensmittelhersteller wissen, wie sie Sie süchtig halten. Sparen Sie sich die inneren Kämpfe, die Sie ausfechten müssen, wenn Sie versuchen aufzuhören, indem Sie gar nicht erst anfangen.

Ein anderer Übeltäter in Fertiggerichten sind gehärtete Fette, die das Haltbarkeitsdatum drastisch verlängern. Das Problem ist, dass alle gehärteten Fette in einem Labor chemisch hergestellt werden und Auswirkungen auf die normale Zellfunktion und die Hirnfunktionen haben. In der Natur gibt es sie nicht. Sie gelten auch als Karzinogene.

Die Süßstoffe Aspartam, Sucralose und Saccharin sind weitere süchtig machende und schädliche Nahrungszusatzstoffe. Die Liste der Krankheiten, die mit dem Verzehr dieser Substanzen einhergeht, ist zu lang, um sie in Gänze wiederzugeben, aber sie schließt Zustände ein wie Hyperaktivität, Krämpfe, Kopfschmerzen, Panikattacken, Halluzinationen, Übelkeit, Durchfall und viele andere. Es ist auch möglich, dass diese Süßstoffe Fettleibigkeit und damit verwandte Probleme wie Diabetes begünstigen, weil sie das Bakteriengleichgewicht in Ihrem Darm durcheinanderbringen. Dieses Zeug ist grundsätzlich schädlich, also lassen Sie es liegen.

Weil Fertiggerichte Ihrer Gesundheit so abträglich sind, ist es das Beste, Sie lesen genau, was auf der Verpackung steht. Es gibt aber auch ein paar Faustregeln, die Ihnen beim Einkaufen helfen können:

- Je salziger ein industriell verarbeitetes Produkt ist, desto wahrscheinlicher ist es, dass es Mononatriumglutamat enthält.
- Je stärker ein Produkt industriell verarbeitet ist, desto wahrscheinlicher ist es, dass es Mononatriumglutamat enthält. So gut wie alle konventionell hergestellten Tütensuppen enthalten Mononatriumglutamat. Ebenso Brühwürfel.

- Je mehr Inhaltsstoffe ein Fertiggericht hat, desto höher ist die Wahrscheinlichkeit, dass sich auch Mononatriumglutamat darunter befindet.
- Wenn etwas süß ist, aber nicht viele Kalorien hat, sind wahrscheinlich Süßstoffe darin enthalten.
- Light-Produkte, Diät-Produkte und zuckerfreie Produkte enthalten in aller Regel Süßstoffe.
- Je länger die Liste der Inhaltsstoffe ist, desto höher ist die Chance, dass dieses Lebensmittel nicht gut für Sie ist.

Regel 3: Machen Sie sich schlau über Gluten

Wohin Sie auch blicken, überall finden Sie Nahrungsmittel mit Weizen. Aber der Weizen von heute ist nicht mehr das, was er einmal war. In seinem Buch *Weizenwampe* erklärt der Kardiologe William Davis, dass der Weizen, den wir heute zu uns nehmen, sich weit von dem von vor 50 Jahren entfernt hat; er ist genetisch bis zur Unkenntlichkeit modifiziert worden. Weizen, ebenso wie die meisten anderen glutenhaltigen Getreidesorten, enthält außerdem Gliadin, ein Protein, das – neben anderen – für viele Zellen im Körper toxisch ist. Wenn Gliadin eingenommen wird, gelangt ein Teil davon unvermeidlich in die Blutbahn. Das Immunsystem kennzeichnet es dann als etwas, das zu zerstören ist, aber weil Gliadin dem Schilddrüsengewebe sehr ähnelt, kann sich diese Immunreaktion auch ungünstig auf die Schilddrüse auswirken. Dies bringt eine Entzündungsreaktion in Gang, die das Schilddrüsengewebe zerstört. Menschen mit Schilddrüsenproblemen, darunter Morbus Basedow und Hashimoto-Thyreoiditis, sollten Gluten vollständig meiden. Nicht nur ein bisschen. Richtig.

Eine gute Freundin von mir hat seit langem mit einer Schilddrüsenunterfunktion zu tun. Sie verzichtete einen Monat lang strikt auf Gluten und nahm 20 Pfund ab. Sie fühlte sich fantastisch. Als sie dann mit ihrer Familie unterwegs war, aß sie einen Muffin. Und nahm 10 Pfund zu. Innerhalb von zwei Tagen. Sie hat einen Doktor in Ernährungswissenschaften und ist Krankenschwester, sie hat das nicht erfunden. Durch den einen Muffin ist ihr System um Monate zurückgefallen. Sie hat dadurch gelernt, dass für sie null Toleranz bei Gluten herrscht. Viele andere Menschen haben die gleiche Erfahrung gemacht.

Lange hielten wir Gluten-Überempfindlichkeit für eine sehr seltene Erscheinung und diagnostizierten sie nur bei jenen, die wirklich unter Zöliakie litten. Angesichts der gewaltigen Veränderungen des Weizens und den riesigen Mengen an raffiniertem Mehl, das viele in Form von Brezeln, Crackern, Pasta und Brot zu sich nehmen, denke ich, dass die Mehrheit der Menschen Gluten nicht gut verträgt und Getreide so weit wie möglich vom Speiseplan streichen sollte. Häufig lassen sich dadurch Phänomene wie Gelenkschmerzen, Übergewicht, Nebenhöhlenprobleme und alle möglichen Allergien zum Verschwinden bringen – und das ist nur der Anfang. Der Neurologe David Perlmutter hat nachgewiesen, wie schlecht Getreide fürs Gehirn ist. In seinem bahnbrechenden Buch *Dumm wie Brot* verrät er alles darüber. Viele Menschen haben sich vollständig von ihrer Epilepsie geheilt, indem sie eine getreidefreie Ernährung befolgten. Der Verzehr von Getreide wird außerdem mit Demenz in Verbindung gebracht. Das liegt zum Teil daran, dass Getreideprodukte schnell in Zucker umgewandelt werden, und wie wir mittlerweile wissen, ist Alzheimer eigentlich Diabetes Typ 3. Ganz genau – es ist verbunden mit hohem Blutzucker.

Vielleicht kommen Sie jetzt auf die Idee, Ihren Blutzucker überprüfen zu lassen, weil Sie Ihr Brot einfach zu sehr *lieben* und sich nicht vorstellen können, darauf zu verzichten. In diesem Fall sollten Sie bedenken, dass sich eine Glutenunverträglichkeit durch medizinische Standarduntersuchungen nicht nachweisen lässt. Verschwenden Sie also nicht Ihre Zeit und Ihr Geld, indem Sie versuchen herauszufinden, ob Sie eine Intoleranz gegenüber Gluten haben. Lassen Sie einfach zwei Wochen lang alles Getreide weg. Dann essen Sie wieder etwas und beobachten, was passiert.

Es gibt ein paar glutenfreie Getreidesorten wie Kamut oder Quinoa, die köstlich schmecken. Verwenden Sie sie in bescheidenen Mengen, nicht als Grundnahrungsmittel. Sie können auch Pasta aus Bohnen machen, etwa Bio-Spaghetti aus schwarzen Bohnen. Wenn Sie Gluten von Ihrem Speiseplan streichen, wird sich Ihnen eine ganz neue Welt des Geschmacks und der Gesundheit eröffnen.

Allerdings muss ich auch ein bisschen vor glutenfreien Produkten warnen. Als Reaktion auf den Druck des Marktes stellen inzwischen viele Unternehmen glutenfreie Nahrungsmittel her, in die sie als Ersatz für Weizen Kartoffelstärke oder Tapioka mischen. Irgendwann las ich die Zutatenliste auf der Verpackung des glutenfreien Brotes, das mir so schmeckte und das angeblich aus Hirse und Chiasamen bestand. Ich fand darauf: Wasser, Tapiokastärke, braunes Reismehl, Hirse, Eiweiß, Maissirup, Rohrzuckersirup, Kartoffelstärke, trockene Melasse, Maisstärke und einen Haufen von Chemikalien. Kein Wunder, dass ich es so mochte! Das Brot bestand hauptsächlich aus Zucker – oder aus Zutaten, die schnell zu Zucker werden. Da hätte ich auch gleich Bonbons essen können!

Mittlerweile halte ich mich auch von glutenfreiem Brot und Gebäck weitgehend fern. All diese Nahrungsmittel sind mit Zucker angereichert. Täuschen Sie sich also nicht und denken, ein Plätzchen ist gut für Sie, nur weil es glutenfrei ist. Das ist nicht so. Es gibt einige gesunde glutenfreie Produkte, aber viele davon finden Sie nicht in einem normalen Lebensmittelgeschäft. Ich habe ein köstliches Brot gefunden, das regional gebacken wird und das ich hin und wieder esse. Schauen Sie sich die Zutaten an: ungebleichtes Weißmehl, Wasser, steingemahlenes Roggenmehl, Wasser, Hefe, Kümmelsamen und Salz. Das ist alles. Das ist eindeutig die rundherum gesündere Wahl.

Regel 4: Nicht jeder Zucker ist schlecht

Wir alle werden mit einer Vorliebe für Süßes geboren. Muttermilch besteht im Wesentlichen aus Zuckerwasser, das von Mutter Natur mit allen möglichen Zusätzen angereichert wurde, die das Immunsystem stärken. Die gleiche liebende Kraft, die uns die Vorliebe für Süßes mitgegeben hat, bietet uns auch eine gesunde und natürliche Möglichkeit, wie wir unser Verlangen stillen können: durch Früchte. Halten Sie einen Moment inne und überlegen Sie, wie symbolisch dieses Wort Eingang in die Alltagssprache gefunden hat: *Das Unterfangen hat Früchte getragen. Seid fruchtbar und mehret euch. Das Fruchtwasser.*

Ja, ich weiß, dass in Früchten Zucker enthalten ist. Aber es ist nicht der gleiche Zucker wie der konzentrierte, raffinierte, der – angefangen von Suppen bis zu Softdrinks – sehr vielen Nahrungsmitteln zugefügt wird und so Speisen erzeugt, die es in der Natur nicht gibt. Früchte enthalten alle Arten von Antioxidanzien und Fasern, die gut für uns sind. Anthony Williams weist darauf hin, dass der Zucker in Früchten unseren Magen sehr schnell verlässt und in unsere Zellen übergeht, um dort als Brennstoff zu dienen.

In seinem Buch *Mediale Medizin* hat Anthony ein ganzes Kapitel den gesunden Bestandteilen von Früchten gewidmet, das einem die Augen öffnet. Er lobt den Wert der – jetzt kommt's – Kartoffel. Nicht der gebackenen Kartoffel, die mit Sauerrahm, Speck und Butter »beladen« ist. Einfach die schönen Kartoffeln, wie es sie überall auf der ganzen Welt gibt, ganz besonders die kleinen, biologisch angebauten mit roter oder vielfarbiger Schale. Bis ich Anthonys Meinung über Früchte und Kartoffeln und ihren Nutzen kennenlernte, habe ich das alles gemieden – abgesehen von Beeren und einem Apfel dann und wann –, weil ich mir Sorgen wegen des Zuckers machte.

Die Überzeugung »jeder Zucker ist schlecht und man nimmt davon zu« hatte sich so tief in mir eingebrannt, dass ich richtiggehend Angst davor hatte, die Entgiftung durchzuführen, die Anthony in seinem Buch vorstellt. Diese Entgiftung besteht darin, 28 Tage lang hauptsächlich Früchte und Gemüse zu verzehren, und zwar roh. Schließlich machte ich eine Variante davon, die sich als sehr zufriedenstellend herausstellte. Die Variante habe ich deshalb vorgezogen, weil ich während des Maine-Winters die kalten Lebensmittel nicht ertrug. Stattdessen habe ich mir zum Abendessen einfach ein paar Kartoffeln, Zwiebeln und Süßkartoffeln gebacken und dazu einen grünen Salat mit einer köstlichen Avocado und einem Dressing aus Orangensaft und Korianderessig gegessen. Abgesehen davon habe ich alles roh gegessen. Jeden Morgen startete ich mit einem Smoothie aus gefrorenen wilden Maine-Blaubeeren, Bananen, Pfirsichen, Bio-Erdbeeren oder -Himbeeren, Äpfeln und vielleicht etwas Spinat oder Gerstengras-Pulver. Und ein paar Datteln. Und einem Spritzer Zitronensaft.

Ich fand diese Art zu essen so befriedigend und köstlich, dass ich gar nicht mehr damit aufhören wollte – und es auch nicht getan habe. Inzwischen füge ich einfach hin und wieder ein bisschen Fisch oder Hühnchen hinzu. Und ich koche Gerichte mit Bohnen. Meine früheren Gelüste nach Zucker, Koffein, Gebackenem und Getreide sind einfach verschwunden. Ich habe festgestellt, dass Anthony recht hat: Wenn Sie zulassen, dass die Natur Sie mit den Früchten ernährt, die sie für Sie hervorgebracht hat, wird Ihr Körper sagen: »Ja. Danke.« Meine morgendlichen Smoothies sind zu einem Grundbestandteil meiner Ernährung geworden. Und wenn ich sie meinen Gästen serviere, führt das immer wieder zu schwärmerischen Reaktionen.

Da Sie jetzt wissen, dass Früchte nicht Ihr Feind sind, stellt sich die Frage, was mit dem anderen Zucker und Süßungsmitteln ist.

Einige sind okay. Andere nicht. Es ist in Ordnung, hin und wieder ein bisschen Honig oder Ahornsirup zu verwenden. Oder Dattelzucker.

Wenn es um kalorienfreie Süßungsmittel geht, ist es am besten, zu ein bisschen Stevia zu greifen. Mit Betonung auf ein *bisschen.*

Stevia ist ein Naturprodukt, es stammt direkt von der Stevia-Pflanze und hat keine ungünstigen Nebenwirkungen. Seine süßen Blätter werden seit Jahrhunderten verwendet, und im Laufe des vergangenen Jahrzehnts sind alle möglichen Arten von Produkten mit Stevia auf den Markt gekommen. Es ist leicht, Stevia im eigenen Garten anzubauen, was ein Vorteil ist, weil man auf diese Weise genau kontrollieren kann, wie es hergestellt wird.

Sie fragen sich vielleicht, wieso Sie nur ein bisschen davon nehmen sollen, wenn es doch so viele Vorteile hat.

Als ich mit dem Endokrinologen und Esssucht-Experten Dr. David Ludwig sprach, dem Autor von *Nimmersatt? Warum wir Fett brauchen, um schlank zu werden,* und seiner Frau, der Vollwert-Köchin Dawn, erfuhr ich, dass die intensive Süße von Stevia bei vielen Menschen zu einem Übeltäter werden kann, der einen Gewichtsverlust verhindert. Fettzellen haben »Geschmacksknospen«, die dem Abtasten und Beobachten der Umgebung dienen. Es ist möglich, dass allein durch den bloßen Geschmack der Süße die Insulin-Produktion ansteigt, verbunden mit Signalen für die Fettzellen, weiter Fett zu lagern.

Die Ludwigs schlugen mir nach dem Gespräch vor, Stevia zu meiden – zwei Wochen lang, und auch alles andere, das süß schmeckte, auch Früchte. Dadurch sollten sich meine Geschmacksknospen wieder normalisieren. Mir wurde bewusst, dass ich ziemlich süchtig nach Süßem war und diese Aufgabe eine ziemliche Herausforderung darstellte. Um mir zu helfen, schlugen sie vor, ich solle mehr gesunde Fette in meine Nahrung aufnehmen, wodurch sich mein Sättigungsgefühl steigern sollte. Widerstrebend erklärte ich mich einverstanden, mich von Süßem zu verabschieden, und nach zwei Wochen hatten sich meine Geschmacksknospen dramatisch verändert – sie hatten ihren ursprünglichen Zustand wieder angenommen. Früchte schmeckten jetzt unglaublich süß, weitaus süßer als je zuvor. Und mein Wunsch nach Stevia im Eistee und Kaffee hatte dramatisch abgenommen. Ich brauchte jetzt nur ein oder zwei Tropfen – deutlich weniger als zuvor. Als Folge davon bin ich gesünder geworden. Außerdem ist mein Verlangen nach Süßem verschwunden.

Abgesehen von den verhältnismäßig gesunden Süßungsmitteln, die ich zuvor aufgelistet habe, ist es am besten, Zucker zu vermeiden, denn wenn man ihn isst, lässt das den Blutzuckerspiegel nach oben schnellen, was schlecht für Ihre Gesundheit ist. Der Schaden durch einen regelmäßig erhöhten Blutzuckerspiegel entsteht langsam und schleichend. Er ist die Hauptursache der Entzündungsprozesse, die ihren Anteil an allen Arten von Gesundheitsproblemen haben.

Denken Sie daran, dass eine Ernährung, die wenig Fett verwendet, kaum die Mittel hat, den Blutzucker stabil zu halten. Eine Ernährung, die Fett ausschließt, ist auch nicht sehr befriedigend, denn sie schmeckt einfach nicht gut. Um Geschmack und Genuss zu verbessern, wird dann gewöhnlich eine Menge Zucker hinzugefügt. So wie bei glutenfreien Produkten.

Labortests zur Bestimmung der Stabilität des Blutzuckers

Um zu wissen, wie es um Ihren Blutzucker bestellt ist, gibt es ein paar einfache Bluttests, die ich empfehlen würde.

- **Insulintoleranztest (auch oraler Glukose-Toleranztest genannt):** Dieser Test misst Ihren Insulinspiegel ein oder zwei Stunden nach der Einnahme eines glukosehaltigen Getränks mit 75 g Glukose. Ihr Insulinspiegel im nüchternen Zustand weicht als Erstes vom Normalwert ab, wenn Sie eine Ernährung betreiben, die Ihren Blutzucker hochtreibt. Dieser Test wird Ihnen zeigen, dass irgendwann Probleme auftauchen werden, wenn Sie weiter an Ihren Ernährungsgewohnheiten festhalten – lange bevor Ihr Blutzuckerspiegel ein Risiko für Diabetes zeigt. Der Test ist ein Frühwarnsystem.
  Als Alternative zu diesem Test bietet es sich an, ein billiges Blutzuckermessgerät in der Apotheke zu kaufen und selbst Ihren Blutzucker zu testen. Die Handhabung ist leicht. Testen Sie Ihren Blutzucker morgens gleich als Erstes. Der Nüchtern-Blutzuckerwert sollte zwischen 70 und 85 mg/dl liegen. Zwei Stunden nach dem Essen testen Sie ihn erneut. Dann sollte er nicht höher sein als 120 mg/dl.
- **Hämoglobin A1c:** Dieser Test misst den durchschnittlichen Blutzuckerwert der vergangenen sechs Wochen, indem er den Prozentanteil des glykierten Hämoglobins bestimmt – den Anteil Ihres Hämoglobins, der mit überschüssigem Blutzucker »karamellisiert«. Er sollte bei 5,5 Prozent oder darunter liegen. Mehr als 6,0 bedeutet, dass Sie Diabetes haben. Ihr normaler Glukosewert in nüch-

ternem Zustand sollte zwischen 75 und 80 mg/dl liegen. Alles darüber ist ein Risikofaktor.

Falls eines dieser Testergebnisse höher als normal ausfällt, ist es an der Zeit, dass Sie sich ernsthaft darum bemühen, den Zucker in Ihrer Ernährung einzuschränken.

Zucker zu vermeiden kann schwierig sein, weil er in fast jedem Fertiggericht enthalten ist – sogar in Nahrungsmitteln, die uns gar nicht süß vorkommen. Tomatensauce? Salatdressing? Lesen Sie, was auf den Verpackungen steht und meiden Sie auch Produkte mit etwas wie Rohrzucker oder Maissirup darin. Schauen Sie sich die weiteren Namen für Zucker im folgenden Kasten an.

Ich habe Ihnen bereits vorgeschlagen, Getreide zu meiden. Das betrifft auch Frühstückszerealien. Es ist schockierend, wenn man begreift, dass all die industriell verarbeiteten so beliebten Müslis für Kinder aus fast nichts anderem als aus Zucker bestehen. Sie machen so süchtig wie Heroin. Vielleicht sogar noch mehr. Sie müssen sich also selbst erziehen. Lesen Sie die Verpackung. Und gehen Sie diesen Nahrungsmitteln in Zukunft aus dem Weg.

Die vielen Namen des Zuckers

Wie Mononatriumglutamat hat auch Zucker viele Namen. Die hier (eine Auswahl) könnten Sie in der Zutatenliste finden – sie alle zeugen davon, dass Zucker beigemischt wurde:

- Brauner Zucker
- Zuckerrohrsaft

- Puderzucker
- Maissirup
- Maiszucker
- Dextrose
- Traubenzucker
- Fruktose
- Fruchtsaftkonzentrat
- Fruchtnektar
- Glukose
- Fruktose-Glukose-Sirup (HFCS)
- Honig
- Invertzucker
- Laktose
- Fruktose-Sirup
- Malzsirup
- Maltose
- Ahornsirup
- Melasse
- Nektar (z. B. Pfirsichnektar, Birnennektar)
- Rohrohrzucker
- Rohrzucker
- Zucker
- Zuckerrohrsaft
- Weißer Kristallzucker

Die sich in den USA und weltweit ausbreitende Fettleibigkeit ist ganz wesentlich verstärkt worden durch die riesigen Mengen an Getreide plus zusätzlichem Zucker, die die Hauptbestandteile so ziemlich aller Fertiggerichte und industriell verarbeiteten Lebensmitteln sind – so auch von Fast Food. Diese Lebensmittel sind billig, weit verbreitet und tödlich.

Regel 5: Die Wahrheit über Fette

Fette sind nicht der Feind, zu dem sie gemacht worden sind. Wir brauchen gesunde Fette wie Kokosöl, Avocado, Samen und Nüsse, und ja, sogar Butter. Gesättigte tierische Fette sind ebenfalls in Ordnung, wenn die Tiere ein gutes Leben hatten, auf der Weide Gras fressen durften und keine Antibiotika bekommen haben. Wieso brauchen wir Fette? Weil unser Gehirn und die Hüllen all unserer Nerven hauptsächlich aus Fett bestehen. Wenn wir unserem Körper kein Fett zuführen, wird es abnehmen und die Organe, die darauf angewiesen sind, werden nicht mehr richtig arbeiten können. Deshalb neigen Menschen, die sich fettarm ernähren, oft zu Depressionen. Es ist, als wären ihre Verdrahtungen ausgefranst.

Als Dr. William Davis, Autor von *Weizenwampe,* zu Gast in meiner Hay-House-Radio-Show *Flourish!* war, sprach ich mit ihm über seine Wandlung vom invasiv arbeitenden Kardiologen, der Angiogramme macht und Stents legt, zu jemandem, der versucht, andere über Gesundheit zu informieren und aufzuklären. Er erklärte dies mit seiner persönlichen Geschichte und erzählte, wie er bei einer Konferenz von Kardiologen einem bekannten Wissenschaftler begegnet war, der fettarme vegane Ernährung in den höchsten Tönen pries. Er war von dem Vortrag so beeindruckt, dass er beschloss, den Ernährungsratschlägen zu folgen – mit dem Ergebnis, dass er 30 Pfund zunahm und Diabetiker wurde. Da begriff er, dass der Feind nicht das Fett sein konnte, und fing an, über Weizen zu forschen. Diese Forschungen dienten schließlich als Basis für das Buch *Weizenwampe,* in dem er den Weizen, der den Blutzucker hochtreibt, mit seiner Krankheit in Verbindung bringt. Das Fett dagegen, das in den letzten 40 Jahren ziemlich dämonisiert wurde, hat mit Cholesterin und Herzkrankheiten nichts zu tun – diese Dinge lassen sich alle auf entzündliche Prozesse aufgrund von unstabilen Zuckerwerten zurückführen. Wie ich weiter oben erklärt habe, ist eine fettarme Ernährung oft nicht sehr befriedigend. Wenn Sie aber gesunde Fette in Ihre Ernährung aufnehmen, werden Sie sich nicht nur zufriedener fühlen, sondern Sie sorgen damit auch für ein gesundes Gehirn und Nervensystem.

Freundliche Fette

Wenn Sie mehr gesunde Fette in Ihre Ernährung aufnehmen, haben Sie die notwendigen Zutaten, um für Zufriedenheit und ein gesundes Gehirn zu sorgen. Hier sind einige meiner bevorzugten gesunden Fette:

- Avocado und Avocadoöl
- Kokosöl
- Leinöl
- Butter von auf der Weide gehaltenen Kühen
- Mayonnaise aus Avocadoöl
- Bio-Olivenöl Extra Virgine
- Bio-Nussbutter, diverse Arten

Was Sie auf jeden Fall absolut vermeiden sollten, ist das gehärtete Fett, das sich in vielen abgepackten Backwaren und in Margarine befindet. Dieses Fett gibt es nirgendwo in der Natur. Da es nicht ranzig wird, verwendet man es gern in abgepackten Produkten, denn es ermöglicht eine lange Haltbarkeit. Aber wollen Sie wirklich etwas essen, das sich durch die Fähigkeit auszeichnet, Ihre Lebenszeit zu überdauern?

Darüber hinaus sollten Sie darauf achten, Fett niemals mit raffinierten Kohlenhydraten zu mischen. Was bedeutet, Käse ist gut. Aber vergessen Sie die Cracker. Obst und Käse oder Gemüse und Käse sind eine sehr viel bessere Alternative. Oder sorgen Sie dafür, dass die Cracker aus Hülsenfrüchten oder Samen bestehen. Die Lebensmittel, die für den Menschen mit Abstand am schlimmsten sind, sind ausgerechnet die, die auch besonders süchtig machen – und am leichtesten verfügbar sind: die Kombination von Zucker und Fetten. Das betrifft Donuts, Plätzchen und beinahe alle Backwaren. Es betrifft auch Eiskrem.

An dieser Stelle möchte ich Sie allerdings an die 80-20-Regel erinnern. Jeden Sommer genehmige ich mir ein paar Mal ein Eis in der Waffel. Und auch ein paar Stücke Kuchen. Ganz besonders Brownies. Und ich segne sie mit göttlicher Liebe.

Regel 6: Kultivieren Sie die richtigen Bakterien, um die schlechten abzuwehren

Es ist von entscheidender Bedeutung für uns, dass wir wissen, wie wir unseren inneren Garten am besten pflegen und nähren – die Billionen Zellen, die in unserem Darm und in unseren Körperöffnungen leben, um uns zu beschützen. Wenn unsere Darmflora widerstandsfähig und gesund ist, hält sie Keime auf natürliche Weise davon ab, gefährlich zu werden. Es ist sogar so, dass die gesunden Bakterien in unserem Körper – auch die gesunden probiotischen Bakterien in fermentierter Nahrung und in einem gesunden Darm – etwas beinhalten, das Bacteriocine genannt wird, gute Bakterien, die krankheitserregende Bakterien angreifen und alles unter Kontrolle halten. Eine gesunde Darmflora ist der allerbeste Schutz gegen Krankheiten. Die Gesundheit unserer Darmflora ist so entscheidend für die Gesundheit unseres Gehirns, dass David Perlmutter, Autor von *Scheißschlau*, eine ganz neue Ärztevereinigung gegründet hat, um darüber zu forschen.

Wir befinden uns an einem entscheidenden Punkt in der Geschichte der Menschheit, wo wir aus der Antibiotika-Ära auftauchen, nachdem wir erkannt haben, dass der »Krieg gegen Keime« einige verhängnisvolle, unbeabsichtigte Folgen hat.

Besonders wichtig ist in diesem Zusammenhang der Umstand, dass überall auf der Welt das Zuchtvieh gewaltige Mengen von Antibiotika bekommt, damit die Tiere noch schneller noch größer werden. Tatsächlich ist der überwiegende Teil aller produzierten Antibiotika für Tiere bestimmt. Darüber hinaus verschreiben zu viele Ärzte – oft, um den Forderungen ihrer nicht richtig informierten Patienten nachzukommen – Antibiotika immer noch bei harmlosen Zuständen wie einer gewöhnlichen Erkältung, weil die Patienten das Antibiotika-Rezept mittlerweile erwarten. Als Folge davon haben wir ein globales Problem mit Supererregern – Bakterien in unserer Nahrung und unseren Körpern, die resistent gegen alle bekannten Antibiotika sind, darunter auch die besonders wirksamen, die als »letzter Ausweg« gelten. Schon bald wird das Wunder der Nachkriegszeit, das so vielen Menschen das Leben gerettet und die Ära der modernen Medizin begründet hat, einige radikale Veränderungen durchmachen müssen.

Wie also bekämpfen wir das Problem mit den Bakterien? Wir müssen Nahrungsmittel essen, die mit probiotischen Bakterien angereichert sind – Bakterien, die zu einem gesunden Darm beitragen, einem gesunden Genitalbereich, gesunden Harnwegen und gesunden Atemwegen. Sorgen Sie dafür, dass gesunde fermentierte Nahrungsmittel (die probiotische Bakterien beinhalten) zu einem festen Bestandteil Ihrer Ernährung werden. Dem gewöhnlichen Joghurt, wie er im Supermarkt erhältlich ist, wird häufig zu viel zusätzlicher Zucker beigemischt. Halten Sie sich lieber an Naturjoghurt und süßen Sie ihn mit Stevia und Beeren. Auch Kefir ist gut, ebenso Sauerkraut, Kombucha und Kimchi. Allerdings nicht, wenn Sie Konserven kaufen. Greifen Sie lieber zu Produkten aus der Tiefkühltheke oder stellen Sie sie selbst her. Es gibt viele gute Bücher und Webseiten über das Fermentieren von Nahrungsmitteln, so dass Sie kein Problem haben sollten, Informationen darüber zu finden. Darüber hinaus empfiehlt es sich vielleicht, ein gutes Probiotikum in Ihren täglichen Speiseplan aufzunehmen, um Ihre Darmflora in einem guten Zustand zu halten. Ich empfehle Probiotika besonders für Reisen, da durch den dadurch entstehenden Stress häufig gesunde Bakterien vernichtet werden.

Ein gutes Probiotikum finden

Wenn Sie auf der Suche nach einem Probiotikum sind, das Ihnen hilft, Ihre Darmflora im Gleichgewicht zu halten und die Anzahl der gesunden Bakterien in Ihrem Körper zu erhöhen, sollten Sie ein paar Dinge beachten.

- **Die Vielfalt der Bakterienstämme:** Ein gutes Probiotikum enthält mindestens zwei verschiedene Stämme gesunder Bakterien wie Lactobacillus und Bifidobacterium (z. B. B. lactis, B. bifidum, B. longum). Eine Kombination dieser beiden Stämme stärkt sowohl den oberen als auch den unteren Verdauungstrakt.
- **Die Wirksamkeit:** Die Wirksamkeit von Probiotika wird in CFU gemessen (*colony forming units* bzw. koloniebildende Einheiten). Diese Angabe sollte auf der Verpackung stehen. Fünf Milliarden CFUs sind das Minimum für die tägliche Erhaltungsdosis. Ich würde zu einem Produkt raten, das etwa im Bereich von 12 Milliarden bis 50 Milliarden CFUs liegt. Und vergewissern Sie sich, dass diese Wirksamkeit bis zum Verfallsdatum garantiert ist.

Abgesehen von fermentierter Nahrung und einem Probiotikum können Sie Ihre gesunden Bakterien auch unterstützen, indem Sie sich direkt an Mutter Erde wenden. Essen Sie Früchte direkt vom Baum oder vom Boden. Anthony Williams weist darauf hin, dass sich auf den Früchten, die gerade geerntet werden, Millionen gesunder Bakterien befinden. Wenn Sie Früchte so oft wie möglich erntefrisch essen, werden sich in Ihrem Ileum, einem besonderen Teil des Dünndarms, gesunde Bakterien ansiedeln, die keine Mühe scheuen, Ihre Gesundheit zu schützen.

Regel 7: Ergänzen Sie Ihre Ernährung richtig

Schon seit Jahrzehnten nehme ich zusätzlich zu den Probiotika ein paar weitere Nahrungsergänzungsmittel ein. Es ist nämlich absolut unmöglich, sich nur durch Essen allein optimal zu ernähren. Selbst wenn Sie überwiegend Bio-Kost zu sich nehmen, sind doch die Böden, auf denen die Nahrungsmittel wachsen, erschöpft, was bedeutet, dass sie längst nicht mehr so nährstoffreich sind wie früher. Auch durch Lagerung und Transport verlieren Nahrungsmittel an Nährstoffen. Sie müssten schon gewaltige Mengen essen, um sich auch nur annähernd optimal zu versorgen.

Hier sind die Nahrungsergänzungsmittel, von denen ich glaube, dass jeder sie benötigt:

- **Ein gutes Multivitamin-/Mineralpräparat:** Suchen Sie nach Nahrungsergänzungspräparaten, die pharmazeutischen Anforderungen entsprechen und auf deren Verpackung die Wirksamkeit garantiert wird. Beurteilen Sie das Produkt nach folgenden Kriterien: Vollständigkeit, Aufnahmefähigkeit, Wirksamkeit, Reinheit, Sicherheit. Ich persönlich verwende schon seit Jahren USANA-Produkte. Ich habe die Anlage besichtigt, in der sie hergestellt werden, und kenne alle dort arbeitenden Ernährungswissenschaftler. Ja, ich mag diese Produkte so sehr, dass ich jetzt selbst unabhängige Vertriebshändlerin bin. Aber USANA ist nicht die einzige gute Marke. Mir gefällt auch Metagenics. Wenn Sie diese beiden nicht bekommen können oder bereits etwas anderes benutzen und wissen möchten, wie gut es ist, ziehen Sie den *Comparative Guide to Nutritional Supplements* von Lyle MacWilliam zu Rate oder informieren Sie sich im Internet, indem Sie zum Beispiel nach Tests suchen.

- **Vitamin C:** Versuchen Sie, 1000–5000 mg pro Tag zu sich zu nehmen. Ich habe immer eine kleine Flasche mit 1000-mg-Ascorbinsäure-Kapseln im Haus. Dieses Vitamin ist ein Antioxidans, das wegen seiner hervorragenden Wirksamkeit gegen Entzündungen vor Jahrzehnten intravenös zur Heilung von Polio verwendet wurde.
  Wenn ich das Gefühl habe, dass ich eine Erkältung bekomme oder ich mich irgendwie erschöpft fühle, schlucke ich eine Handvoll dieser Vitamin-C-Kapseln. Manchmal nehme ich bis zu 50 Stück am Tag. Wenn Ihr Gewebe gesättigt ist, merken Sie das daran, dass der Stuhl dünn und weich wird. Allerdings variiert die Toleranz des Darms von Mensch zu Mensch. Manche vertragen nicht mehr als 2000 mg pro Tag. Aber Sie sollten wissen, dass ein Mückenstich Ihren Vitamin-C-Wert abstürzen lässt. Ebenso wie eine Zigarette – oder auch nur Passivrauchen. Vitamin C ist also eine Art natürlicher präventiver Allzweck-Medizinschrank!
- **Vitamin D:** Wir brauchen 5000 I.E. (Internationale Einheiten) täglich, um einen optimalen Blutwert von 40 bis 85 ng/mL (Nanogramm pro Milliliter) konstant zu erhalten. Manchmal braucht man weit mehr als 5000 I.E., um einen optimalen Blutwert zu bekommen. Es werden Bluttests angeboten, die

Sie zu Hause machen können. Bitte beachten Sie: Ein optimaler Vitamin-D-Spiegel senkt Ihr Risiko, an Krebs, Herzleiden und Multipler Sklerose (MS) zu erkranken, um 50 Prozent! Wenn Sie während der Sommermonate regelmäßig dreimal in der Woche einen möglichst großen Teil Ihres Körpers jeweils 20 bis 30 Minuten der Sonne aussetzen, reduziert das ebenfalls Ihr Risiko, Krebs und andere Krankheiten zu bekommen. 30 Minuten in der Sonne führen zu einer Vitamin-D-Produktion von 10000 I.E. in Ihrer Haut. Aber vermeiden Sie Sonnenbrand! Forschungen haben gezeigt, dass das gestiegene Hautkrebsrisiko durch Sonneneinwirkung überwogen wird von den gesundheitlichen Vorteilen, die das Sonnenlicht für uns hat. Wenn Sie die Sonne meiden, erweisen sich die Auswirkungen als so ungünstig, dass ein Mangel an Sonnenlicht mittlerweile als ein mit dem Rauchen vergleichbarer Risikofaktor für zahlreiche Krankheiten, von Krebs bis hin zu Tuberkulose gilt.
- **Magnesium:** Die meisten Menschen leiden unter einem Mangel an Magnesium, das für viele verschiedene enzymatische Reaktionen im Körper und für die Bereitstellung der Energie in den Zellen unverzichtbar ist. Magnesium ist auch nötig für eine optimale Nervenleitung. Sie können Magnesium in Tablettenform einnehmen – 1000 bis 2000 Milligramm pro Tag. Magnesiumglycinat-Tabletten sind gut resorbierbar. Sie können diese Nahrungsmittelergänzung auch in ein Getränk geben.

Es gibt natürlich noch viele andere Nahrungsergänzungsmittel, aber mit den hier genannten haben Sie eine gute Basis geschaffen.

Ein Bad für die Gesundheit

Ein Bad mit Epsom-Salz kann Ihre Magnesium-Aufnahme erhöhen, während Sie gleichzeitig Körper und Geist entspannen. Epsom-Salz ist ein Magnesiumsulfat und kann als Nahrungsmittelergänzung eingesetzt werden. Lösen Sie dazu einfach ein oder zwei Becher Epsom-Salz in einem schönen, warmen Bad auf, in dem Sie dann 20 genussvolle Minuten bleiben. Diese Zeit genügt, damit das Magnesium durch Ihre Haut absorbiert wird.

Die Freuden des Essens

Während sich die Regeln, die ich gerade vorgestellt habe, mit dem beschäftigen, »was« wir essen – also, was Sie zu sich nehmen sollten, damit Ihr Körper die Bausteine erhält, die er braucht –, liegt auch im »wie« des Essens einiger Zauber.

Der uralte Brauch, das Brot gemeinsam zu brechen – auch wenn man das Brot weglässt –, hilft nicht nur der Verdauung, sondern macht aus der Mahlzeit eine Zeremonie und bereichert sie mit Freude, Beziehung und Liebe. Was klingt besser? Ihren perfekten grünen Saft auf dem Weg zur U-Bahn in sich hineinzuschütten oder sich hinzusetzen und in aller Ruhe eine Tasse Tee und ein gesundes Mahl mit guten Freunden zu genießen? Untersuchungen haben ergeben, dass die Verdauung besser wird, wenn man mit anderen gemeinsam isst, selbst wenn es Fremde sind. Dr. Mario Martinez weist darauf hin, dass tägliche Rituale, die dem Vergnügen dienen, einen wichtigen Teil im Leben von gesunden Hundertjährigen ausmachen, von denen einige sich sogar – ebenfalls täglich – an einer Zigarre oder einem Glas Whiskey erfreuen.

Wenn Sie Essen gedanklich mit Vergnügen und Gesundheit in Verbindung bringen und nicht mit Schuld und Frustration, können Sie die wahren Freuden des Essens erleben. Länder wie Spanien, Frankreich und Italien sind Meister darin. Erfüllung im Leben sollte nicht von Ihrer Konfektionsgröße abhängen!

Meine Tochter und ihr Mann haben sich vor ihrer Hochzeit sechs Monate lang nach drastischen Regeln ernährt und viel Gewichtstraining gemacht. Sie sahen beeindruckend aus. Beide hatten Sixpack-Bauchmuskeln und bessere Körper als je zuvor. Was hat meine Tochter also gelernt? Dass sie eine Bikini-Figur haben kann, die in ein Magazin gepasst hätte. Was hat sie noch gelernt? Dass es ein Vollzeit-Job ist, diese Figur zu behalten. Es bedeutete, dass sie ständig ihr Essen wiegen und täglich Stunden im Fitnesscenter verbringen musste. Im Restaurant konnte sie niemals einfach das bestellen, was sie gerne gegessen hätte. Das war die Sache nicht wert, und es machte sie nicht glücklich. Jetzt hat sie ein Kind, und ihr Leben hat sich sehr verändert. Ihr Körper sieht fantastisch aus. Sie hat keine Modellmaße mehr, aber das kümmert sie nicht. Sie ist glücklich und gesund.

Mit dem Konzept des »Idealgewichts« verhält es sich so ähnlich wie mit der Erforschung des Glücks. Alle denken, sie wären glücklich, wenn sie nur den richtigen Job hätten, den richtigen Partner, das richtige Haus. In Wahrheit aber muss das Glücklichsein vorher da sein. Dann und nur dann werden Sie in der Lage sein, den richtigen Partner anzuziehen oder das zu essen, was Sie wirklich nährt und für Ihren optimalen Gesundheitszustand sorgt. Mit anderen Worten: Sie müssen herausfinden, was Sie »auffrisst«. Wenn Sie sich dem widmen, werden Sie irgendwann wissen, wie Sie Ihren Körper ernähren müssen. Und wenn Sie sich überwiegend an Vollwertkost halten, sind Sie auf der sicheren Seite.

Ich bin gesund, habe eine normale Konfektionsgröße und stelle mich nicht mehr auf die Waage.

Kapitel 11

Die vitale Lebenskraft pflegen

Es ist also wirklich so, dass jemand umso schöpferischer sein kann, je sexueller er ist. Dass er umso intelligenter ist, je sexueller er ist. Ein geringes Maß an sexueller Energie geht einher mit weniger Intelligenz, und mehr sexuelle Energie geht einher mit mehr Intelligenz, denn Sex ist das tiefe Streben danach, etwas zu enthüllen, und zwar nicht nur Körper, nicht nur den sexuellen Körper des anderen Geschlechts, sondern überhaupt alles, das verborgen ist.

Osho

Unsere vitale Lebenskraft – im Sanskrit auch *Shakti* genannt – ist der kreative Drang, der sich durch Körper, Geist und Verstand als körperliches Vergnügen, Begierde, Aufregung, Sexualität und Neugier ausdrückt. Sie manifestiert sich in Form von Musik, Design, Beziehungen, Architektur, Büchern, Erfindungen, wissenschaftlichen Durchbrüchen und kreativen Bestrebungen aller Art. Auf rein physischer Ebene ist sie die Kraft, die zur Fortpflanzung der Spezies führt.

Unsere vitale Lebenskraft ist aber weit mehr als das. Als die unmittelbar wahrgenommene Verbindung von Körper und Geist ist sie der Wunsch, ganz und gar auszudrücken, wer wir wirklich sind – in körperlicher, geistiger und spiritueller Hinsicht. Unsere vitale Lebenskraft treibt unseren Körper an und fordert uns immer wieder auf, ganz zu leben. Wenn wir in Kontakt mit ihr sind, erfahren wir das Leben als großes Abenteuer, das es wert ist, gelebt zu werden. Sie ist der schwer zu fassende »Wille zum Leben«, der sich so oft der schrecklichen Prognose eines Arztes widersetzt und dazu führt, dass manche Menschen viele Jahre länger leben als vorhergesagt. Stephen Hawkins, der berühmte Physiker, ist ein großartiges Beispiel dafür. Als er vor Jahrzehnten die Diagnose Amyotrophe Lateralsklerose (ALS) erhielt, gab man ihm noch zwei oder drei Jahre, denn die Medizin kennt weder die Ursache für ALS noch irgendwelche Heilungsmöglichkeiten. Trotzdem lebt Hawking noch immer, er war zweimal verheiratet, hat drei Kinder und hat eine brillante Karriere gemacht. Dies hat auch damit zu tun, dass er sich eine starke Verbindung zu seiner Lebenskraft und Sexualität bewahrt hat.

Unser kreatives Feuer muss regelmäßig gepflegt, gezügelt, kultiviert und bewusst gelenkt werden. Lodert diese Flamme hell, weil wir einen starken Lebenswillen oder Antrieb haben, der uns mit Neugier und Leidenschaft vorantreibt, spielt der Zustand des physischen Körpers fast keine Rolle. Auf der anderen Seite können weder Vitamine noch irgendwelche Übungen oder Wünsche von anderen verhindern, dass jemand stirbt, wenn diese Flamme erlischt – auch dann, wenn diese Menschen noch jahrelang in ihren Körpern bleiben.

Die vitale Lebenskraft ist Ihr inneres Feuer. Bewusst eingesetzt entfaltet es eine ungeheuer beruhigende, wohlige Wirkung. Es hält Sie warm. Es macht eine gute Verdauung (es ist auch als Verdauungsfeuer bekannt). Es fühlt sich innerhalb und außerhalb Ihres Körpers angenehm an. Es erzeugt Bindungen aus Vergnügen und Genuss, die Beziehungen stärken. Im Grunde macht es das Leben auf allen Ebenen lebenswert. Erinnern Sie sich daran, wie es ist, wenn Sie diesem einen besonderen Menschen zum ersten Mal begegnen. In den Geburtswehen einer neuen Beziehung strahlen die Sterne heller, und Sie sind so erfüllt, dass Sie nicht einmal etwas essen müssen. Alle Liebeslieder dieser Welt scheinen nur für Sie allein geschrieben worden zu sein. So fühlt sich das Leben an, wenn Sie geschickt mit Ihrer vitalen Lebenskraft umgehen.

Warum der Sexualtrieb so beherrschend ist

Vermutlich kennen Sie den Ausdruck »sex sells«. Der Grund dafür, dass sich etwas mit Sexualität besser verkaufen lässt, ist folgender: auf einer tiefen, unbewussten und ursprünglichen Ebene spüren wir, dass Sexualität mit unserer vitalen Lebenskraft zusammenhängt. Unsere physischen Körper wurden durch Sexualität empfangen, und in den vielen verschiedenen Darstellungsformen von Sexualität erkennen wir die Kraft wieder, die uns in unsere körperliche Gestalt geführt hat. Der sexuelle Ausdruck und die damit in Verbindung gebrachten Gefühle – heiß und angetörnt zu sein – sind somit lediglich die körperlichen Indikatoren unserer vitalen Lebenskraft. Wenn wir eine sexy Werbung sehen, einen erotischen Film anschauen oder ein erotisches Buch lesen, erinnern uns die Botschaften darin an die in uns selbst ruhende kreative Kraft – und daran, wie köstlich es ist, uns mit diesem Gefühl purer Lebendigkeit und Ekstase zu verbinden.

Wenn wir in unserer Hingezogenheit zu jemand anderem die Macht unserer vitalen Lebenskraft spüren, ist unser Sexualtrieb so stark, dass wir alles Erdenkliche tun, um mit dieser Person zusammen zu sein und unsere Begierde körperlich auszudrücken. Und wir werden auch dann, wenn wir den ganzen Tag arbeiten, familiäre Verpflichtungen haben und kaum genug Zeit zum Schlafen erübrigen können, einen Weg finden, das zu ermöglichen.

Sexuelle Anziehungskraft – und diese Hochstimmung, die

uns nicht essen und nicht schlafen lässt – steht in Verbindung mit einer mächtigen chemischen Substanz im Hirn, die als DMT (Dimethyltryptamin) bekannt ist. DMT wird in der Zirbeldrüse produziert, die in esoterischen Kreisen als das Dritte Auge bekannt ist, manchmal auch als Horusauge. Die Zirbeldrüse beginnt sich im Gehirn herauszubilden, wenn der Fötus 49 Tage alt ist, was dem Zeitpunkt entspricht, zu dem dem tibetanischen Buddhismus zufolge die Seele in den Körper eintritt. So viel zu mächtigen Symbolen. Doch für den Ursprung eines derart mächtigen Hormons ist dies nur angemessen.

Interessanterweise ist DMT die wirkungsvollste Droge, die Menschen bekannt ist. Sie führt nicht nur dazu, dass sich die Zeit dehnt, sondern erweckt bei denen, die sie rauchen, tief verankerte religiöse Überzeugungen. Wer an Engel glaubt, sieht Engel. Oder eben Jesus oder Buddha. In einem Labor synthetisiertes DMT wird als Suchtmittel eingestuft, doch wir Menschen bilden es auch natürlich – wenn wir Liebesgefühle haben. Bei einem Orgasmus entsteht es ebenfalls, und zwar in gewaltigen Mengen. Und, ob Sie es glauben oder nicht, auch in dem Moment, wenn wir sterben. Nach unserem Tod vergehen noch ein paar Minuten, bis das Gehirn richtig still ist; während dieser Zeit strömt DMT durchs Hirn und fördert Visionen unserer tiefsten und innersten Überzeugungen zutage, die ewig zu währen scheinen – daher stammt unsere Vorstellung vom Weiterwandern in den Himmel oder in die Hölle. Es ist interessant, dass die Franzosen den Orgasmus als *la petite mort* bezeichnen – »den kleinen Tod«. Genauso wie in diesen ersten Minuten nach dem Tod verlieren wir uns eine Weile im Orgasmus – und sind frei vom Käfig unserer Egos, so dass wir das glückselige Bewusstsein erleben können, mit dem wir geboren wurden.

Die Verbindung von DMT und Sexualität erklärt, warum Sexualität – und verschiedene Formen der Pornographie – süchtig machen können, ganz besonders, wenn sie dazu benutzt werden, der Seelenarbeit aus dem Weg zu gehen, deretwegen wir überhaupt geboren wurden.

Sexualität und Spiritualität

Die tiefe Verbindung von Sexualität und Spiritualität beruht aber nicht nur auf DMT-induzierten religiösen Visionen. Im Grunde gibt es diese Verbindung schon seit Jahrtausenden.

Weisheitstexte aus Indien, Ägypten und anderen Ländern erzählen davon, dass zur Zeit der Pubertät – wenn also das sexuelle Begehren in aller Stärke zu erwachen beginnt – die spirituelle Energie, die als Kundalini-Energie bekannt ist, durch den Körper aufzusteigen beginnt. In diesen Texten wird diese Energie als eine Schlange dargestellt, die sich das Rückgrat hinaufwindet. Im Laufe der Pubertät steigt sie dann höher und höher und belebt dabei jedes Gebiet – und Chakra –, das es erreicht. Wenn die Kundalini-Energie frei durch alle Chakren fließt, erreicht sie schließlich das Kronenchakra, und dies ist der Moment, in dem jemand als erleuchtet bezeichnet wird.

Einer etwas moderneren Sichtweise dieser Verbindung widmet sich die Sextherapeutin und Wissenschaftlerin Gina Ogden mit ihrer bedeutsamen Studie »Integrating Sexuality and Spirituality«. In dieser Studie – der größten überhaupt zu diesem Thema – fand man heraus, dass sowohl Männer als auch Frauen ihre Sexualität als tiefe spirituelle Erfahrung erleben, die sie mit Gott verbindet.

In ihrem Buch *Engel. Himmlische Helfer* stellt Kimberly Marooney die jeweiligen Rollen der vielen Engel vor, die uns hier auf der Erde helfen – und die dafür benutzten Bilder und Terminologie entsprechen denen, die auch für Sex verwendet werden. So beschreibt sie an einer Stelle, wie der als Nathaniel bekannte Engel und seine Amfri-Engel Ihnen helfen, Ihr Bewusstsein vorzubereiten, indem Sie Ihre selbst gewählten Überzeugungen und Begrenzungen verbrennen, damit Sie bereit dafür sind, sich beleben zu lassen von der Intensität des Feuers dieser vitalen Lebenskraft. Marooney schreibt: »Während dieser Taufe fühlen Sie sich vielleicht überwältigt von dem Freudentaumel der bedingungslosen Liebe. Lassen Sie sie in einen wilden Tanz der Leidenschaft und Ekstase ausbrechen, einen Tanz, der von so gewaltiger Intensität ist, dass er schließlich in Lust explodiert. Unendliche Dankbarkeit wird in Ihr Herz strömen, so dass sich Ihre Brust beim Orgasmus heben wird, und Sie werden das Gefühl haben, als wäre Ihr Körper nichts weiter als eine Röhre, durch die diese Energie strömt.«

Klingt ganz schön aufregend, oder?

Den Sexualtrieb sublimieren

Es ist sicher leicht, sich in orgiastischer Glückseligkeit zu verlieren, aber es ist keine gesunde Weise, den Sexualtrieb auszuleben. Die Schönheit des Sexualtriebs liegt darin, dass er nicht in Sexualität münden muss. Sie können ihn umwandeln, wenn es nötig ist, und die Energie, die er zur Verfügung stellt, in kreative Unternehmungen fließen lassen, die zu anderen Früchten führen als Babys oder Orgasmen. In dem Klassiker *Denke nach und werde reich* von Napoleon Hill gibt es ein Kapitel mit dem Titel »Die Zehnte Stufe zum Reichtum«. Zu Beginn des Kapitels wird die Bedeutung des Wortes *Transmutation* erklärt. Damit ist der Wandel oder die Übertragung des einen Elements, der einen Energieform, in ein anderes oder eine andere gemeint. Hill schreibt:

> Sexuelle Gefühle erzeugen einen bestimmten Geisteszustand. Aufgrund der Unwissenheit gegenüber dem Thema wird dieser Geisteszustand für gewöhnlich mit dem Körperlichen assoziiert, und wegen der ungebührlichen Ein-

flüsse, denen die meisten Menschen bei ihrer Suche nach Wissen über Sex unterliegen, machen die Dinge, die im Wesentlichen körperlicher Natur sind, den Geist befangen.

Danach erklärt Hill, dass es drei konstruktive Wege gibt, die sexuelle Kraft zu nutzen: (1) zur Erhaltung der menschlichen Spezies, (2) zur Erhaltung der körperlichen und emotionalen Gesundheit und schließlich (3) mittels Transmutation zur Transformation von Mittelmäßigkeit in Genialität.

Transmutation bedeutet für Hill nicht Keuschheit oder die Unterdrückung natürlicher Instinkte. Transmutation ist vielmehr die Fähigkeit, die sexuelle Energie und die sexuelle Begierde in eine scharfe Vorstellungskraft, in Mut, Willenskraft und Kreativität fließen zu lassen. Dies erfordert den Willen, sexuelle Begierde für einen Beruf oder eine Berufung nutzbar zu machen und umzuleiten – wozu auch das Erschaffen von Reichtum gehört.

Interessanterweise wird die Transmutation der sexuellen Energie zum Mittelpunkt der Welt, in der die Jugendlichen leben, wenn der Sexualtrieb noch neu ist und die Kundalini-Lebenskraft der Jugend sich auf dem Höhepunkt befindet. Die meisten Kulturen haben Strukturen entwickelt, die helfen sollen, diese Kraft konstruktiv zu kanalisieren – oder damit die Jugendlichen wenigstens so müde werden, dass sie mit ihr nichts mehr anstellen können. Natürlich war es für die Menschen viele Jahrhunderte lang normal, schon bald nach der Pubertät zu heiraten, so dass sie gar nicht gezwungen waren, ihren Sexualtrieb über viele Jahre hinweg zu sublimieren. Heutzutage bieten Aktivitäten wie Sport und Tanzen den jungen Leuten nach der Schule andere, konstruktivere Ventile, um ihre sexuelle Energie zu nutzen. Dahinter steht die Erwartung, dass die Jugendlichen bei all den Kursen, Workouts und Verpflichtungen kaum die Zeit haben, ihre Hausaufgaben zu machen, geschweige denn, miteinander Sex zu haben. Aber die Welt ist natürlich nicht perfekt, deshalb funktioniert auch das nicht immer.

Obwohl diese Vorgehensweise vermutlich eine ganze Reihe ungeplanter Schwangerschaften und andere bedauerliche Missgeschicke in der Jugend verhindert, bringt sie den Menschen nichts über die Kraft und die Natur ihres Sexualtriebs bei und über seinen Einfluss auf andere kreative Bestrebungen. Den Jugendlichen wäre mehr geholfen mit einer Visions-Suche oder einer Volljährigkeits-Zeremonie, die ihnen als Rahmen, ja Gefäß dienen könnte, um ihre vitale Lebenskraft in sinnstiftender Weise zu kanalisieren. Es würde sie auf ermunternde, gesunde und ermächtigende Art mit den Verpflichtungen vertraut machen, die mit dem Mannsein und Frausein auf sie zukommen.

Um sich mit der vitalen Lebenskraft und ihrer Manifestation als sexuelle Energie wirklich wohlzufühlen, müssen wir anerkennen, dass die Adoleszenz mehr ist als nur eine hormonbefeuerte Zeit des Chaos. Es ist ein Zeitraum, in dem eine riesige Menge an spirituell-sexueller Energie in den Körper eintritt. Um diese Energie weise zu nutzen, brauchen die Jugendlichen Führung und ein paar handfeste Informationen. Zu sagen »komm mir bloß nicht schwanger nach Hause« reicht einfach nicht. Sicher, ein paar Modelle gibt es, so wie die Navajo-Kinaalda-Volljährigkeits-Zeremonie und die jüdischen Bat-Mizwas und Bar-Mizwas, aber insgesamt hat unsere Kultur sich nicht gerade rühmlich der Aufgabe gestellt, die kreativen sexuellen und spirituellen Feuer der jungen Männer und Frauen (oder auch der älteren, wenn wir schon dabei sind) zu ehren. Die Unterweisungen, die wir rund um das Thema sexuelle Energie anbieten, konzentrieren sich auf Scham, Bedenken und Peinlichkeit – ganz zu schweigen von sexuellem Missbrauch und Inzest, die in dem verzweifelten Bedürfnis nach sexueller Heilung viel zu oft innerhalb der Familie geschehen. Aus all diesen Gründen verfügen die meisten Menschen nicht über die Fähigkeit, sexuelle Energie auf gute

Weise umzuwandeln. Es herrschen so viel Angst, Bewertungen, Scham und Missverständnisse bezüglich Sexualität und Spiritualität, dass die Körperkanäle verstopft sind. Und diese Missverständnisse werden durch die Familien, die Religion und die Kultur von Generation zu Generation weitergegeben.

Die Blockierungen der vitalen Lebenskraft

Wenn Menschen nicht in der Lage sind, ihre sexuelle Energie auf gesunde Weise umzuwandeln und ihre vitale Lebenskraft geschickt zu bewahren und zu lenken, kann das ziemlich üble Folgen haben. Die vitale Lebenskraft ist nämlich so stark, dass sie – metaphorisch gesprochen – Ihr Haus niederbrennen kann. Wenn zum Beispiel Ihr Mann Sex mit Ihrer besten Freundin hat, können das Feuer dieser Leidenschaft, die damit verbundenen Geheimnisse, die Wut und Verletzung sowohl Ihre Freundschaft als auch Ihre Ehe zerstören – und Ihre Kinder auf Generationen hinaus negativ beeinflussen, je nachdem, wie mit der Situation umgegangen wird.

So gut wie jeder, den ich kenne, ist irgendwann einmal von den Flammen der vitalen Lebenskraft versengt worden, als sie nicht weise genutzt oder gehandhabt wurde. Ob es um gutgemeinte, als Schutz gedachte Beschämung während der Pubertät ging oder etwas so Schreckliches wie Vergewaltigung oder sexuelle Belästigung – die Traumatisierungen unserer vitalen Lebenskraft manifestieren sich im Körper. Es besteht die große Wahrscheinlichkeit, dass Sie in den Bereichen Ihres Körpers, die mit Ihrer vitalen, regenerativen Lebenskraft assoziiert werden – Ihren Genitalien, dem Anus und dem Gesäß –, Blockaden haben. So ziemlich in allen Bereichen Ihres Körpers von der Taille an abwärts. Und bei Frauen auch noch in den Brüsten.

Wir erkennen diese Blockaden an einer gefühllosen Vagina, einem schwachen Beckenmuskeltonus und chronischen Beckenschmerzen. Viele Frauen haben mit derartigen Problemen zu kämpfen. Bei Frauen, die sexuell missbraucht wurden, lagert sich der Schmerz – sowohl der emotionale als auch der körperliche – gern in den Faszien des Beckens ab. Und ganz besonders im G-Punkt.

Ich habe viele Männer mit Problemen erlebt, die durch das Trauma einer Beschneidung verursacht wurden – eine medizinisch vollkommen unnötige Prozedur. Sie wurde in den Vereinigten Staaten durch den gleichen Kellogg populär, der die Kellogg's Corn Flakes erfunden hat. Der Hauptgrund dafür war der Versuch, die Masturbation zu bekämpfen. Mädchen empfahl er, sich Karbolsäure über die Genitalien zu schütten. Aber der eigentliche Grund, weshalb Beschneidung sich so hartnäckig hat halten können, hat mit der sexuellen Scham zu tun, die unsere Kultur durchzieht; und weil es so viel Desinformation in diesem Bereich gibt.

Inzwischen ist die Anzahl an kleinen Jungen, die diese Prozedur über sich ergehen lassen müssen, kontinuierlich gesunken – sogar unter Juden. Trotzdem gibt es immer noch enorm viele Männer, denen das erotische Gebiet, das als Vorhaut bekannt ist, ohne Betäubung entfernt worden ist. Mit den entsprechenden emotionalen und körperlichen Folgen.

Vor allen Dingen ist der Eingriff unglaublich schmerzhaft und findet ohne Einwilligung des jeweiligen Menschen statt. Wann immer ich mit einem beschnittenen Mann über diese Dinge gesprochen habe, senkt er den Blick und macht häufig eine unbewusste Geste, als wollte er mit dem Fuß auf dem Boden aufstampfen oder mit den Fingern auf dem Tisch trommeln. Unser Körper erinnert sich an alles. Und wenn einem Jungen so etwas angetan wird, sind damit die Grundlagen für Groll und Wut gelegt, ganz besonders gegenüber Frauen.

Physisch betrachtet wird bei der Beschneidung ein bedeutsamer Teil des erotischen Schutzgewebes entfernt. Dies führt dazu, dass die Eichel des Penis im Vergleich mit einer intakten Vorhaut hart und taub wird. Wenn ein unbeschnittener Mann mit einer Frau schläft, bleibt die Vorhaut an den sogenannten Scheidenrunzeln der Vagina hängen, was zu mehr Stimulation und Intimität führt.

Ich bedauere zutiefst, dass ich während meiner Berufstätigkeit als Ärztin so viele Beschneidungen durchgeführt habe, und entschuldige mich aufrichtig bei all den Männern, die diese Prozedur erleiden mussten – ob durch mich oder einen meiner Kollegen.

Unabhängig davon, ob Sie sexuell missbraucht worden sind oder nicht – die Wahrscheinlichkeit ist groß, dass Sie zumindest irgendwann einmal Scham empfunden haben. Diese lebt im Körper weiter und blockiert die frei fließende vitale Lebenskraft. Auslöser für mein erstes Buch *Frauenkörper, Frauenweisheit* war der Zusammenhang solcher Traumatisierungen mit unserer Gesundheit. Es erstaunte mich einfach, dass niemand die üblichen Frauenleiden unmittelbar mit diesen für eine patriarchalische Kultur typischen Erfahrungen in Verbindung bringt.

Die Lust heilen

Die Blockaden, der sich unsere vitale Lebenskraft ausgesetzt sieht, macht es für viele Menschen schwer, die Fülle des Lebens zu erfahren. Sie fühlen sich depressiv, leer oder einfach im ewigen Trott, und sie haben auch Schwierigkeiten, Zugang zu ihrem erotischen Potential zu finden. Aber es ist wichtig, die Lust unserer vitalen Lebenskraft zu erleben, und es ist auch enorm heilsam. Es ist nicht nur Wunschdenken, wenn ich sage, dass Lust und Vergnügen gesund machen.

Ich hatte noch keine Ahnung von dem heilenden Potential der Lust und der mit ihr verbundenen vitalen Lebenskraft, als ich begann, an Mama Gena's School of Womanly Arts zu unterrichten – einer Schule, die Frauen beibringt, die Macht ihrer

Lust zu erkennen und zu nutzen. Als ich dann aber das Leuchten bemerkte, das von den Teilnehmerinnen ausging, dämmerte mir allmählich, dass das, was in dieser Schule geschah, eine körperlich heilsame Wirkung haben musste. Ich fragte daher in meiner Vorlesung, ob eine der Frauen schon einmal eine besondere Heilung erlebt habe, seit sie an dieser Schule war. Eine lange Schlange bildete sich vor dem Mikrofon, sie reichte bis zum Ende des Raumes. Die Frauen erzählten, wie die bewusste Beschäftigung mit ihrer Lust und die Verbindung mit ihrer erotischen Kraft ihnen geholfen hatte, alles Mögliche zu heilen – Lungenkrebs, Darmkrebs, unnormale Pap-Abstriche und Unfruchtbarkeit. Mein Interesse war geweckt, und zwar so richtig.

Weil ich verstehen wollte, warum diese Dinge geschahen, forschte ich nach und fand schließlich heraus, dass die Ursache Stickoxid ist. Stickoxid ist ein Gas, das sich bei angenehmen oder gesunden Aktivitäten wie Sport, Sex, Meditation und nachhaltigen Vergnügungen aller Art an den Wänden der Blutgefäße bildet. Seine Produktion führt zu einem verstärkten Blutfluss im ganzen Körper. Und da Stickoxid ein besonderer Neurotransmitter ist, bewirkt es ein Gleichgewicht von Serotonin, Dopamin, Endorphinen und anderen Wohlfühl-Hormonen im Gehirn und Körper. Stickoxid ist das Molekül der Lebenskraft. Es wird während des Orgasmus und beim Zusammentreffen von Ei und Sperma in großen Mengen produziert. Wie DMT ist es auch im Augenblick des Todes in großen Mengen vorhanden. Der Körper ist schon eine ziemlich aufregende Angelegenheit.

Es ist beeindruckend, die Kraft der Lust hautnah mitzuerleben. Wenn eine Frau anfängt zuzulassen, dass Bewusstsein und Lust in jene Bereiche ihres Körpers gelangen, die ihr viel Schmerz und Scham bereitet haben, beginnt sie bei deren Freisetzung häufig zu weinen. Das Blut der Wunde, heißt es, beinhaltet die Heilung. Dies bedeutet für mich, den Mut zu haben, heilende Lust in jenen Bereich des Körpers zu bringen, der sich durch Schmerz und

Scham verschlossen hat. Für Männer, die sich in einer Beziehung mit sexuell missbrauchten Frauen befinden, ist es wichtig zu wissen, dass ihre Aufmerksamkeit und Liebe bei ihren Partnerinnen enorme Heilung hervorrufen können. Der Penis wird manchmal sogar als »Stab des Lichts« bezeichnet. In einer von Liebe getragenen Partnerschaft kann dieses Organ eine Frau tiefgreifend heilen. Einmal hat mir eine Frau sogar erzählt, dass ihre Kopfschmerzen verschwinden, wenn ihr Mann ihre Stirn mit seinem erigierten Penis massiert. So viel zur Heilung durch Sexualität!

Glücklicherweise kann jeder jederzeit durch die Lust mit der eigenen vitalen Lebenskraft in Kontakt kommen, unabhängig von Alter und Geschlecht.

Sich mit der vitalen Lebenskraft verbinden

Es gibt vier Wege, um zu Ihrer vitalen Lebenskraft zu finden: (1) lassen Sie sich vom Leben anmachen, (2) streben Sie bewusst nach Vergnügen und Lust, (3) leben Sie Ihre Sexualität auf achtsame Weise, (4) nehmen Sie Ihre erotische Anatomie an und lernen Sie, sie zu handhaben. Gehen wir die Punkte jetzt der Reihe nach durch.

Schlüssel #1: Lassen Sie sich vom Leben anmachen

Ihre vitale Lebenskraft, das, was Sie »anmacht«, ist ein einzigartiger Ausdruck Ihrer selbst, unabhängig von Ihrem Geschlecht, Ihrer sexuellen Orientierung oder sonst etwas.

Finden Sie also als Erstes heraus, was das ist. Bei was fühlen Sie sich besonders lebendig? Dieses Gefühl entsteht immer dann, wenn Ihre vitale Lebenskraft ganz zum Einsatz kommt. Wenn Sie bemerken, wann dies geschieht, können Sie das Gefühl nutzen, um Ihr Leben zu lenken. Fühlt sich etwas anderes noch lebendiger an, wenden Sie sich dem zu. Wenn Sie etwas aber eher schwächt und schläfrig macht, hören Sie damit auf. Vielleicht ist es Ihr Ding, an einem Strand in der Sonne zu liegen oder in einem Treibhaus zu arbeiten und den fruchtbaren Boden zu riechen, in einem Buchladen zu schmökern, eine Massage oder Fußmassage zu bekommen, Tanzunterricht zu nehmen, Musik zu lauschen und zu tanzen.

Frauen können ihren Körper als Barometer benutzen, um herauszufinden, was sie antörnt. Wenn eine Frau etwas Angenehmes erlebt, kann sie das als ein Pulsieren in ihrer Vagina spüren. Sexualforscher bezeichnen dies als VPA (Vaginal Puls Amplitude). Die Forscher haben Messungen der VPA mit einem Gerät dokumentiert, das als Photoplethysmograph bezeichnet wird und den Blutfluss in der Vagina misst. Mich fasziniert an diesem Puls, den Naomi Wolf in ihrem Buch *Vagina* als Hirn-Vagina-Verbindung bezeichnet, dass Frauen, wenn sie erst einmal wissen, dass er existiert, keine Probleme haben, ihn zu finden – und auch genau wissen, wann sich das Pulsieren besonders stark anfühlt. Wolf fand bei ihren Forschungen heraus, dass Frauen ihn besonders dann als sehr stark erleben, wenn sie sich in einer Situation emotional geborgen und sexuell wertgeschätzt fühlen. »Ich spürte ihn, als mein Mann mir den Stuhl zurechtgerückt hat, damit ich mich setzen konnte«, sagte zum Beispiel eine Frau, und eine andere: »Der Puls war sehr stark, als mein Freund ein schweres Sofa von der Ladefläche des Trucks geworfen hat.« Mit anderen Worten, wir fühlen diesen Puls – dieses Angemacht-Sein –, wenn wir mit einem Menschen zusammen sind, der seine Fähigkeit demonstriert, für uns zu sorgen und sich um uns zu kümmern, sei es durch Stärke oder durch Zärtlichkeit.

Wir spüren ihn aber auch auf vollkommen nichtsexuelle Weise. Und das ist entscheidend. Denn der Vaginal-Puls kann auch dann gefühlt werden, wenn wir etwas Ästhetisches wie einen Sonnenuntergang oder ein wundervolles Gemälde sehen. Oder wenn wir ekstatischer Musik lauschen. Die Beziehung einer Frau zu ihrem Geist und zu ihrem Körper ist erotisch – lange, bevor es irgendeine sexuelle Verbindung mit einem anderen Menschen gibt. Unser Vaginal-Puls ist unser inneres Barometer und der Indikator unserer Lebenskraft. Er ist ein gefühlter Sinn, der uns nicht nur wissen lässt, wie geborgen und wertgeschätzt wir uns fühlen, er verbindet uns auch mit der Schönheit und Freude, in einem Körper zu leben. Wir können diesem Puls – dieser Lebenskraft – trauen. Sie werden feststellen, dass er Ihnen eine Menge Vergnügen und Freude bringt.

Um sich auf das einzustimmen, was Sie anmacht, ist es sowohl für Männer als auch für Frauen wichtig, den Fokus auf die Genitalien zu richten, wenn sich die vitale Lebenskraft zeigt – wenn Sie sich also lebendig und vibrierend fühlen. Die Energie folgt unserer Aufmerksamkeit. Spüren Sie diesen fruchtbaren Bereich Ihres Körpers. Vermutlich nehmen Sie ein Kribbeln wahr. Frauen bemerken vielleicht die pulsierende VPA, Männer spüren vielleicht den Beginn einer Erektion. Nachdem Sie Ihre Aufmerksamkeit auf Ihre Genitalien gerichtet haben, wenden Sie sie Ihrem Herzen zu. Pendeln Sie dazwischen hin und her. Erschaffen Sie diese Verbindung zwischen Ihrem »unteren Herzen« und Ihrem »oberen Herzen« – dadurch erweitern Sie Ihre körperliche Fähigkeit, sich angemacht zu fühlen – nicht nur beim körperlichen Sex –, sondern im alltäglichen Leben. Sie werden lernen, mit dem Leben selbst Liebe zu machen.

Schlüssel #2:
Streben Sie bewusst nach Vergnügen und Lust

Häufig wird übersehen, wie wichtig es im Leben ist, bewusst genussvolle Aktivitäten zu verfolgen. Dies ist aber unerlässlich, wenn Sie möchten, dass Ihre vitale Lebenskraft Sie ein Leben lang befeuert und nährt. Suchen Sie also nach Gedanken, Beziehungen und Erfahrungen, die angenehm sind. Das muss nicht einmal etwas kosten. Gestalten Sie Ihren Tag einfach so, dass Sie Dinge erleben, die Ihnen Spaß machen. Das kann bedeuten, dass Sie zehn Minuten im Gras stehen und wirklich spüren, wie gut sich das anfühlt. Oder dass Sie regelmäßig den Sonnenuntergang anschauen. Oder Sie lesen vielleicht ein gutes Buch. Ja – ein guter Satz gehört auch zu den lustvollen Dingen des Lebens.

Es ist wichtig, dass Sie nicht auf den Urlaub warten, um dort dem Genuss zu frönen. Machen Sie ihn zum Teil Ihres Lebensstils. Konzentrieren Sie sich einfach auf das, was sich gut anfühlt oder gut aussieht; das muss gar nicht viel Zeit in Anspruch nehmen.

Wenn wir an Vergnügen denken, denken wir häufig zuerst an Sex. Und obwohl Sex sicherlich ganz oben auf der Liste freudvoller Aktivitäten steht, werden Sie feststellen, dass sich Ihr ganzes Leben – einschließlich Ihres Sexlebens – verbessert, wenn Sie Ihre Aufmerksamkeit auch auf andere Dinge richten, die ebenfalls besonders angenehm sind. Diese Praxis, allen Arten von Vergnügen offen gegenüber zu sein, hilft Ihnen, ganz präsent zu sein, wenn Sie Sex haben. Und Sie werden feststellen, dass Sie all die anderen schönen Erfahrungen mit ins Schlafzimmer nehmen.

Ich tanze regelmäßig argentinischen Tango, und wenn ich das tue, bringe ich mein ganzes Selbst in den Tanz ein, was ihn für mich sehr genussvoll und sexy macht. Während des Tanzes gebe ich meine Lebenskraft – meine Shakti – meinem Partner, und mein Partner gibt seine mir. Gelegentlich kommen Pärchen zum Tangotanzen, von denen einer oder beide nicht mit anderen Leuten tanzen wollen. Ich empfehle diesen Paaren immer, mit vielen anderen zu tanzen. Nicht nur werden sie dadurch bessere Tänzer, es dient auch ihrer eigenen Beziehung gewaltig. Jeden Tropfen Vergnügen, den sie auf dem Tanzboden erleben, können sie mit nach Hause nehmen und einander schenken.

Bei den sogenannten sexuellen Dysfunktionen von Frauen steht der Mangel an Verlangen heute an erster Stelle. Gerade wurde in den Staaten ein neues Medikament zugelassen, um dies zu behandeln. Aber Frauen brauchen kein Medikament. Und offen gestanden brauchen auch die meisten Männer keins, um ihre Erektion zu stärken. Was wir stattdessen alle brauchen, ist die Fähigkeit, uns mit unserer Lebenskraft zu verbinden. Wir müssen in jeder Situation präsent und lebendig sein. Wenn Sie aber ständig arbeiten, sich Sorgen machen oder bei allem, das Sie tun müssen, Groll empfinden, können Sie nicht präsent sein. Wenn Sie – bei kleinen Dingen anfangend – Ihren Fokus auf Freude und Wertschätzung lenken, kann dies Ihr Leben enorm verändern.

Schlüssel #3:
Leben Sie Ihre Sexualität auf achtsame Weise aus.

Dies ist ganz einfach. Wenn Sie Liebe machen, auch mit sich selbst, seien Sie präsent. Schaden Sie niemandem – nicht sich selbst und nicht jemand anderem. Atmen Sie tief. Und fühlen Sie so viel wie möglich.

Der weltweite Erfolg der Trilogie *Fifty Shades of Grey* spricht Bände darüber, auf wie viele unterschiedliche Arten man die Sexualität lustvoll ausleben kann. Und am Ende der Geschichte steht eine wichtige Aussage: Ganz egal, wie viele Sexspielzeuge Sie haben, wie viele verschiedene Positionen Sie einnehmen und wie viele Hilfsmittel Sie einbeziehen, gewinnen werden immer Liebe, Zuwendung und eine aufrichtige Verbindung. Es gibt nichts Wirkmächtigeres als das Zusammenspiel von Liebe und Sex – auch wenn beide natürlich unabhängig voneinander existieren können.

Achtsamkeit im sexuellen Erleben bedeutet unter anderem, dass Sie dafür sorgen, dass Sie glücklich sind und sich wohlfühlen – und Monogamie ist tatsächlich ein wesentlicher Bestandteil davon. Meine Erfahrungen mit Tausenden von Frauen (und einigen Männern) legen nahe, dass der sexuelle Ausdruck dann am sichersten und kreativsten ist, wenn er einen verlässlichen Rahmen hat. Auch wenn es alle möglichen Arten gibt, diesen Rahmen zu öffnen – Sex-Partys, polyamore Gemeinschaften,

Tantra-Workshops und so weiter –, ist das, wenn man es regelmäßig tut, so ähnlich, als würde man ständig die Backofentür aufmachen, um nachzusehen, wie es dem Brot darin geht. Die Hitze entweicht, und die Qualität des Brotes leidet darunter.

Es gibt natürlich Menschen, die schwören, dass sie in polyamoren Gemeinschaften, in denen jeder Sex mit jedem hat, sehr glücklich sind. Meiner Erfahrung nach versuchen die betroffenen Frauen häufig, sich einzureden, dass ihnen etwas gefällt, was sich eigentlich nicht richtig anfühlt. Doch sie wollen hip sein. Und akzeptiert werden. Also machen sie mit. Aber tief in ihrem Inneren sind sie nicht glücklich damit. Und trotzdem wagen sie es nicht, energisch aufzutreten, weil sie nicht zurückgewiesen werden wollen.

Die Therapeutin Pat Allen, Autorin von *Kein Mann für eine Nacht,* geht sogar noch ein Stück weiter. Sie weist darauf hin, dass eine Frau regelrecht süchtig nach dem Mann werden kann, mit dem sie Sex hat. Wenn eine Frau einen Mann sexuell an sich heranlässt – wie beim Geschlechtsverkehr –, produziert ihr Hirn große Mengen von Oxytocin, das für alle Formen eines Verbundenheitsgefühls verantwortlich ist. Abgesehen davon korrespondiert der Muttermund als vaginale Reflexzone mit dem Herzen, was bedeutet, dass ein Mann, wenn er im Inneren einer Frau ist, ihr Herz stimuliert. Das macht es für sie noch wahrscheinlicher, dass sie sich in ihn verliebt.

Dies passt zu dem weit verbreiteten Wunsch nach Monogamie. Eine verlässliche Bindung ist wichtig für achtsame sexuelle Erfahrungen. Pat Allen rät Frauen, die eine verbindliche Partnerschaft anstreben, nicht mit einem Mann zu schlafen, so lange er diese Bindung mit ihr nicht eingegangen ist. Ein Mann, der in der Lage ist, eine solche Verbindung einzugehen, wird auch jemand sein, der eine Frau wertschätzt und beschützt. Er wird aber nur eine Frau schätzen, die sich selbst genug schätzt, um nach dieser Verbindlichkeit zu suchen. Eine der schwersten

Lektionen für viele Frauen ist diese: Wir müssen uns selbst so kostbar sein, dass wir lieber allein bleiben und auf einen Partner warten, der uns wirklich wertschätzt, als dass wir in einer schlechten Beziehung verbleiben, um das Alleinsein zu vermeiden. Und dazu müssen wir vor allem und ganz besonders uns selbst lieben, wertschätzen und achten.

In den vielen Jahren, in denen ich mich besonders engagiert für die Gesundheit von Frauen einsetzte, habe ich die Erfahrung gemacht, dass die allermeisten Frauen – und die Männer, die sie lieben – auf eine solche Partnerschaft aus sind und nicht auf eine Abfolge von One-Night-Stands oder polyamoren Orgien.

Natürlich bin ich mir sehr wohl bewusst, dass es alle möglichen perversen Praktiken gibt, so wie Peitschen, Ketten, Dominas, Subs und was immer sonst sich der menschliche Geist auszudenken vermag. Und auch hier ist die Stabilität des Rahmens, in dem diese Praktiken stattfinden, von entscheidender Bedeutung. In seinem erhellenden Buch *Elf Minuten* – der Titel bezieht sich auf die durchschnittliche Zeitdauer des Sexualaktes – erzählt Paulo Coelho die Geschichte einer Frau, die Sexarbeiterin in einem Bordell ist. Als sie diese Karriere beginnt, wird sie gewarnt, sich nicht auf körperliche Beschädigung und Erniedrigung einzulassen, auch wenn einer ihrer Kunden darum bitten sollte. Der Grund: Je tiefer man hinabsteigt, desto dunkler wird es. Und der Abgrund ist endlos. Körperlichen Schmerz und Scham zu ertragen, damit ein anderer Mensch sich sexuell erregt, beinhaltet ein großes Potential dafür, selbst Schaden zu nehmen. Und wie bei allen Süchten wird immer mehr von der süchtig machenden Substanz oder dem süchtig machenden Prozess gebraucht, um die gleiche Wirkung zu erzielen. Dennoch gilt hierbei, dass Sie in einem stabilen Rahmen gefahrlos einen Pornofilm ansehen oder an sexuellen Situationen teilnehmen können, die mit Schmerz, Scham und Erniedrigung verbunden sind. Seien Sie nur sehr wählerisch, wenn Sie sich entscheiden, so etwas zu tun. Und sorgen Sie dafür, dass es auch tatsächlich Ihre Entscheidung ist. Und dass Ihr Leben dadurch besser und erhöht wird, statt dass es sich verschlechtert.

Ein Wort zur Pornographie

Pornographie ist so alt wie die Menschheit selbst. Als ich vor einer Weile die historische Altstadt von Ephesus in der Türkei besuchte, wies uns der Reiseführer auf die pornographischen Bilder an den Schlafzimmerwänden eines Hauses aus der Zeit des Römischen Reiches hin.

Das Internet hat es möglich gemacht, dass wir mehr explizit sexuelle Bilder sehen als jemals zuvor. Die Kombination aus wiederholtem Sehen und einem erregten Zustand kann Ihr Hirn neu verschalten und Sie von Pornographie abhängig machen – von der Art Pornographie, bei der das Ziel ist, dass der Mann möglichst schnell seinen großen Penis in die Vagina, den Mund oder Anus einer Frau (oder eines Mannes) bekommt. Die sexuelle Erziehung vieler junger Menschen findet heutzutage mit Hilfe von Pornographie statt. Dies hat zur Folge, dass sie sich nicht die Fähigkeit, Geduld, Fürsorge und Achtsamkeit aneignen, durch die orgasmische Fülle und lebensbereichernder Sex hervorgebracht werden. Verhängnisvollerweise will man auch immer mehr Pornos sehen, je mehr man sieht, um den gewünschten »Kick« zu bekommen – erst recht, wenn man Pornographie konsumiert, um tiefem Fühlen aus dem Weg zu gehen. Sie sollten also sehr bewusst bei dem sein, was Sie konsumieren. Und warum Sie es tun. Und immer darauf achten, nicht Ihr eigenes Sexleben nach dem zu beurteilen, was Sie auf diesen

Bildern sehen. Lassen Sie sich nicht in etwas hineinziehen, das Sie nicht tun wollen.

Wirklich erotische Filme konzentrieren sich meist mehr auf die Spannung und elektromagnetische Kraft, die zwischen Menschen entsteht. Ich erinnere mich an eine Szene aus dem Film *Meine Liebe. Ewig,* in der der Dichter John Keats zum ersten Mal die Hand der Frau berührt, die ihn liebt. Ich war vollkommen ergriffen. Ich würde gern mehr solcher Filme sehen. Einfach wunderschön. Lebensbejahend. Und unglaublich erotisch.

Schlüssel #4: Nehmen Sie Ihre erotische Anatomie an und lernen Sie, mit ihr umzugehen.

Bisher ging es hauptsächlich darum, was man sich unter der vitalen Lebenskraft vorzustellen hat und wie man sie sublimieren und lenken kann. Jetzt möchte ich Ihnen ein paar konkrete Anweisungen geben, wie Sie die erotische Anatomie Ihres Körpers nutzen können, um Ihr Feuer auf lustvolle und gesunde Weise zu entfachen. Körperliches Vergnügen hat tatsächlich eine heilende Kraft, es ist in der Lage, blockierte Bereiche in Ihrem Körper und Ihren Faszien zu lösen. Ich weiß, dass es sich unheimlich anfühlen kann, zu seiner gesamten sexuellen Energie Zugang zu bekommen, aber es lohnt sich unbedingt, sich darum zu bemühen. Sie werden sich körperlich und emotional gesünder und glücklicher fühlen. Naomi Wolf hat dies wunderschön in ihrem Klassiker *Vagina* dokumentiert. Interessanterweise zieht eine Verstärkung der Lebenskraft auch mehr Geld an. Sie kennen vielleicht den Ausdruck »Shake Your Moneymaker« aus dem gleichnamigen Song von Elmore James. Nehmen Sie das einmal wörtlich und versuchen Sie, sich auf einem Stapel Rechnungen zu befriedigen oder mit jemandem Liebe zu machen – das ist kein Scherz. Die mächtige Verbindung zwischen Sex und Geld wird sich auf diese Weise in Ihrem Geist verfestigen. Warten Sie ab, was passiert.

Ich empfehle Ihnen, sich regelmäßig selbst zu befriedigen, und zwar mit Einsatz Ihres Atems und Ihrer Stimme, um die lustvollen Gefühle noch zu verstärken. Es geht dabei darum, den Körper durch Übung dazu zu bringen, immer mehr zu fühlen – bei immer weniger Stimulation. Man kann tatsächlich allein dadurch einen Orgasmus bekommen, dass man das Ohrläppchen stimuliert. Manchen Menschen gelingt es sogar nur durch die Vorstellung. Wir alle haben weit besseren Zugang zu unserer Lust, als man uns glauben gemacht hat.

Nehmen Sie sich zwei- bis viermal in der Woche je 30 Minuten Zeit dafür. Beginnen Sie bei dem, was Ihnen ein angenehmes Gefühl verschafft. Sie können es jederzeit steigern. Die sexuelle Beziehung, die Sie mit sich selbst haben, unterscheidet sich deutlich von jeder anderen in Ihrem Leben. Haben Sie einen Sexualpartner, kann sich dieser beteiligen – aber im Zentrum muss Ihr eigenes Vergnügen stehen. Wenn Sie keinen Partner haben, dient diese Praxis auch dazu, dass Ihre Säfte ein ganzes Leben lang fließen. Und sollte dann ein Partner auftauchen, ist Ihre erotische Anatomie in Topform.

Die Sexualpädagogin Sheri Winston ist davon überzeugt, dass wir alle zu sexuellen Virtuosen werden können. Wir müssen nur üben. Es ist leicht, den Flohwalzer zu klimpern, aber ein Konzert in der Carnegie Hall zu geben erfordert Konzentration und den Einsatz von Zeit. Genauso ist es mit Sex. Wenn Sie Ihren Körper darin trainieren, die sexuelle/erotische Energie zirkulieren zu lassen, um sie als vitalen Brennstoff zu benutzen, erfordert das mehr, als einfach nur »abzuheben«. Hier sind also einige Tipps für erfolgreiche Selbstbefriedigung.

Mikrokosmischer Orbit
Sowohl Männer als auch Frauen können vom mikrokosmischen Orbit profitieren. Diese uralte Übung gehört zu den taoistischen Sexualpraktiken und dient dazu, sexuelle Energie durch den Körper kreisen zu lassen. Sie ist einfach:

1. Legen Sie Ihre Zunge an den Gaumen, gleich vor den Schneidezähnen. Dies vollendet den mikrokosmischen Orbit, der in Ihrer Dammregion beginnt, das Rückgrat hochwandert und auf der Vorderseite wieder nach unten zum Bauchnabel gelangt.
2. Ziehen Sie Ihre Beckenbodenmuskeln mehrmals zusammen – dies sind die Muskeln, die Sie benutzen, wenn Sie den Urinstrahl anhalten. Spannen Sie dabei aber nicht das Gesäß an.
3. Atmen Sie jetzt Ihre sexuelle Energie die Wirbelsäule hinauf – bis zum Scheitel. Dann vorne am Gesicht wieder nach unten bis zum Bauchnabel.
4. Stellen Sie sich zwischen Ihrem Nabel und Ihrem Schambein einen Kessel mit sexueller Energie vor. Stellen Sie sich vor, dass Sie die vitale Sexualenergie jedes Mal dort hineingeben, wenn Sie diese Übung machen. Auf diese Weise mehren Sie Ihre vitale Lebenskraft, statt sie zu erschöpfen.
5. Wiederholen Sie diesen Kreislauf einige Male.

Sie können die Übung des mikrokosmischen Orbits während des Tages machen – ganz besonders, wenn Sie gerade angetörnt sind. Nehmen Sie Ihre Fantasie zu Hilfe, um die Energie zu bewegen.

Wenn Sie mehr solcher Techniken kennenlernen wollen, empfehle ich Ihnen das Universal Healing Tao System von Mantak Chia. Unter www.multi-orgasmic.com können Sie mehr darüber erfahren.

Selbstbefriedigung für Männer und Frauen
Selbstbefriedigung ist ein wesentlicher Aspekt, wenn es darum geht, sich die eigene erotische Anatomie anzueignen und über sie zu verfügen, daher möchte ich gern ein bisschen ausführlicher darüber sprechen. Zunächst einmal ist da der Begriff der Masturbation, den ich – auch wenn viele Menschen ihn als Synonym für Selbstbefriedigung benutzen – gern vermeiden möchte. Genau genommen wie die Pest. Ich lehne dieses Wort ab, weil zu viel Scham darin mitschwingt. Wortwörtlich bedeutet Masturbation: »mit der Hand beschmutzen«. Wie kann man etwas so Schönes so nennen? Die alten Taoisten bezeichneten Selbstbefriedigung als »Selbstkultivierung«, und diesen Begriff halte ich für wesentlich besser geeignet, um das wiederzugeben, was mit dieser Erfahrung verbunden ist. Selbstbefriedigung ist ein wesentlicher Teil sowohl der emotionalen wie auch der körperlichen Gesundheit, also kommen wir zur Sache.

Für Männer: Obwohl ich nicht glaube, dass es nötig ist, die verschiedenen Methoden der männlichen Selbstbefriedigung aufzuzählen – die meisten Männer sind ziemlich geübt darin –, gibt es eine Sache, die ich gern ansprechen möchte. Es geht um den G-Punkt des Mannes, der sich in seinem Anus befindet. Einige Männer gehen ihm aus dem Weg, wenn sie sich selbst befriedigen, weil ihnen das »komisch« vorkommt, aber es ist nun mal so, dass sich etliche Nervenenden im Anus befinden. Den G-Punkt selbst findet man gleich im Inneren auf etwa 12 Uhr. Den Anus zu stimulieren, besonders den G-Punkt, kann sehr befriedigend sein. Es ist auch gesund für die Prostata. Um die Nerven im Anus richtig zu erreichen, empfehle ich Ihnen Spielzeuge wie einen Analdildo. Er ist leicht über das Internet zu bestellen. Achten Sie aber darauf, viel Gleitmittel zu benutzen, wenn Sie ihn verwenden.

Für den Fall, dass Sie mehr Informationen über Selbstbefriedigungstechniken für Männer wünschen, empfehle ich das Buch

Orgasm Matters von Steve Bodansky. Bodansky stellt eine ganze Reihe verschiedener Techniken vor, darunter auch jene, bei dem Druck auf etwas ausgeübt wird, das er als »verborgenen Schwanz« bezeichnet. Damit ist die innere Verlängerung des Penis direkt unter den Hoden auf dem Damm gemeint. Bei starkem Druck darauf wird die Prostata massiert. Auch hilft dieser Druck, die Ejakulation zu kontrollieren. Eine leichte Stimulierung dieses Bereiches wird Ihnen dazu verhelfen, mehr Lust zu erleben. Steve sagt, dass es für die meisten Männer lustvoll sei, an den Hoden gezogen zu werden, mehr, als wenn man sie in den Körper schiebt. Versuchen Sie es ohne Gleitmittel und dann mit, um den Unterschied zu erfahren.

Abgesehen von diversen Techniken können Männer davon profitieren zu lernen, wie man den Orgasmus steigert, wofür sich auch die Selbstbefriedigung eignet. Die Zeit zu verlängern, bis ein Orgasmus die sexuelle Empfindung intensiviert, kann Wunder dabei wirken, die sexuelle Energie generell zu erhöhen. Wichtig sind dafür Entspannung und tiefes Atmen.

Die Ärzte Steve und Vera Bodansky, Autoren von *Orgasmus XXL. Lustvoll lange Höhepunkte,* sind Pioniere in der Erforschung von Orgasmen und Lust. Sie haben Hunderte von Menschen darin unterrichtet, ihr orgastisches Potential voll auszuschöpfen und ihre Beziehung zur Sexualität zu heilen. Sie erklären uns, dass die Orgasmen der meisten Männer so aussehen: anspannen und abspritzen. Aber damit beschneiden sich die Männer von der Fähigkeit, ihre vitale Lebenskraft zu fühlen und zu genießen. Dass muss nicht so sein.

Eine ganze Welt der gesteigerten Lust ist für Männer verfügbar, wenn sie bereit sind, sich auf andere Art auf den Orgasmus einzulassen. In diesem Fall geht es darum, einen Orgasmus ohne Ejakulation zu erleben. Etwas, das die Dauer und Empfindungsstärke des möglichen Vergnügens noch steigern wird. Außerdem wird sich die Lust in Ihrem ganzen Körper ausbreiten.

Um dies zu erreichen, ist es wichtig, dass Sie sich entspannen, tief atmen und den Moment kurz vor der Ejakulation wirklich spüren. Wenn er gekommen ist, ziehen Sie Ihre Beckenbodenmuskeln mehrmals zusammen – so wie in der Übung mit dem mikrokosmischen Orbit. Die sexuelle Erregung schwindet dadurch ein bisschen, was Ihnen die Gelegenheit gibt, sie erneut aufzubauen. Sie können das entweder mit sanften Streichelbewegungen machen oder mit mehr Druck oder indem Sie kreisende Bewegungen über die gesamte Länge des Penis machen. Bringen Sie die Energie hoch und dann wieder nach unten, bevor Sie mit der Ejakulation enden. Nach einer Weile werden Sie in der Lage sein, die Erektion längere Zeit aufrechtzuerhalten – ganz nach Belieben.

Ein Mann kann lernen, seine sexuellen Empfindungen durch seinen ganzen Körper zu leiten, so dass er an mehreren Stellen gleichzeitig Lust verspürt. Bringen Sie sich dazu bis kurz vor den Orgasmus – sagen wir, in einen Zustand der Erregung, der der Ejakulation gerade vorausgeht, bei dem Sie aber noch nicht über den Punkt hinaus sind, ab dem er unausweichlich ist. Vielleicht 7 auf einer Skala von 1 bis 10. Dann ziehen Sie die Beckenbodenmuskeln zusammen und hören Sie auf, sich zu stimulieren. Atmen Sie tief, während Sie ein paar mikrokosmische Orbits mit Ihrem Atem und Ihrer Vorstellungskraft machen. Und jetzt beginnen Sie von vorn. Wenn Sie dies ein paar Runden machen, trainieren Sie Ihren Körper darin, mehr Kontrolle über Ihre Ejakulation zu haben – und Sie werden darüber hinaus überall in Ihrem Körper Lust verspüren, nicht nur in Ihren Genitalien. Im Laufe der Zeit und mit etwas Übung schaffen Sie es dann, einen Orgasmus zu haben, ohne zu ejakulieren. Auf diese Weise werden Sie in der Lage sein, noch viel länger Liebe zu machen.

Mantak Chia schlägt in seiner Lehre vom Multiorgasmus für Männer vor, dass Männer die von ihm als »Millionen-Dollar-Punkt« bezeichnete Stelle erforschen, die gleich vor dem Anus auf dem Damm liegt. Wenn Sie auf diesen Punkt drücken, kann das helfen, den Ejakulations-Reflex zu unterbrechen und mehr Blut in den Penis zu drücken. Die Folge ist ein lustvolles Pochen, das den Kontraktionen der Vorsteherdrüse ähnelt, die mit einer Ejakulation einhergehen. Am besten stimulieren Sie den Millionen-Dollar-Punkt, wenn Sie sehr erregt sind, denn die Erregung und der Blutandrang im Gewebe wandern von der Vorderseite des Körpers zur Rückseite.

Diese Selbstkultivierung für Männer wird von vielen als etwas beschrieben, das zwischen Selbstbefriedigung und Meditation liegt. Es unterscheidet sich sehr von dem üblichen zwei bis drei Minuten dauernden Quickie, bei dem es darum geht, Spannung abzubauen. Es ist sehr wichtig, dass Sie sich so viel Zeit wie möglich nehmen, um die Selbstbefriedigung zu genießen und zu lernen, sie zu verlängern. Wenn Sie dies tun, zirkuliert verjüngende Heilungsenergie durch Ihren ganzen Körper.

Sie werden also in der Lage sein, beim Sex länger durchzuhalten. Chia berichtet, dass Männer, die von sich aus eine Erektion während der Selbstbefriedigung 15 bis 20 Minuten aufrechthalten können, während des Geschlechtsverkehrs so lange durchhalten können, wie sie wollen. Die Zeitspanne von 15 bis 20 Minuten ist entscheidend. Und dies erfordert Training im Umgang mit der Lust.

Ich möchte Männern, die mehr über verlängerte Orgasmen erfahren wollen, die Bücher *Öfter, länger, besser: Sextipps für jeden Mann* von Mantak Chia und Douglas Abrams, *Orgasm Matters* von Steve Bodansky und *Succulent SexCraft* von Sheri Winston und Carl Frankel ans Herz legen.

Für Frauen: Über die Selbstbefriedigungstechniken von Frauen ist weit weniger bekannt, weil weibliche Sexualität von Scham und Vorurteilen überschattet ist. Generell kann man sagen, dass Männer sich sehr viel häufiger selbst befriedigen als Frauen, auch wenn es da natürlich Ausnahmen gibt. Deshalb möchte ich einige Besonderheiten ansprechen, die sich der Frage widmen, wie Sie Selbstbefriedigung zu einem höchst genussvollen Erlebnis machen und so das ganze Ausmaß Ihrer vitalen Lebenskraft erfahren können.

Schaffen Sie sich eine angenehme, wunderschöne Umgebung: Ich empfehle Ihnen, für die Selbstbefriedigung einen gemütlichen, schönen Ort herzurichten. Verwenden Sie Blumen, Kerzen, Räuchermittel, gute Musik und ein Getränk Ihrer Wahl. Sorgen Sie dafür, dass Sie ein Öl oder eine Lotion von guter Qualität zur Verfügung haben. Ich empfehle Granatapfelöl, aber es gibt auch viele Alternativen. Wenn Sie zu dem Thema googeln, werden Sie etliche Produkte finden. Sie können auch etwas Gleitmittel bereitlegen. Befreien Sie diesen Ort von Unordnung. Bereiten Sie ihn so vor, als würden Sie einen sehr wichtigen Gast erwarten, denn das tun Sie ja auch – Sie sind dieser Gast. Ehren Sie sich auf diese Weise.

Beginnen Sie mit einer Brustmassage: Wenn Sie sich selbst befriedigen, beginnen Sie mit einer Brustmassage. Verwenden Sie Öl oder eine Lotion, und verbringen Sie etwa fünf Minuten mit Ihren Brüsten. Sie können einfach tun, was sich gut anfühlt, oder Sie können einer bestimmten Methode folgen, wie ich sie in der Übung der Hirschkuh (Female Deer Exercise) im nächsten Kasten näher erläutere. Im Internet gibt es viele großartige Videos, in denen Sie verschiedene Brustmassage-Techniken kennenlernen können – darunter auch die der Hirschkuh.

Eine Brustmassage samt einer Brustwarzenstimulation ist für die meisten Frauen sehr lustvoll. Wenn man Brustimplantate hat, kann die Empfindungsfähigkeit der Brustwarzen sinken oder ganz ausgelöscht sein – dies sollte man bedenken, bevor man in Erwägung zieht, eine solche Prozedur durchführen zu lassen.

Hirschkuh-Übung

Die Hirschkuh-Übung – eine uralte taoistische Praxis – ist sehr hilfreich, um die erotische Energie zu steigern. Außerdem unterstützt sie die Gesundheit von Becken und Brüsten.

1. Setzen Sie sich im Schneidersitz auf ein Kissen.
2. Bringen Sie die Ferse von einem Fuß an die Öffnung Ihrer Vagina, so dass sie gegen die Klitoris drückt. Wenn Sie die Ferse nicht in diese Position bringen können, benutzen Sie einen Tennisball, um den Kontakt mit Ihrem Körper herzustellen.
3. Beginnen Sie, Ihre Brüste in kreisenden Bewegungen zu massieren, während der Druck auf Ihre Klitoris bestehen bleibt. Umfassen Sie dazu als Erstes die Brüste mit den Handflächen, so, als wollten Sie sie leicht anheben, und bewegen Sie Ihre Hände dann zu den Seiten hin und um die Brüste herum nach oben und von dort zwischen den Brüsten nach unten, so dass sich der Kreis schließt.
4. Wiederholen Sie diese Bewegungen achtsam und lustvoll 10- bis 60-mal. Machen Sie dann das Gleiche in entgegengesetzter Richtung. Die Brustwarzen können sehr empfindsam sein, also meiden Sie sie bei dieser Übung.
5. Atmen Sie tief und langsam.

Sie werden feststellen, dass diese Übung sehr erregend ist. Es kann sein, dass Sie dabei feucht werden.

Wenden Sie sich jetzt dem Rest Ihres Körpers zu: Nachdem Sie Ihre Brüste massiert haben, ist es gut möglich, dass Sie erregt sind. Legen Sie sich jetzt hin und beginnen Sie, die Innenseiten Ihrer Oberschenkel zu massieren, den Bauch und all die anderen

Stellen, die Ihnen Lust bereiten. Berühren Sie aber noch nicht die Klitoris. Spielen Sie stattdessen mit den Schamhaaren und anderen Körperstellen. Atmen Sie weiter – langsam und tief. Wenn Ihnen danach ist, bewegen Sie Ihren Körper sinnlich und träge.

Berühren Sie nach etwa 10 bis 15 Minuten Ihre Klitoris – sie ist das einzige Organ im Körper, das nur dazu dient, Lust zu bereiten. Die Klitoris hat 8000 Nervenenden. Was Sie sehen, ist nur ihre Spitze, die sich außerhalb des Körpers befindet, während die Klitoris selbst wie ein Eisberg ist – der größte Teil liegt tief im Inneren verborgen. Es gibt auch erotisches erigierbares Gewebe um die Harnröhre und den After herum. Frauen haben genauso viel erigierbares Gewebe wie Männer, es liegt nur alles im Inneren.

Die Klitoris umfasst ein ganzes System aus erogenem Schwellkörpergewebe im Becken, und sie dehnt sich in zwei Richtungen aus, zum einen hin zum Schambein und zum anderen Richtung Harnröhre und After. Der Beckennerv mit seinen weiten Verzweigungen vitalisiert und kräftigt die verschiedenen Bereiche des Beckens und der erotischen Anatomie. Er steigt vom unteren Rückgrat auf; die Art und Weise, wie er sich verzweigt, unterscheidet sich von Frau zu Frau. Einige Frauen haben mehr Empfindungen um die Klitoris herum, andere mehr in ihrer Vagina, noch andere am G-Punkt. Und manche im perianalen Gebiet. Deshalb ist es so wichtig herauszufinden, wie Ihre ganz eigene erotische Anatomie beschaffen ist.

Es gibt eine Stelle auf der Klitoris, gleich links von der Mitte auf etwa ein Uhr (wobei die Uhr von Ihnen wegzeigt), die für die meisten Frauen besonders empfindlich ist. Beginnen Sie, dieses Gebiet langsam und sanft zu massieren. Achten Sie darauf, dass Sie dabei sehr entspannt sind. Spannen Sie weder Beine noch Gesäß an. Atmen Sie nur und genießen Sie das Gefühl. Versuchen Sie nicht unbedingt, einen Orgasmus zu bekommen, aber wenn Ihnen danach ist, genießen Sie es. Während Sie sich auf diese Weise verwöhnen, praktizieren Sie den mikrokosmischen Orbit, um Ihre sexuelle Energie zu bewegen.

Sie können den G-Punkt in Ihre Selbstbefriedigung mit einbeziehen, wenn Sie das möchten. Bei Frauen lässt sich der G-Punkt gleich hinter dem Schambein ertasten. Er hat etwa zwei cm Durchmesser. Wenn Sie sich hinhocken, Ihre Finger in die Vagina schieben und unter dem Schambein verhaken, können Sie den G-Punkt als leicht erhobenes, extrem lustvolles Gebiet spüren. Bei der Stimulation des G-Punkts wird die Zirbeldrüse energetisch stimuliert, die wiederum die wunderbare Substanz DMT produziert. Es gibt ein Sex-Spielzeug namens Crystal Wand, das Sie online bestellen können. Dabei handelt es sich um einen Kristallstab, der Ihnen helfen wird, dieses Gebiet während der Selbstbefriedigung zu stimulieren. Ein anderes Spielzeug nennt sich Njoy. Wenn der G-Punkt stimuliert wird, kann das die weibliche Ejakulation hervorrufen – und damit meine ich nicht den Orgasmus, der auch durch Stimulierungen anderer Körperstellen eintreten kann. Die weibliche Ejakulation entsteht nur durch Stimulation des G-Punkts. Das Ejakulat, das dabei in reichlichen Mengen produziert wird, fühlt sich zwar vielleicht wie Urin an, aber es ist ganz und gar kein Urin. In alten Texten wird es als Amrita bezeichnet, und es wurde als segensreich betrachtet, es zu verzehren.

Stimulieren Sie Ihre Klitoris, Ihren G-Punkt oder andere erogene Stellen weiter lustvoll, um Ihren Körper aufzuwecken. Es ist schön, wenn Sie einen Orgasmus haben, aber es ist nicht nötig. Bei dieser Übung geht es vor allem darum, dass Ihre Shakti in Fluss kommt und durch Ihren Körper zirkuliert. Es wird auch dazu beitragen, dass Ihr Körper mehr Lust empfinden kann.

Beachten Sie: Wenn Sie anfangen, den G-Punkt zu stimulieren, kann es sein, dass er sich taub oder sogar schmerzhaft anfühlt. Dies liegt daran, dass Frauen häufig unerlösten Schmerz aus früheren sexuellen Erfahrungen oder Scham dort gespeichert haben. Lassen Sie sich davon nicht abhalten. Bringen Sie weiter

Liebe und Aufmerksamkeit in diesen Bereich. Er wird aufwachen, und Sie werden dort Glückseligkeit erfahren. Wenn Sie sich in einer guten Beziehung befinden, können Sie Ihren Partner bitten, diesen Bereich für Sie zu stimulieren, während Sie einfach nur die Berührung genießen und das Vergnügen auskosten. Dies zu tun, ohne Geschlechtsverkehr anzustreben, kann sich heilsam und förderlich auf die ganze Beziehung auswirken.

Die Vorzüge der vaginalen Penetration

Wenn Sie eine Frau sind und keinen Sexualpartner haben, empfehle ich Ihnen, dass Sie hin und wieder einen Dildo benutzen, während Sie sich selbst befriedigen. Am besten sind die aus Silikon, weil sie leicht zu reinigen sind. Sie können den Dildo zu einem Bestandteil Ihrer Praxis der Selbstbefriedigung machen. In der Vagina gibt es Reflexzonen, die mit allen anderen wesentlichen Organen korrespondieren – so wie die Reflexzonen an Händen und Füßen. Diese Reflexzonen während des Geschlechtsverkehrs zu stimulieren oder einen Dildo zu benutzen ist gut für Ihre Gesundheit, weil damit alle Organe in Ihrem Körper fit gehalten werden.

Ich empfehle allerdings, lieber keinen Vibrator bei der Selbstbefriedigung zu verwenden. Vibratoren können die Empfindungsfähigkeit im Laufe der Zeit herabsetzen, statt dass sie sie verstärken. Wenn das geschieht, benötigen Sie immer mehr Stimulation und fühlen doch immer weniger. Das Ziel ist jedoch, Ihren Körper darin zu trainieren, bei der geringsten erotischen Berührung – oder beim geringsten erotischen Gedanken – in Verzückung zu geraten.

Bewahren Sie die körperliche Gesundheit Ihrer erotischen Anatomie

Die letzte Information, die ich Ihnen bezüglich der erotischen Anatomie geben möchte, richtet sich nur an Frauen. Wie ich eingangs erwähnte, sind die Vaginen vieler Frauen taub, und ihr Beckenmuskeltonus ist schwach. Glücklicherweise muss das kein dauerhafter Zustand sein. Sie können Ihre Vagina aufwecken und Ihre Beckenmuskeln kräftigen, indem Sie ein kleines Gerät benutzen, das sich Yoni-Ei nennt.

Das Yoni-Ei ist ein uraltes Werkzeug, das der weiblichen sexuellen Fitness dient. Ursprünglich entstammt es einer geheimen Praxis der königlichen Familie im alten China. Durch das Üben mit dem Yoni-Ei lässt sich die Beckenbodenmuskulatur trainieren. Darüber hinaus hilft es, einer Stressharninkontinenz und einem Gebärmuttervorfall vorzubeugen.

Yoni-Eier bestehen aus Jade, Rosenquarz, Obsidian oder einem anderen Stein. Es sind kleine, eiförmige Gebilde mit Löchern darin, die in die Vagina geschoben werden. Am einfachsten ist es, wenn Sie ein Stück Seidenfaden oder Zahnseide durch das Loch fädeln, so dass Sie das Ei leicht wieder herausziehen können. Stehen Sie auf und gehen Sie zwischen 15 Minuten bis zu einer Stunde herum, während Sie das Ei an Ort und Stelle behalten. Wenn Sie es im Stehen nicht festhalten können, legen Sie sich hin und üben Sie im Liegen mit dem Ei, indem Sie sanft an dem Faden ziehen. Im Laufe der Zeit werden Sie Ihre Muskeln genug gekräftigt haben, um das Ei auch im Stehen halten zu können. Noch mehr Kraft und vaginale Geschicklichkeit können Sie aufbauen, wenn Sie ein Gewicht an den Faden hängen, etwa einen kleinen Beutel mit Steinen. Schieben Sie dann das Ei in Ihre Vagina und halten Sie es mit Hilfe der Vaginalmuskeln dort fest. Gehen Sie einfach etwa eine Stunde mit dem Ei in der Vagina herum. Wenn Sie das Ei mit dem Gewicht an Ort und Stelle halten, bewirkt das einen mächtigen Biofeedback-

Mechanismus, der automatisch den Beckenboden und die Vaginalmuskeln trainiert.

Das Yoni-Ei lässt sich noch auf viele andere Weisen benutzen. Normalerweise finden Sie bei dem Ei eine umfassene Gebrauchsanleitung. Yoni-Eier sind leicht online zu bekommen.

Die Liebe teilen

So wichtig Selbstbefriedigung für Sie auch ist, um Ihre vitale Lebenskraft wieder aufzuladen – es spricht auch einiges für die gemeinsame Erfahrung von Liebe und Sex. Wenn Sie einem Menschen, den Sie lieben, Lust bereiten, lädt das Sie beide wieder auf.

Ich habe während meiner Zeit als Frauenärztin und Geburtshelferin mit vielen Paaren gesprochen. Besonders liebenswert fand ich, wie sehr fast alle von ihnen ihren Partnern Lust schenken wollten. Sie wollten großzügige Liebhaber sein. Sie sagten das Gleiche, was ich eben gesagt habe: Durch die Lust ihres Partners empfanden sie genauso viel Lust wie durch einen eigenen Orgasmus.

Zu den interessanten Dingen, die ich mit Hilfe meiner Patienten erkannt habe, zählt die Tatsache, dass die Lust, die Frauen suchen, häufig gar nicht rein körperlicher Natur ist. Die meisten Frauen blühen auf, wenn sie Aufmerksamkeit bekommen – und wir brauchen sie täglich, im Großen und im Kleinen. Wenn jemand uns Aufmerksamkeit schenkt, wozu auch gehört, unseren Körper zu bewundern, schmelzen wir in der Erfahrung, wertgeschätzt zu werden, dahin. Es können kleine Worte sein, die diese Wertschätzung ausdrücken – eine sexy SMS, mit der man uns mitteilt, dass man an uns denkt, oder eine kurze Notiz, die besagt, dass jemand es nicht abwarten kann, bei uns zu sein, wenn er oder sie nach Hause kommt. All das kann für unsere vitale Lebenskraft Wunder wirken. Und für die unseres Gegenübers. Die berühmte Romanautorin Isabel Allende schrieb einmal, dass der G-Punkt einer Frau in ihren Ohren liege. Jeder, der ihn woanders suche, würde am Wesentlichen vorbeigehen. In diesen Worten liegt viel Wahrheit.

Das Klügste, das ein Mann tun kann, ist zu lernen, eine Frau gut zu lieben – sowohl mit seinen Worten als auch mit seinem Körper. (Dies bezieht sich natürlich auf alle Menschen, ob sie homosexuell, heterosexuell oder transgender sind. Bitte verändern Sie das Pronomen entsprechend.) Einen solchen Mann wird eine Frau dadurch belohnen, dass sie ihn zu ihrem Helden macht – und ihn auf diese Weise mehr erhöht, als er es sonst jemals sein würde. Der Grund dafür ist, dass Frauen (oder besser diejenigen in einer Beziehung, die mehr den Yin-Part übernehmen) das wahre Zentrum der Macht darstellen. In dem alten Spruch »Die Hand, die die Wiege bewegt, bewegt die Welt« liegt viel Wahrheit – auch wenn Frauen nicht immer Länder regiert oder Gesetze gemacht haben. In emotionaler Hinsicht haben Frauen jedoch riesige Macht über das Glück eines Mannes und daher auch über seine vitale Lebenskraft. Wie sich herausgestellt hat, sind verheiratete Männer generell glücklicher und gesünder als ihre allein lebenden Geschlechtsgenossen.

Und noch eines ist wichtig, was die gemeinsame Erfahrung der Lust betrifft. Der körperliche Ausdruck der vitalen Lebenskraft, also dass man sich heiß und angetörnt fühlt, ist ansteckend. Eine angetörnte Frau törnt einen Mann an und umgekehrt. Unsere Körper sind auf erstaunliche Weise Teil eines Energiefelds.

Irgendwann in meinem Leben beschloss ich, in Privatstunden mit den Bodanskys zu arbeiten, den Autoren von *Orgasmus XXL – Lustvoll lange Höhepunkte*, um das Leben in meinen Genitalbereich zurückzuholen. Die Energie von Steve und Vera als Paar und ihre offensichtliche Liebe füreinander waren sehr inspirierend. Ihr starker, sie miteinander verbindender Rahmen nach so vielen Jahren Ehe gestattete es ihnen, anderen dabei zu helfen, ihr eigenes erotisches Potential auf sichere Weise zu erlangen. Ich stellte verblüfft fest, dass Vera 20 Jahre älter ist als Steve. Das hat mir wirklich geholfen, meine Vorstellung darüber, was in einer festen Beziehung möglich ist, zu überdenken, denn ich begriff, dass das Alter dabei nicht entscheidend sein muss.

Als Erstes baten die beiden mich, ihnen die Geschichte meiner Sexualität zu erzählen, und zwar mit der folgenden Anweisung: Ich musste sie, während ich sie ihnen erzählte, anmachen. Huch! Ich wusste, dass es mir unmöglich sein würde, hier zu schwindeln. Ich musste mich vielmehr in meinem Körper attraktiv fühlen, während ich sprach, musste die Verknüpfung zwischen meinen Gedanken und meiner erotischen Anatomie spüren. Und dann sagte Steve mir etwas, von dem ich glaube, dass es nicht sehr viele Frauen wissen – ich zumindest wusste es ganz sicher nicht. Der Penis eines Mannes kann spüren, ob eine Frau angetörnt ist oder nicht. Er ist wie ein sinnliches Barometer. Er reagiert buchstäblich auf die vitale Lebenskraft, indem er sich aufrichtet. Dies funktioniert auch bei Frauen – erinnern Sie sich an die VPA (Vaginale Puls Amplitude), über die wir zuvor gesprochen haben?

Wenn Sie also ganz in Verbindung mit Ihrer vitalen Lebenskraft kommen und aus ihr heraus leben wollen, gestatten Sie Ihrem Körper, als sinnliches Barometer dafür zu dienen. Gestatten Sie der Lebenskraft, durch Sie hindurchzufließen. Genießen Sie es. Schwelgen Sie darin. Sie gehört Ihnen. Ergreifen Sie sie, und um ganz und gar und genussvoll zu leben, nutzen Sie sie als Kraft für Reichtum, Lust und Freude.

Kapitel 12

Die Macht der Gemeinschaft

Heilung in Einsamkeit ist unmöglich; sie ist das Gegenteil von Einsamkeit. Geselligkeit ist Heilung. Um geheilt zu werden, müssen wir uns mit all den anderen Lebewesen zu einem Fest der Schöpfung zusammenfinden.

Wendell Berry

Ich habe oft gesagt, dass ein direkter Zusammenhang zwischen Gemeinschaft und Immunität besteht. Und das stimmt auch. Alle Menschen blühen auf, wenn sie echte Verbindung, Akzeptanz und Intimität erfahren. Unsere Körper werden durch die Interaktionen mit jenen, die uns besonders nahestehen – unseren »Stämmen« –, tiefgreifend beeinflusst. Wir sind Herdenwesen, und mit wenigen Ausnahmen geht es uns körperlich, emotional und spirituell am besten, wenn wir Teil eines Stammes sind, der uns wertschätzt.

Es gibt Hunderte von Studien, die beweisen, wie entscheidend soziale Beziehungen für unsere Gesundheit sind, aber ein paar gefallen mir besonders gut, weil sie dies einfach wunderbar darlegen.

Die eine Studie stammt von der Carnegie Mellon University in Pittsburgh und trägt den Titel »Soziale Integration und Gesundheit: Die Sache mit der Erkältung.« Die Studie beweist, wie tiefgreifend unsere sozialen Netzwerke unsere Immunität und Resilienz beeinflussen. Die Methodik dieser Studie war die folgende: Man nahm eine Gruppe von Freiwilligen und schätzte ihre soziale Vielfalt ein, im Hinblick auf die Qualität und Quantität ihrer sozialen Kontakte. Dazu gehörten zum Beispiel Familie, Kirchengruppen, Tanzgruppen, Kollegen und so weiter. Dann bekamen die Freiwilligen Tropfen mit Erkältungsviren (Rhinovirus) in die Nase. Anschließend wogen die Forscher die Taschentücher, mit denen die Teilnehmer sich die Nase putzten. Sie dienten als Maßstab dafür, wie schwer die Erkältung war, die sich jene zugezogen hatten. Im Laufe der Studie stellte sich heraus, dass diejenigen Menschen, die am wenigsten unter den Symptomen der Erkältung zu leiden hatten, obwohl sie den Viren ausgesetzt waren, diejenigen mit den stabilsten und vielfältigsten sozialen Kontakten waren. Wenn mir also jemand sagt: »Oh, ich möchte dich lieber nicht umarmen, weil ich gerade eine Erkältung bekomme«, erkläre ich, dass ich mir keine Sorgen mache. Und das stimmt auch. Ich mache mir niemals Gedanken darüber, dass ich mich bei jemandem anstecken könnte, denn ich weiß, dass die Immunität noch von vielen anderen Faktoren abhängt und nicht nur davon, ob ich Viren ausgesetzt bin. (Und ja, es steht außer Frage, dass regelmäßiges Händewaschen die Wahrscheinlichkeit verringert, dass sich Keime in einer Schule oder in einem Krankenhaus ausbreiten.)

Bei der anderen Studie, die mir ebenfalls gut gefällt, handelt es sich um das längste Forschungsprojekt, das jemals bezogen auf Gesundheit und Glück durchgeführt wurde: die Harvard Study of Adult Development. Diese noch immer weitergeführte Studie begann 1938 mit 724 Männern aus zwei Gruppen – eine bestehend aus Harvard-Studenten und eine mit Männern mit einem weniger privilegierten Hintergrund. Im Jahr 2014 lebten noch etwa 60 Männer der ursprünglichen Gruppe. Die Studie, die jetzt die Kinder dieser Männer beobachtet, fand heraus, dass die glücklichsten und gesündesten Männer diejenigen waren, deren Beziehungen besonders fest waren – zu Freunden, Familie und der Gemeinde. Man kam zu dem Schluss, dass nicht die Anzahl der Freunde für die Gesundheit und die Hirnfunktionen maßgeblich ist, sondern die Qualität der Beziehungen.

So viel mehr als Keime

Wie ich in diesem Buch immer wieder betont habe, sind Gesundheit und Krankheit weit komplizierter, als dass sie nur von dem Kontakt mit Keimen abhängen würden. Schließlich befinden sich in und an unserem Körper dreimal mehr Keime als Zellen. Der Schlüssel zur Gesundheit liegt darin, in Harmonie mit Menschen um uns herum zu leben – und auch mit Mikroorganismen in uns und um uns herum. Die Harmonie innerhalb dieser Gemeinschaften ist weit wichtiger, als es die einzelnen Keime sind, die dort wachsen.

Zwei bekannte Wissenschaftler führten im 19. Jahrhundert eine berühmte Auseinandersetzung: Antoine Béchamp und Louis Pasteur. Béchamp behauptete, dass Krankheiten nicht von einem spezifischen Keim verursacht werden. Seiner Meinung nach war es vielmehr die Umgebung, in der dieser Keim sich befand. Pasteur war dagegen der Ansicht, dass es der Keim selbst war. Er ist es, der den Prozess erfunden hatte, der als Pasteurisierung bekannt wurde. Auf dem Totenbett gestand Pasteur allerdings, dass Béchamp die ganze Zeit recht gehabt hatte. Die Umgebung ist in der Tat wichtiger als der Keim selbst. Die meisten Menschen wissen das jedoch nicht in unserer Zeit der übertriebenen Hygienisierung, in der wir uns und alle Oberflächen um uns herum desinfizieren. Es ist eine Zeit, in der wir auch immer mehr Impfstoffe gespritzt bekommen – alles aufgrund unseres kulturell bedingten Glaubens an unsere umfassende Anfälligkeit gegenüber Keimen.

Die Wahrheit ist, dass wir alle jeden Tag krankheitsverursachenden Keimen ausgesetzt sind. Ob wir krank werden oder nicht, hängt sehr stark von der Qualität unserer Interaktionen mit den uns umgebenden und in uns existierenden Gemeinschaften ab.

Am Ende gewinnen Liebe und Beziehung, wie eine andere von mir sehr geschätzte Studie bewiesen hat. Die Kaninchen-Studie der Ohio State University zeigt, wie wichtig zwischenmenschliche Interaktion für die Gesundheit ist – auch wenn das ursprüngliche Anliegen der Studie ein ganz anderes war, nämlich den Krankheitsverlauf zu untersuchen, der zu kardiovaskulären Erkrankungen führt. Teil dieser Studie war eine Gruppe von Kaninchen, die man so gezüchtet hatte, dass sie besonders anfällig für Herzleiden und Arteriosklerose waren. Außerdem wurde ihre Ernährung noch so gestaltet, dass sie Herzkrankheiten beförderte.

Am Ende der Studie waren alle Kaninchen tot, und man konnte ihre Arterien untersuchen. Alle Kaninchen hätten Anzeichen von kardiovaskulären Krankheiten haben müssen – und bei den meisten war das auch so. Es gab aber eine Gruppe, deren Arterien sauber und unberührt geblieben waren. Niemand konnte den Grund dafür herausfinden. Man wiederholte die Studie also. Das Resultat war das gleiche. Was war da los? Es stellte sich heraus, dass jene Kaninchen, die saubere Arterien hatten und keine Krankheitsanzeichen aufwiesen, in Käfigen untergebracht gewesen waren, zu denen eine Studentin Zutritt hatte. Diese hatte die Kaninchen jeden Abend gefüttert. Und nicht nur das. Sie hatte sie gestreichelt und mit ihnen gespielt. Die soziale Interaktion hat sie gesund gehalten – trotz ihrer Gene und ihrer schlechten Ernährung. Wenn ich diese Daten in Vorlesungen präsentiere, sage ich gern: »Wenn Sie also eine Mahlzeit zu sich nehmen, die Sie anfällig für Herzkrankheiten macht, sorgen Sie dafür, dass Sie hinterher eine Massage bekommen.«

Der Preis dafür, keine Gemeinschaft und keine Beziehungen zu haben

Als meine Töchter noch zur Schule gingen, erklärte ich ihnen, dass Jugendliche vor allem deshalb Drogen nehmen, Zigaretten rauchen und Alkohol trinken, weil sie unglücklich sind. Ich erzählte ihnen auch, was es mit dem Gruppendruck auf sich hat. Wenn man sich schlecht fühlt und unbedingt dazugehören will, ist man sehr empfänglich für Gruppendruck jeder Art. Für Dinge, die weder gut noch gesund sind. Warum sonst sollte man beweisen wollen, wie cool man ist, indem man eine Substanz zu sich nimmt, die Dutzende von Giftstoffen beinhaltet, die Lungenkapazität schädigt und das Herz verstopft? Kein gesundes Säugetier würde so etwas jemals tun. Ich habe Hunde erlebt, die einige der beliebtesten Fast-Food-Gerichte nicht anrührten, weil ihr Hundeinstinkt ihnen sagte, dass das Essen nicht gesund ist.

Süchtig machende Substanzen wie Zigaretten, Drogen und Alkohol bekommt man nahezu überall. Nach meiner Erfahrung werden sie dann zu einem richtigen Problem, wenn Menschen keine festen Bindungen haben.

In seinem erhellenden TED-Talk mit dem Titel »Everything You Think You Know about Addiction Is Wrong« (auf Deutsch: »Alles, was Sie über Sucht zu wissen glauben, ist falsch«) erzählt Johann Hari von seiner Recherche über die Suchtforschung, die dazu benutzt wird, die gegenwärtige Behandlung von Süchtigen – meist in Form von Strafen – zu rechtfertigen. Er erklärt, dass angeblich süchtig machende Drogen wie Kokain oder Heroin keine körperliche Sucht erzeugen. Wer schon einmal operiert worden ist, hat danach wahrscheinlich Morphium oder ein Derivat von Heroin erhalten, denn es gibt nichts Besseres bei akuten postoperativen Schmerzen. Aber es verursacht keine Sucht, sofern es nicht schon zuvor ein unterschwelliges Problem gegeben hat.

Unsere gegenwärtigen Behandlungsmodelle der Sucht gehen

nicht das eigentliche Problem an, nämlich das Gefühl der Entfremdung – von unserem Leben, von unserer Arbeit, vom Leben anderer und dem emotionalen Schmerz, der daraus resultiert. Unser Gehirn verzeichnet emotionalen und körperlichen Schmerz im gleichen Areal, und emotionaler Schmerz kann genauso schlimm sein wie körperlicher. Suchtanfällig sind Menschen mit permanentem emotionalem Schmerz. Wenn Ratten in kargen Käfigen isoliert sind und die Wahl zwischen purem Wasser oder Wasser mit Heroin haben, trinken sie das mit Drogen versetzte Wasser. Und sie sterben, indem sie sich selbst töten. Befinden sich die Ratten hingegen in einer abwechslungsreichen Umgebung voller Spielzeug und sozialer Interaktion, ignorieren sie das Drogenwasser. Es gibt für sie jetzt bessere Möglichkeiten, sich zu vergnügen.

Sucht – ob bezogen auf Zucker oder Kokain oder Arbeit oder Sex – ist mit emotionalem Schmerz und Leere verbunden, die wiederum mit einem Mangel an Verbindung mit anderen und Entwertung zu tun haben. Und auch mit einer Ignoranz der riesigen Ressourcen und der Führung, die jeder von uns in sich trägt. Die Substanz oder der Prozess, von dem ein Süchtiger abhängig ist, wird zur Auflösung dieses Schmerzes benutzt – sie ist aber nicht der Grund der Abhängigkeit. Der Arzt Vincent Felitti, der die riesige Adverse Childhood Experiences (ACE) Study initiiert hat, hat dies ohne jeden Zweifel bewiesen. Je mehr ungünstige Kindheitserfahrungen jemand gemacht hat – zum Beispiel die Scheidung der Eltern oder der Anblick, wie ein Elternteil geschlagen oder angebrüllt wird, Armut, Geisteskrankheit in der Familie, chronische Krankheiten –, desto anfälliger ist dieser Mensch dafür, einer Sucht zu verfallen, medizinische Notfälle zu erleben, krank zu werden und vorzeitig zu sterben.

Wendell Berry drückte es in *The Art of the Commonplace* sehr schön aus: »Die Menschen nehmen legale und illegale Drogen, weil sie ihr Leben als unerträglich schmerzhaft oder langweilig empfinden. Sie hassen ihre Arbeit und finden keine Entspannung in ihrer Freizeit. Sie sind von ihren Familien und ihren Nachbarn entfremdet. Es sollte uns zu denken geben, dass der Konsum von Drogen in gesunden Gesellschaften gelegentlich in feierlichem, geselligem Rahmen stattfindet, während er bei uns mit Einsamkeit, Scham und Abhängigkeit zu tun hat. Wir brauchen Drogen offenbar, weil wir einander verloren haben.«

Johann Hari berichtet, dass Portugal sich vor einer Weile dazu entschieden hat, Drogen und Süchtige zu entkriminalisieren. Statt Süchtige ins Gefängnis zu stecken, wird das eingesparte Geld dafür verwendet, ihnen zu helfen, sich wieder mit der Gesellschaft zu verbinden und eine passende Anstellung zu finden. Als Folge davon ist der Anteil der Drogen konsumierenden Menschen um 50 Prozent gesunken. Dies ist ein wunderbares Beispiel dafür, dass sich das Problem durch Mitgefühl und Liebe statt Scham und Zensur tatsächlich an der Wurzel heilen lässt. Natürlich nicht immer. Aber deutlich häufiger, als es das alte Schammodell vermag.

Inzwischen glaube ich, dass zumindest in der westlichen Kultur so gut wie jeder Mensch zu irgendeinem Zeitpunkt seines Lebens irgendeine Sucht hatte. Eine Freundin von mir, die zu den Anonymen Alkoholikern geht, hat die Wurzel all dieser Suchtformen einmal wunderbar auf den Punkt gebracht. Sie sagte: »Es ist, als hätte ich alles und jeden zu meiner Höheren Macht gemacht, abgesehen von meiner wirklichen Höheren Macht.« Bei einem Treffen einer 12-Schritte-Gruppe oder in einer anderen Selbsthilfegruppe können Sie sich verletzlich zeigen und ehrlich sein. Das Ergebnis sind echte Beziehungen und Vertrautheit.

Die Liebe finden

Die verstorbene Elisabeth Kübler-Ross, Begründerin der Sterbeforschung, sagte einmal, dass unsere Gesellschaft Kinder zu kleinen Prostituierten erziehe, indem sie Variationen von »Ich liebe dich, wenn […]« verwende. Dadurch beginnen wir zu glauben, dass wir fehlerhaft sind, können uns selbst nicht trauen und müssen uns Bestätigung im Außen suchen. Wir vergessen, dass wir so, wie wir sind, genügen, und genau genommen ist die Überwindung dieser Überzeugung einer der wichtigsten Gründe, weshalb wir überhaupt geboren werden. Vom Standpunkt der Seele aus betrachtet gibt es keine Fehler, keine Schuld, keine Scham. Allerdings dürfen wir nicht vergessen, dass es wichtig ist, wer wir sind, und dass noch so viel Bestätigung und Anerkennung von außen nichts nützen wird, wenn wir nicht Teil eines Stammes sind, der mit unserer Seele im Einklang steht.

Ich möchte Ihnen hierfür ein Beispiel geben. Vor etwa zehn Jahren hatte ich eine Lungenentzündung, weil ich fest entschlossen war, mich nicht vor dem Stamm schämen zu müssen, indem ich körperliche Schwäche und Verletzlichkeit offenbarte. Ich wurde krank, weil mir die Verpflichtung gegenüber der Gemeinschaft wichtiger war als mein eigenes körperliches Wohlergehen – genau so hatte ich es im Studium gelernt. Ärzte dürfen einfach nicht krank sein.

Ich hatte zugesagt, in New York City einige Geschäftsleute zu treffen, um über eine geschäftliche Vereinbarung zu sprechen. Außerdem sollte ich einen Preis für meine Arbeit in Funktioneller Medizin entgegennehmen. Erst wenige Tage zuvor war ich aus Denver zurückgekehrt, wo ich Teil einer Gruppe gewesen war, in der ich mich unterschätzt und ausgenutzt gefühlt hatte. Dort hatte ich mir auch eine Erkältung zugezogen. Im Hotel war es ebenfalls kalt; ich hatte das Gefühl, gar nicht mehr richtig warm zu werden.

Als ich zu Hause ankam, legte ich mich gleich ins Bett, denn wie ich wusste, hing meine Genesung davon ab, dass ich mich mindestens 24 Stunden ausruhte. Drei Tage später sollte ich nach New York fliegen. Wenn alles nach Plan verlaufen wäre, hätte ich mich erholt, aber ein Schneesturm stand bevor. Es wurde klar, dass ich einen Tag früher nach New York fliegen musste, weil sämtliche Flüge danach gestrichen werden würden.

Also stand ich auf – benommen und mit Schmerzen – und flog nach New York. Dort kämpfte ich mich durch meine Verpflichtungen hindurch – hustend und fast unfähig zu sprechen. Ich quälte mich durch Schnee und Wind, die es unmöglich machten, ein Taxi zu finden.

Als ich schließlich wieder zu Hause war, brach ich mit einer Lungenentzündung zusammen. Ich dachte, ich könnte sie besiegen, wenn ich einfach weitermachte, aber am Ende besiegte sie mich. Meine Lunge heilte ein ganzes Jahr nicht richtig und ist seither empfindlich. Hätte ich auf meinen Körper gehört und mich um mich gekümmert, als es nötig war, statt meinen von meinem Stamm auferlegten Verpflichtungen nachzukommen, hätte ich mir die Lungenentzündung ersparen können. Aber in meinem damaligen Stamm galten Menschen, die etwas nur aus Krankheitsgründen absagten, als schwach und unwürdig. Ich erinnere mich, dass ich einmal einen Marinesoldaten mit einem T-Shirt gesehen habe, auf dem stand: »Schmerz ist Schwäche, die den Körper verlässt.«

Das Glaubenssystem meines damaligen Stammes – von mir vollkommen übernommen – schrieb vor, dass es kein würdiges Ziel ist, sich dem eigenen Körper und der eigenen Gesundheit durch Ruhezeiten und ausreichend Schlaf fürsorglich gegenüber zu verhalten. Es war vielmehr ein deutliches Zeichen von Schwäche und Faulheit. Um sich den Luxus des Ausruhens leisten zu können, musste man schon auf dem Sterbebett liegen. Mein Vater hatte einen Lieblingsspruch, mit dem ich aufwuchs: »Bitte nicht um ein leichteres Paket. Bitte um einen stärkeren Rücken.« Natürlich liegt Weisheit darin. Aber nicht in jeder Situation.

Simone Weil erklärt auf ziemlich eindrückliche Weise das menschliche Bestreben dazuzugehören: »Das Problem ist nicht, dass die Seele daran zweifeln soll, ob es überhaupt Brot gibt, sondern dass sie sich mittels einer Lüge überreden soll zu glauben, dass sie gar nicht hungrig ist.« Wir alle hungern nach echter Verbindung und Zuwendung, und wir werden beides nicht eher finden, als bis wir den Stamm unserer Seele gefunden haben. Wenn wir ihn nicht finden, töten wir uns, entweder indem wir einer Sucht verfallen, die den Schmerz maskiert, oder indem wir ignorieren, was wir brauchen, um gesund zu bleiben.

Der neue Stamm taucht auf

Wir befinden uns an einem entscheidenden Wendepunkt der Geschichte. Überall auf dem Planeten wachen die Menschen auf. Spirituelle Gruppen aller Arten bilden sich, in denen die Menschen zusammenkommen, um einander und den Planeten zu ehren. Die uralte Form des Stammestums, in dem wir uns in kleinen, voneinander getrennten Gruppen zusammentun, uns gegenseitig bekämpfen und auch unsere innersten Wünsche opfern, um dazuzugehören, weicht jetzt einer anderen Art von Stammestum. Einem Stammestum, in dem mehr und mehr Leute begreifen, dass wir alle Teil der Menschheit sind und es Mutter Erde ist, die uns am Leben erhält. Wir sind ein Teil von ihr, und sie ist ein Teil von uns. Unsere Erde ist nicht in verschiedene Stämme aufgeteilt; wir sind alle eins. So wie ein Fluss nicht zu zwei verschiedenen Ländern gehört. Gebirgszüge verlaufen durch viele unterschiedliche Territorien und Länder. Was uns vereint, ist weit mächtiger als das, was uns trennt. Auch wenn uns die Mainstream-Medien etwas anderes einreden wollen.

Die verblüffenden Untersuchungen wie die von Larry Dossey, dem Autor von *One Mind. Alles ist mit Allem verbunden,* belegen, dass wir auf einer grundlegenden Ebene alle den gleichen Geist haben, und dass das, was einem von uns geschieht, uns allen geschieht.

Viele Menschen sind in Familien und Gemeinschaften groß geworden, die sie von anderen trennen, statt sie miteinander zu vereinen. Ihnen wurde beigebracht, dass ihr Gott der richtige Gott ist. Dass ihre Art zu leben die richtige ist; und dass alles andere falsch ist. Oder sie haben gelernt, dass der Schöpfer eine gemeine, wertende Kraft ist, die sie unausweichlich als unwürdig empfinden wird. Glücklicherweise macht das alte Nullsummen-Spiel (es gibt nur eine begrenzte Menge, schnappen wir uns also unseren Anteil, solange wir können) anderen Denkweisen Platz. Wir erkennen allmählich, dass es in der Tat genug gibt. Es gewinnt nicht mehr »die Person, die mit den meisten Spielsachen stirbt«. Es entstehen neue Möglichkeiten der Vermarktung von Waren und Dienstleistungen, bei denen alle profitieren, nicht nur ein paar Reiche oben an der Spitze. Netzwerk-Marketing und Affiliate-Marketing sind gute Beispiele dafür. Diese Modelle funktionieren durch Kooperation, nicht durch Wettbewerb. Und sie stellen auch Arbeitsumfelder zur Verfügung, die durch Freundschaft und Vertrautheit gekennzeichnet sind.

Finden Sie Ihren wahren Stamm

Es ist außerordentlich wichtig, sich die Grenzen unserer kulturellen Programmierung zu vergegenwärtigen und sich neuen Ideen und Menschen zu öffnen, die uns verstehen, während der Wechsel vom alten Stammesdenken zum neuen vonstattengeht. Dazu gehört auch, bei sich selbst anzufangen und an sich zu arbeiten, um eine unterstützende Gemeinschaft zu erschaffen. Viele Menschen befinden sich zwischen zwei Welten, was das betrifft. Sie wissen zwar, dass ihr altes Leben nicht mehr funktioniert, aber in dem neuen haben sie sich noch nicht ganz niedergelassen.

Denken Sie an die Forschung von Dr. Mario Martinez, der gezeigt hat, auf welche Weise alle Stämme ihre Mitglieder verletzen, wenn sie deren Grenze übertreten: indem sie sie verraten, im Stich lassen und bloßstellen. Überlegen Sie, ob Sie in Ihrer Ursprungsfamilie und Ihrem Stamm der Mensch sein können, der wirklich in Ihnen angelegt ist. Wenn nicht, wäre wohl keine Zeit in der Geschichte geeigneter als diese, um die eigene, wahre Seelenfamilie zu finden – trotz der Seelenlektionen, die Sie auf dem Weg dorthin unausweichlich haben lernen müssen.

Diana Kirschner, Beziehungscoach und Autorin von *Love in 90 Days,* weist darauf hin, dass wir in einer Zeit leben, die vor Liebe nur so strotzt. Mit Hilfe von Onlinedatings und sozialen Medien finden mehr Menschen als je zuvor unabhängig von ihrem Alter Liebe. Das Gleiche gilt für die eigene Seelenfamilie. Allerdings ist auch Vorsicht geboten – machen Sie nicht den Fehler, einen Stamm einzig aufgrund einer gemeinsamen Verletzung wie Inzest, dem Verlust eines Kindes, Krebs oder einer anderen Krankheit zu erschaffen. Auch wenn Selbsthilfegruppen anfangs außerordentlich hilfreich sein können, ist die Verletzung allzu häufig der einzige Grund für ihre Existenz. Wenn Sie dann so weit sind, dass Sie mehr Freude und Licht in die Gruppe bringen wollen, könnte es sein, dass Sie wieder gemieden oder ausgestoßen werden.

Als ich mich vor vielen Jahren nach meiner Scheidung neu erfand, glaubte ich, dass mein »wahrer Stamm« – diejenigen Menschen, die an Dinge glauben, wie sie hier in diesem Buch stehen – irgendwo anders sei. Irgendwo, nur nicht dort, wo ich war. Ganz sicher nicht in meiner Stadt. Oder auch nur in meinem Bundesstaat. Eine Weile fühlte ich mich sehr allein, weshalb ich mich schließlich aufmachte, meinen wahren Stamm zu finden. Dies bedeutete, dass ich von dem Podest heruntersteigen musste, auf dem ich als »medizinische Autorität« stand, weil mit dieser Identität die Neigung verbunden ist, sich andere dadurch von Leib zu halten, dass man selbst alle Antworten hat. Und das hätte verhindert, dass ich offen sein konnte für das, was andere Menschen zu geben hatten. Ich wollte aber echte Freunde, nicht nur Leute, die anrufen, wenn sie ein Problem haben oder einen Rat brauchen.

Etwa zu dieser Zeit begann ich zu begreifen, dass Dutzende von Menschen genauso wie ich nach guten Veranstaltungen suchten, nach Partys, die wirklich Spaß machten und nicht nur aus Trinken bestanden. Treffen, bei denen wir – an bestimmten Erdtagen – gemeinsame Zeremonien durchführen konnten, wie zur Zeit der Sonnenwende und der Tagundnachtgleiche oder bei Neumond und Vollmond. Zeremonien, die es schon seit Anbeginn der Zeit gibt und mit denen die Kreisläufe der Erde und die tiefgreifende Art und Weise geehrt werden, wie die Sterne uns beeinflussen. Treffen, in denen wir zusammen auf der Couch sitzend einen Film anschauen konnten, während wir gemeinsam weinten oder lachten und uns gegenseitig die Füße massierten. Und vielleicht sogar den ganzen Tag damit verbrachten, mehrere Filme hintereinander zu sehen. Oder in der frischen Luft herumzulaufen, solange es uns gefiel.

Als ich dann im Laufe der Zeit zuließ, dass die Mauern um mein Herz immer mehr schmolzen, tauchten weitere Mitglieder meines wahren Stammes auf. Interessanterweise waren etliche von ihnen schon die ganze Zeit da gewesen. Ich hatte sie nur nicht gesehen oder wertschätzen können, weil ich schwingungsmäßig noch nicht zu ihnen gepasst hatte. Ich musste erst die professionelle Rüstung ablegen, mit der ich mein Herz schützte, und lernen, eng umschlungen zu tanzen. Und das tat ich – wortwörtlich. Indem ich argentinischen Tango lernte. Unsere Tango-Gemeinschaft fühlte sich damals wie ein Wunder für mich an – und das ist sie immer noch. Wo sonst versammeln sich Menschen aus allen Lebensbereichen und Altersgruppen, umarmen sich und gestatten sich das Vergnügen und die Vertrautheit, sich zu romantischer Musik zu bewegen?

Nicht nur in meiner Heimatstadt habe ich Mitglieder meines Stammes gefunden, sondern auch in der Türkei, in England, Schottland, den Niederlanden, Norwegen, Dänemark, Australien, Neuseeland, Deutschland, Spanien, Frankreich, Italien, Argentinien, Kroatien, Mexiko, Costa Rica, Indien, Thailand, Taiwan, China, Afrika und im Mittleren Osten. So ziemlich überall auf diesem Planeten. Je mehr ich meine alte Stammesprogrammierung losließ, die festlegte, was ich zu tun und zu sagen und zu denken hatte, um zu etwas dazuzugehören, das niemals zu meinem wahren Selbst gepasst hatte, desto mehr vereinigte sich mein wahrer Stamm. Je offener ich diesen Menschen gegenüber meine Wahrheit ausspreche – mit offenem Herzen und voller Liebe und Selbstakzeptanz und Akzeptanz anderer –, desto mehr fühle ich mich umarmt.

Die eigene Seelenfamilie zu finden ist ein Prozess, aber er ist die Mühe allemal wert. Sie finden sie, indem Sie anfangen, sich folgende Fragen zu stellen: »Was interessiert mich? Was habe ich schon immer genauer wissen oder sehen oder erleben wollen? Was habe ich schon immer ausprobieren wollen?« Und dann lassen Sie sich von dieser Wahrheit führen: Das, was Sie suchen, sucht auch Sie.

Der nächste Schritt ist schwer. Sie müssen den Mut finden wegzugehen, und zwar allein. Fast jeder von uns erinnert sich an diese Momente in der Schulzeit, wenn wir beim Mittagessen mit dem Tablett in der Hand nach einem Sitzplatz suchten. Und wir alle haben es schon mal erlebt, dass wir am Ende allein dasaßen. Auch als Erwachsene. An dieser Stelle könnten Sie steckenbleiben, wenn Sie nicht bereit sind, allein etwas Neues auszuprobieren. Das Problem dabei ist, dass die meisten Menschen Ihres gegenwärtigen Stammes nicht dieselben sind wie die in dem neuen Stamm, den Sie suchen. Sie werden womöglich einen Freund oder eine Freundin bitten, Sie zu begleiten, die dazu gar keine Lust haben. Wenn Sie Angst haben, etwas allein zu tun, werden

Sie nur zu leicht die Sache, an der Ihr Herz hängt, ablehnen, weil Sie noch niemanden in der neuen Gruppe kennen. Versuchen Sie, diesem Drang zu widerstehen.

Üben Sie sich im Weggehen

Erinnern Sie sich an die Übung aus Kapitel 7, wo wir uns vorgestellt haben, wir würden in einem Café auf jemanden zugehen? In dieser Übung war es darum gegangen, Menschen zu begegnen. Das Gleiche kann uns helfen, wenn wir Angst haben, rauszugehen und unseren neuen Stamm zu treffen.

Versuchen Sie Folgendes: Stellen Sie sich vor, Sie würden an irgendeiner Aktivität teilnehmen, wegen der Sie sehr aufgeregt sind. Dann stellen Sie sich vor, wie Sie auf jemanden zugehen, der oder die bereits da ist. Lächeln Sie diesen Menschen an und sagen Sie Hallo. Üben Sie so lange, das Eis zu brechen, bis es ganz einfach ist. Während Sie das tun, denken Sie daran, dass fast alle Menschen sich verletzlich fühlen, wenn es darum geht, neue Leute zu treffen. Versuchen Sie also, sich in Ihrem vorgestellten Szenario zuversichtlich zu fühlen. Üben Sie, wie Sie den ersten Schritt machen – auch wenn dieser Schritt aus nichts Weiterem besteht, als dass Sie mitteilen, dass Sie das Outfit von jemandem mögen.

Wenn Sie dies eine Weile geübt haben, begeben Sie sich in die reale Welt. Suchen Sie sich ein Event aus, und dann gehen Sie zu jemandem hin und stellen Sie sich vor. Sie werden verblüfft sein, wie schnell Sie in solchen Situationen neue Freunde finden können, wenn Sie bereit sind, einfach nur zu lächeln und Hallo zu sagen. So leicht ist das.

Beachten Sie, dass eine Veranstaltung sich dann besonders gut eignet, um Gleichgesinnte zu finden, wenn sie ein Thema hat: ein Buch zu lesen, einen Tanz zu lernen, gemeinsam irgendwohin zu reisen, ein Theaterstück oder einen Film anzusehen. Sind Sie an Fitness interessiert? Dann werden Sie viele Gruppen in einem Fitnessstudio finden. Yoga-Klassen sind ebenfalls sehr geeignet, um Leute zu treffen. Wenn Sie lieber draußen sind, können Sie sich mit anderen zusammentun, die die Natur und das Draußensein lieben. Wanderwege und Strände müssen immer gewartet werden. In meiner Gegend verabreden sich häufig Nachbarn zu einem Strand-Aufräum-Tag oder zum Instandhalten eines Wanderwegs. Es macht Spaß, Menschen zu treffen und gleichzeitig etwas Gutes zu tun.

Auch das Internet bietet zahllose Möglichkeiten, mit Menschen in Kontakt zu kommen. Facebook-Gruppen sind ein wunderbarer Weg, um Ihren Stamm zu finden. In meiner Ageless-Goddess-Gruppe auf Facebook zum Beispiel, die aus Frauen besteht, die meinen Online-Kurs zu Göttinnen, die nicht altern, gemacht haben, nehmen immer wieder Mitglieder über private Nachrichten Kontakt zueinander auf. Sie treffen sich auch zum Kaffee oder zu anderen Aktivitäten. Sie wissen, dass sie bereits auf einer Wellenlänge sind, weil sie von dem Kurs und der weitergehenden Unterstützung der Gruppe angezogen wurden. Mir wird immer wieder warm ums Herz, wenn ich sehe, dass Frauen auf diese Weise ihren wahren Stamm finden.

Ob es ein Buchclub ist, ein Weiterbildungsseminar oder ein Kochkurs – wichtig ist, dass Sie dafür sorgen, mit Menschen in Kontakt zu treten, die mit Ihrer Seele auf einer Wellenlänge sind. Wenn das Thema Ihre Leidenschaft erweckt, besteht die Chance, dass Sie bei einer dieser Veranstaltungen ein Mitglied Ihres eigentlichen Stammes finden.

Sie können auch mehreren Stämmen gleichzeitig angehören, Sie müssen nicht nur einen wählen. Aber im Laufe der Zeit werden Sie wahrscheinlich merken, dass es eine Kerngruppe von Freunden und Familienmitgliedern gibt, mit denen Sie sich am wohlsten fühlen.

Ihr engster Stamm wird aus Menschen bestehen, die Sie in einem Notfall, wenn Sie wirklich Hilfe benötigen, anrufen können: das ist der »Mitten-in-der-Nacht«-Stamm. Machen Sie eine Liste mit diesen Menschen. Nach einer Weile werden Sie wahrscheinlich feststellen, dass neue Menschen hinzukommen. Und einige werden Sie streichen können.

Eine Gruppe von Menschen zu finden, die wirklich zu Ihrer Seele sprechen, funktioniert nur, wenn Sie die Wahrheit dessen umarmen, wer Sie wirklich sind. Beginnen Sie gleich dort, wo Sie sind. Ganz egal, wo es ist.

Das Wissen, das in diesem Buch steht, trage ich seit langem in mir, aber ich habe mich nicht getraut, es offen zu sagen oder zu schreiben – bis jetzt. Denn es ist Zeit. Wir sind an einem Wendepunkt, an dem unsere alten Wege nicht mehr funktionieren. Göttliche Information fließt ein. Uns umgeben Scharen von Engeln, die nur darauf warten, uns helfen zu dürfen. Aber es wird sich nichts ändern, wenn wir es nicht tun. Es gibt einen alten Spruch: »Gott versetzt Berge. Hol eine Schaufel.«

Es ist an der Zeit, dass Ihr Leben leicht wird und Sie Ihre ureigene Mitte finden. Und das ist möglich. Den ersten Schritt müssen Sie allerdings selbst tun. Mögen Sie gesegnet sein.

Nachwort

Jetzt wissen Sie, wie Sie Weisheit erlangen und Ihre ureigene Mitte finden können. Glauben Sie mir aber nicht einfach so. Gehen Sie los und finden Sie heraus, ob das, was Sie hier erfahren haben, wahr ist. Es gibt keinen anderen Weg. Was auch immer Sie von mir oder anderen erzählt bekommen, ändert nichts daran, dass Sie es in Ihrem eigenen Leben ausprobieren müssen, um wirklich zu verstehen, wie machtvoll es ist.

Wenn Sie anfangen, die in diesem Buch beschriebenen Techniken anzuwenden, wird Ihr größter Feind Ihre Angst sein. Was ist, wenn es nicht funktioniert? Was ist, wenn er mich verlässt? Was ist, wenn ich diese neue Sache versuche und sie keine Wirkung zeigt? Was ist, wenn ich enttäuscht werde? Solche Gedanken sind es, die uns das Leben schwermachen. Immer. Und das ist in Ordnung. Tatsächlich ist die Erkenntnis, dass die Angst oder die Trauer oder die Enttäuschung in Ordnung sind, der erste Schritt auf dem Weg, das Leben leicht zu machen und in die ureigene Mitte zu finden. Wenn also Angst auftaucht, nehmen Sie sie einfach an und sagen Sie: »Es ist in Ordnung.«

Erinnern Sie sich daran, dass auch die Angst Teil des göttlichen Plans ist. Allerdings zeigt sich das Göttliche bei der Angst auf seiner niedrigsten Schwingungsstufe. Matt Kahn erklärt, dass das, was wir als »Schatten« bezeichnen, das Licht der Göttlichkeit in seiner unterdrücktesten Form ist, und damit ist es zwangsläufig unangenehm und unbequem. Doch das ist nicht zufällig so. Das Ziel Ihres Schattens und Ihrer Angst ist es, Sie wieder in

Verbindung mit der höheren Form des Göttlichen zu bringen, so dass das Leben leicht wird – einfach in dem Sie Ihre ureigene Mitte finden.

Wenn Sie Angst verspüren, bedeutet das, dass Sie dem Göttlichen als der mächtigsten Quelle für Liebe und Freude in Ihrem Leben noch nicht ganz vertrauen. Sie vertrauen nicht darauf, dass alles, was Ihnen geschieht, förderlich ist – auch wenn es sich nicht so anfühlt. Sie werden lernen müssen, einen Weg zu finden, wie Sie dieser Wahrheit vertrauen können.

Also, was ist nötig, um diese unterdrückte Göttlichkeit zu befreien und wachsen zu lassen, so dass Ihr Leben leicht wird und Sie Weisheit erlangen? Stimmen Sie sich auf Ihre Gefühle ein. Lieben Sie sich selbst und das Kind in Ihrem Inneren, ohne irgendetwas zu bewerten – ganz egal, was es fühlt und ganz egal, was passiert. Und denken Sie daran, dass das Göttliche weit mehr für Sie tun kann, als Sie selbst je für sich tun könnten. Aber dazu müssen Sie sich mit dem Göttlichen verbinden.

Unsere Gefühle erden unser transzendentes ewiges Selbst in unserem physischen Körper. Sie bilden eine Brücke zwischen dem Geist und der materiellen Welt. Was für eine Vorstellung. Genau die Gefühle, die Sie gelernt haben zu kontrollieren oder als peinlich zu empfinden, enthalten den Schlüssel dazu, wie Sie Ihre ureigene Mitte finden können. Wenn Sie sich erst einverstanden erklären mit allem, das nicht in Ordnung zu sein scheint, wird Ihre Schwingung steigen, und es wird mehr von Ihrem Göttlichen Selbst in Ihren Körper gelangen. Als Folge davon werden Sie gesünder und liebevoller, toleranter und fröhlicher.

Jedes Gefühl, das Sie erleben, ist eine Rückmeldung Ihres ewigen Selbst, das Sie daran erinnert, was getan werden muss, damit Sie Ihre ureigene Mitte finden. Wir alle wollen uns besser fühlen. Wir alle wollen mehr Freude, Liebe und Vergnügen in unserem Leben. Und wir alle können das haben. Statt dem ausgetretenen Pfad der Verzweiflung zu folgen, den so viele von Geburt an beschreiten, können wir uns für einen besseren Weg entscheiden. Wir müssen genug Vertrauen haben, um ins Unbekannte aufzubrechen.

Und jetzt kommt eine wirklich gute Nachricht. Dies ist eine besondere Zeit auf dem Planeten Erde. Die mächtige Energie der göttlichen Liebe hat sich jetzt so sehr verstärkt und stabilisiert, dass jeder von uns nach Belieben aus dieser Energiequelle schöpfen kann. Das ist ganz einfach, denn Sie müssen dazu nur sagen »Ich nehme die göttliche Liebe an«, und dann atmen Sie tief durch die Nase ein, halten die Luft an und zählen bis vier, ehe Sie die Luft stoßweise durch die Nase wieder ausatmen. Sie müssen es nur ernsthaft wollen und dann tun. Die göttliche Liebe erledigt den Rest.

Wenn Sie mit dem Göttlichen verbunden sind, können Sie es fühlen. Und je mehr Sie es fühlen, desto leichter wird es, verbunden zu sein. Sie erschaffen einen Pfad für das Göttliche, so dass Ihr Leben leicht wird.

Also vergessen Sie es nicht. Verbinden Sie sich täglich mit ihm, oder besser, verbinden Sie sich alle 10 bis 15 Minuten mit ihm. Bitten Sie den Schöpfer um Führung und Hilfe. Lassen Sie zu, dass das göttliche Selbst regelmäßig Ihr Leben leitet. Überantworten Sie sich dieser Quelle. Haben Sie den Mut, zu Ihrer ureigenen Mitte zu finden und Teil der Lösung für das Leiden der Welt zu sein. Eingeschlossen Ihr eigenes. Sie haben die Macht, es zu tun. Dazu wurden Sie geboren. Mögen Sie gesegnet sein.

Quellen

Engel und Geistwesen

Kimberly Marooney, *Engel. Himmlische Helfer. Handbuch und 44 Karten*

Doreen Virtue, www.doreenvirtue.com

Alles über Engel. Der kleine Führer zu den himmlischen Boten

Himmlische Hilfe. Wie man die Engel erkennt (Mit Bonus-CD)

Zeichen der Engel. Himmlische Botschaften für den Alltag

Kyle Gray, www.kylegray.co.uk

Hallo Engel! Energie und Heilung erfahren durch das Wunder des Gebets

Wings of Forgiveness. Working with the Angels to Release, Heal and Transform

Belinda J. Womack, *Lessons from the Twelve Archangels: Divine Intervention in Daily Life*

Flower A. Newhouse, *Natives of Eternity. An Authentic Record of Experiences in Realms of Super-Physical Consciousness*

Astrologie

Anne Ortelee, www.anneortelee.com und ihr Weekly Weather auf www.blogtalkradio.com

Isabel M. Hickey, *Astrologie. Eine kosmische Wissenschaft – Die Praxis der Horoskopdeutung von A-Z*

Rob Brezsny, *Pronoia Is the Antidote to Paranoia. How the Whole World is Conspiring to Shower You with Blessings*

Joanna Martine Woolfolk, *The Only Astrology Book You'll Ever Need*

The Shamanic Astrology Mystery School (www.shamanicastrology.com)

Daniel Giamario und Cayelin Castell, *The Shamanic Astrology Handbook*

Verbindung Hirn-Körper / Neuroplastizität

Norman Cousins, *Der Arzt in uns selbst. Anatomie einer Krankheit aus der Sicht des Betroffenen*

Bruce H. Lipton, Ph.D., www.brucelipton.com

Intelligente Zellen. Wie Erfahrungen unsere Gene steuern

The Honeymoon-Effekt. Liebe geht durch die Zellen.

Dr. Joe Dispenza, www.drjoedispenza.com

Ein neues Ich. Wie Sie Ihre gewohnte Persönlichkeit in vier Wochen wandeln können.

Our Three Brains. From Thinking to Doing to Being, TEDx Tacoma, WA: www.drjoedispenza.com/index.php?page_id=Our_Three_Brains

Du bist das Placebo. Bewusstsein wird Materie

Dr. Mario Martinez, www.biocognitive.com

The Mindbody Code. How to Change the Beliefs that Limit Your Health, Longevity, and Success

Traumdeutung

Doris E. Cohen, Ph.D., www.drdorisecohen.com

Doris macht individuelle Sitzungen in Traumdeutung, in denen es auch darum geht, wie sich die Botschaften der Träume für das tägliche Leben nutzen lassen. Sie ist eine besondere Traumführerin mit einer beachtlichen Einsicht.

Erinnerungen, Träume, Gedanken von C.G.Jung

The Toltec Secret. Manifestieren mit dem toltektischen Obisidianspiegel von Sergio Magaña.

Angst und Ermächtigung

Elizabeth Gilbert, *Big Magic. Nimm dein Leben in die Hand und es wird dir gelingen*

Brené Brown, www.brenebrown.com

Verletzlichkeit macht stark. Wie wir unsere Schutzmechanismen aufgeben und innerlich reich werden

Die Gaben der Unvollkommenheit. Leben aus vollem Herzen

David Gershon und Gail Straub, *Empowerment. The Art of Creating Your Life as You Want It*

Fasziendehnung und Entspannung

Clear Passage, www.clearpassage.com, auf Faszienlösung spezialisiert bei operativen Verwachsungen, Darmverschluss und Unfruchtbarkeit

John F. Barnes' myofaszialer Release Approach, www.myofasicalrelease.com

The Genius of Flexibility, www.thegeniusofflexibility.com

www.BendableBody.com

Bob Cooley, *The Genius of Flexibility. The Smart Way to Stretch and Strengthen Your Body*

Sparhawk Pilates and the Center for Intuitive Movement Healing, www.sparhawkpilates.com

Nahrungsmittel / Essen

David Ludwig, *Nimmer satt? Warum wir Fett brauchen, um schlank zu werden*

Anthony William, www.medicalmedium.com

Mediale Medizin. Der wahre Ursprung von Krankheit und Heilung

Medical Food. Warum Obst und Gemüse als Heilmittel potenter sind als jedes Medikament

Lyle MacWilliam, *Comparative Guide to Nutritional*

Supplements: A Compendium of Over 500 Products Available in the United States & Canada

Dr. David Perlmutter, www.drperlmutter.com

Scheißschlau. Wie eine gesunde Darmflora unser Hirn fit hält

Dumm wie Brot. Wie Weizen schleichend Ihr Gehirn zerstört

Dumm wie Brot – Das Kochbuch. So verhindern Sie, dass Weizen Ihr Gehirn zerstört. Über 150 glutenfreie Rezepte

Donna Schwenk, www.culturedfoodlife.com

Cultured Food for Health: A Guide to Healing Yourself with Probiotic Foods

Cultured Foods for Life. How to Make and Serve Delicious Probiotic Foods for Better Health and Wellness

Environmental Working Group, www.ewg.org

Listen der »Dirty Dozen« und »Clean 15«: www.ewg.org/foodnews

Kris Carr, www.kriscarr.com

Crazy sexy gesund. Iss' dein Gemüse, entfach' dein Feuer und leb' aus ganzem Herzen!

Crazy Sexy Juice. Über 100 Säfte, die deinem Leben Schwung geben

Crazy Sexy Kitchen. 150 Plant-Empowered Recipes to Ignite a Mouthwatering Revolution

Dr. Mark Hyman, www.drhyman.com

Hoher Blutzucker – übergewichtig und mangelernährt. Gesund und schlank. Mit 6-Wochen-Programm

Joan Borysenko, *The PlantPlus Diet Solution. Personalized Nutrition for Life*

William Davis, M.D., *Weizenwampe. Warum Weizen dick und krank macht*

Geben und Empfangen

Alexandra Stoddard *Living a Beautiful Life. 500 Ways to Add Elegance, Order, Beauty and Joy to Every Day of Your Life*

Amanda Owen, *The Power of Receiving. A Revolutionary Approach to Giving Yourself the Live You Want and Deserve*

Manifestationen / Affirmationen

Esther und Jerry Hicks, www.abraham-hicks.com

Wünschen und bekommen. Wie Sie Ihre Sehnsüchte erfüllen

Das Gesetz der Anziehung

Louise Hay, www.louisehay.com

Heile deinen Körper. Positive Affirmationen für einen gesunden Körper

Heilende Gedanken für Körper und Seele: Meditationen zu Gesundheit für Körper und Seele

Spiegelarbeit: Die Essenz aus Louise Hays Lebenshilfe-Programm als 21-Tage-Kurs

Gesundheit für Körper und Seele

Catherine Ponder, *Die dynamischen Gesetze des Reichtums*

Florence Scovel Shinn, *The Magic Path of Intuition*

Napoleon Hill, *Denke nach und werde reich. Die Erfolgsgesetze*

Medizin / Körperliche Gesundheit

Amata Life, www.amatalife.com

Für den Hormonhaushalt von Frauen und Männern. Die erstaunlichen Eigenschaften der thailändischen Heilpflanze *Pueraria mirifica* veranlassten Dr. Northrup, eine Firma zu gründen, um diese Produkte Menschen weltweit zur Verfügung zu stellen. Ihre Produktlinie Amata Life beinhaltet ein patentiertes Extrakt der *Pueraria mirifica* und wirkt wunderbar bei Frauen im Zusammenhang mit Menstruations- und Wechseljahrs-Beschwerden, es unterstützt aber auch die Gesundheit der männlichen Prostata. Die Hautpflege und die vaginale Feuchtigkeitscreme haben vielen hundert Frauen geholfen.

Anthony William, www.medicalmedium.com

Mediale Medizin. Der wahre Ursprung von Krankheit und Heilung

Medical Food. Warum Obst und Gemüse als Heilmittel potenter sind als jedes Medikament

Christiane Northrup, M.D., www.drnorthrup.com

Göttinnen altern nicht. Wie wir der Zeit die Macht nehmen, indem wir uns für die Fülle des Lebens entscheiden

Frauenkörper – Frauenweisheit. Wie Frauen ihre ursprüngliche Fähigkeit zur Selbstheilung wiederentdecken können

Mutter-Tochter-Weisheit. Wege zu körperlicher und seelischer Gesundheit

Weisheit der Wechseljahre. Selbstheilung, Veränderung und Neuanfang in der zweiten Lebenshälfte

Dr. Ellen J. Langer, *Die Uhr zurückdrehen? Gesund alt werden durch die heilsame Wirkung der Aufmerksamkeit*

Edgar Cayce' Association for Research and Enlightenment, www.edgarcayce.org

Tommy Rosa und Stephen Sinatra, *Die 8 Prinzipien der Gesundheit. Das verborgene Heilwissen des Himmels. In einer Nahtoderfahrung offenbart, wissenschaftlich bestätigt*

Katy Bowman, Nutritious Movement, www.nutritiousmovement.com

Katy Says Podcast

Bewegung liegt in deiner DNA. Wie man lernt, sich wieder natürlich zu bewegen und dadurch gesund wird

Gesunde Füße – step by step. Rücken-, Hüft- und Knieschmerzen vermeiden

Larry Burk, M.D., *Let Magic Happen: Adventures in Healing with a Holistic Radiologist*

Dr. Bernie S. Siegel, *Prognose Hoffnung. Liebe, Medizin und Wunder*

Dr. Kelly A. Turner, *9 Wege in ein krebsfreies Leben. Wahre Geschichten von geheilten Menschen*

Joan Vernikos, Ph.D., *Sitzen gefährdet Ihre Gesundheit. Mit einfachen Bewegungen die gesundheitsfördernden Wirkungen der Schwerkraft im Alltag nutzen*

Sparhawk Pilates and Center for Intuitive Movement Healing with Hope Matthews, www.sparhawkpilates.com

Herbert Benson, M.D., *The Relaxation Response*

The Tapping Solution, www.thetappingsolution.com

Tapping. Leben ohne Stress. Die revolutionäre Selbsthilfe-Methode von Nick Ortner

The Tapping Solution Dokumentarfilm

The Tapping Solution for Weight Loss & Body Confidence: A Woman's Guide to Stressing Less, Weighing Less, and Loving More von Jessica Ortner

Yoga Toes, www.yogapro.com/products/YogaToes.html

Narzissmus und Missbrauch durch Narzissmus

Melanie Tonia Evans, www.melanietoniaevans.com

Sandra Brown, Institute for Relational Harm Reduction and Public Pathology Education, www.womenwholovepsychopaths.com

How to Spot a Dangerous Man before You Get Involved

Women Who Love Psychopaths: Inside the Relationships of Inevitable Harm with Psychopaths, Sociopaths & Narcissists

Understanding and Healing for Daughters of Narcissistic Mothers, http://www.daughtersofnarcissisticmothers.com

Orakel / Tarot-Kartenlegen

Kyle Gray, *EngelGebete: 44 Orakelkarten mit Anleitungsbuch*

Doreen Virtue, *Orakel der Göttinnen. Orakel der Göttinnen: 44 Orakel-Karten und Anleitung*

Jamie Sams und David Carson, *Karten der Kraft*
Buch und 44 Tierkarten – Eine schamanische Einweihung in die »Medizin« der Krafttiere
Karen Vogel und Vicki Noble, *Motherpeace Round Tarot Deck*
Colette Baron-Reid, *Uncharted. The Journey through Uncertainty to Infinite Possibility*
Colette Baron-Reid, *Weisheitskarten für Lebensentscheidungen. 52 Karten mit Anleitungsbuch*

Beten / Verbindung mit dem Göttlichen

Kyle Gray, *Hallo Engel! Energie und Heilung erfahren durch das Wunder des Gebets*
Larry Dossey, M.D., *Heilende Worte. Die Kraft der Gebete als Schlüssel zur Heilung*
Anne Lamott, *Help, Thanks, Wow. The Three Essential Prayers*
Propriozeptives Schreiben mit Linda Trichter Metcalf, www.radixoo.com/PWriting_Main
Robert Fritchie, World Service Institute and the Divine Love healing process, www.worldserveinstitute.org
Being at One with the Divine. Self-Healing with Divine Love
Divine Love Self Healing. The At Oneness Healing System
Divine Love Healing Process webinar (frei#): www.worldseviceinstitute.ort/fhp-program.html
Tosha Silver, www.toshasilver.com
Change Me Prayers. The Hidden Power of Spiritual Surrender
Unverschämt optimistisch. Warum wir grenzenlos vertrauen dürfen
Tosha leitet auch eine Gruppe – das Forum – sowie eine private Facebook-Gruppe für Mitglieder.

Reinkarnation / Vergangene Leben

Brian Weiss, www.brianweiss.com

Die zahlreichen Leben der Seele. Die Chronik einer Reinkarnationstherapie

Seelenwege. Reinkarnation und zukünftige Lebenswege

Denise Linn, www.deniselinn.com

Denise arbeitet mit Rückführungen in vergangene Leben, Traumarbeit, Space Clearing und anderen Heilungsmethoden

Vergangene Leben – gegenwärtige Wunder

Doris E. Cohen, Ph.D., www.drdorisecohen.com

Dr. Cohen macht individuelle Rückführungen

Repetition: Past Lives, Life, and Rebirth

Edgar Cayce, *Die tausend Leben deiner Seele. Karma und Reinkarnation*

Robert Fritchie, Divine Love Self Healing. The At Oneness Healing System, www.worldserviceinstitute.org/at-oneness-healing-system.html

Sexualität und vitale Lebenskraft

Amata Life, www.amatalife.com

Dr. Patricia Allen und Sandra Harmon, *Kein Mann für eine Nacht. Die 10 Geheimnisse, wie Sie den Richtigen finden*

Steve und Vera Bodansky, *Orgasmus XL. Lustvoll lange Höhepunkte*

Diana Kirschner, Ph.D., *Love in 90 Days. The Essential Guide to Finding Your Own True Love*

Kate Northrup, *Das liebe Geld. Sei nett zu ihm, dann ist es immer bei dir*

Mantak Chia und Douglas Abrams. *Öfter, länger, besser. Sextipps für jeden Mann*

Steve Bodansky, *Orgasm Matters*

Regena Thomashauer, *Mama Genas Schule der weiblichen Künste. The Power of Pleasure (Handarbeiten für die Seele)*
Pussy. A Reclamation
Barbara Stanny, *Sacred Success. A Course in Financial Miracles*
Sheri Winston mit Carl Frankel, *Succulent SexCraft. Your Hands-On Guide to Erotic Play and Practice*
Minke de Vos, *Tao Tantric Arts for Women. Cultivating Sexual Energy, Love, and Spirit*
Napoleon Hill, *Denke nach und werde reich. Die Erfolgsgesetze*
Sheri Winston, *Entfalte dein erotisches Potential*
Nancy Levin, *Worthy: Boost Your Self-Worth to Grow Your Net Worth*
Naomi Wolf, *Vagina*
Quellen für Yoni-Eier: www.jadeeggs.com und www.etsy.com

Seele / Geist / Ego und das Kollektive Unbewusste

Esther und Jerry Hicks, *Wunscherfüllung*
Sigmund Freud, *Das Ich und das Es*
Marion Woodman und Elinor Dickson, *Dancing in the Flames. The Dark Goddess in the Transformation of Consciousness*
Florence Scovel Shinn, *Das Lebensspiel und seine Regeln*
Anne Lamott, *Help, Thanks, Wow. The Three Essential Prayers*
Matt Kahn, www.truedivinenature.com
Whatever Arises, Love That. A Love Revolution That Begins with You
Elisa Romeo, *Meet Your Soul. A Powerful Guide to Connect with Your Most Sacred Self*
Kevin Hancock, *Not for Sale. Finding Center in the Land of Crazy Horse*
Larry Dossey, M.D., *One Mind. Alles ist mit Allem verbunden*
Anne Lamott, *Travelling Mercies. Some Thoughts on Faith*

Spiritualität / Energetische Heilung

Matthew Fox, *Original Blessing. A Primer in Creation Spirituality Presented in Four Paths, Twenty-Six Themes, and Two Questions*

The Global Coherence Initiative, www.heartmath.com/gci

Melanie Ericksen, Soul Play with Melanie, www.soulplay.us

Peter Calhoun

Last Hope on Earth. A Revolutionary Approach to Healing and Wellness that Can Transform Your Life (mit Astrid Ganz)

Seelenfeuer. Ein Priester erwacht zum Schamanen

The Realization Process, entwickelt von Judith Blackstone, www.realizationcenter.com

Robert Fritchie, World Service Institute and the Divine Love healing process, www.worldserveinstitute.org

Being at One with the Divine. Self-Healing with Divine Love

Divine Love Self Healing. The At Oneness Healing System

Divine Love Healing Process webinar (frei#): www.worldserviceinstitute.ort/fhp-program.html

Sparhawk Pilates and the Center for Intuitive Movement Healing, www.sparhawkpilates.com

Zitatquellen

Seite 24 und 248: Napoleon Hill: *Denke nach und werde reich. Die 13 Gesetze des Erfolgs.* Aus dem Amerikanischen von Wolfgang Maier. Vollständig überarbeitet von Ditte und Giovanni Bandini. Ariston Verlag. München 2015

Seite 29: Deepak Chopra: *Die sieben geistigen Gesetze des Erfolgs.* Aus dem Amerikanischen von Annette von Charpentier. Ullstein Taschenbuch. Berlin 2007

Seite 49: Eben Alexander: *Blick in die Ewigkeit: Die faszinierende Nahtoderfahrung eines Neurochirurgen.* Aus dem Englischen übersetzt von Juliane Molitor. Ansata Verlag. München 2013

Seite 76: Kyle Gray: *Hallo Engel! Energie und Heilung erfahren durch das Wunder des Gebets.* Aus dem Amerikanischen von Daniela Graf. Ullstein Taschenbuch. Berlin 2015

Seite 99: Mike Dooley: *Verändere dein Denken, dann hilft dir das Universum: Eine praktische Anleitung.* Aus dem Englischen von Diane von Weltzien. Knaur MensSana HC. München 2010

Seite 121: Brené Brown: *Die Gaben der Unvollkommenheit. Lass los, was du glaubst, sein zu müssen und umarme, was du bist. Leben aus vollem Herzen.* J. Kamphausen. Bielefeld 2012

Seite 139: Ralph Schneider (Hrsg.): *Zitatenschatz Skorpion: 24.10.–22.11. Für jeden Tag die besten Sprüche von 150 Skorpion-Persönlichkeiten der Zeitgeschichte.* Humboldt Verlags GmbH. Baden-Baden 2006

Seite 161: Haruki Murakami: *Naokos Lächeln. Nur eine Liebesgeschichte.* Aus dem Japanischen von Ursula Gräfe. btb Verlag in der Verlagsgruppe Random House GmbH. München 2003

Seite 175: Brené Brown: *Verletzlichkeit macht stark. Wie wir unsere Schutzmechanismen aufgeben und innerlich reich werden.* Aus dem Amerikanischen von Margarethe Randow-Tesch. Kailash Verlag. München 2013

Seite 187: David Richo: *Reif werden füreinander. Wie man in Beziehungen erwachsen wird. Die fünf Dimensionen authentischer Liebe.* Aus dem amerikanischen Englisch übersetzt von Stephan Schuhmacher. Windpferd Verlag. Oberstdorf 2009

Seite 191: Walt Whitman: Grashalme. Übersetzung von Johannes Schlaf. Diogenes Verlag. Zürich 1985

Seite 243: http://www.osho.com/de/highlights-of-oshos-world/osho-on-sex-quotes

Danksagung

Dieses Buch zu schreiben fiel mir leichter als jedes zuvor. Denn jetzt kenne und praktiziere ich die Botschaft, die diese Seiten enthalten. Um in seine ureigene Mitte zu finden, ist es nötig, offen zu sein für Unterstützung und Führung. Die folgenden Personen haben mir beides in höchstem Maße gegeben – und dafür bin ich ihnen unendlich dankbar.

Laura Gray, meiner Lektoratsassistentin – du hast zugleich den New Yorker Biss und den Midwest-Pragmatismus. Ich danke dir sehr, dass du die Hebamme dieses Buches warst und meine Worte jetzt so viel besser klingen.

Anne Barthel, meiner Lektorin bei Hay House – unsere erneute Zusammenarbeit war mir ein Vergnügen, und auch, dass der redaktionelle Prozess so gut vonstattenging. Das war wirklich toll!

Patty Gift – danke für die Betreuung dieses Projekts von der ersten Idee bis zum fertigen Buch. Wie immer mit viel Stil und Spaß.

Christy Salinas – dein künstlerischer Blick hat wieder ein großartiges Buchcover erschaffen. Ich danke dir sehr, dass du so ein fröhliches und produktives Fotoshooting organisiert hast. Und dass du ein visuelles Genie bist.

Reid Tracy und Margarete Nielsen – dadurch, dass ihr beide das Heft in der Hand haltet, verbindet Hay House das Beste aus Geschäft und Familie. Ich liebe es, mit so visionären, witzigen, erfahrenen und intuitiven Menschen zusammenzuarbeiten.

Diane Ray und das gesamte Team von Hay House Radio – meine wöchentliche Radiosendung *Flourish!* bei Hay House und die weltweite Gemeinschaft von Menschen, mit denen ich regelmäßig Kontakt habe, beglücken mich stets aufs Neue. Endlich kann ich das lehren, was ich schon immer weitergeben wollte.

Richelle Fredson, meine Hay-House-Pressefrau – du bist, zweifellos, die effektivste und reizendste Pressedame, mit der ich je zusammengearbeitet habe. Ich würde deiner Führung überallhin folgen.

Die gesamte Belegschaft von Hay House – danke, dass ihr meine Arbeit auf allen Ebenen mit so viel Enthusiasmus und Erfahrung unterstützt. Ich schätze euch alle.

Hope Matthews, meine außergewöhnliche Pilates- und Intuitive-Movement-Heilerin – du begleitest und katalysierst meine persönliche Transformation seit vielen Jahren mit deinem Wissen über sowohl das klassische Pilates wie auch die Bedeutung, die Gefühle für den Körper haben. Ergänzt durch die Methode Resistance Flexibility mache ich die Erfahrung, dass mein Körper mit jedem verstreichenden Jahr kraftvoller und geschmeidiger wird. Was für ein Geschenk!

Julie Hofheimer, meine Massage-Therapeutin und Heilerin – so viele Jahre hast du meine Muskeln und meinen Geist geschmeidig gehalten, und du hast die Wiedergeburt meines Körpers erlebt und dokumentiert. Danke.

Paulina Carr, mein Mädchen für alles – ich kann gar nicht sagen, wie dankbar ich dafür bin, dass du bereit bist, alles Nötige zu tun, um das Schiff meines Lebens und meines Geschäfts über Wasser zu halten. Auch, wenn dies einen LKW und viele Gänge zur Post einschließt. Danke für alles, was du tust. Und für den Humor, mit dem du es tust. Und auch für die Tatsache, dass du eine stilvolle, alterslose Göttin bist.

Janet Lambert, Buchhalterin meines Vertrauens – danke, dass du tagsüber – und auch nachts – meine Finanzen hütest. Und an den Wochenenden eine alterslose Göttin bist, Wasserskifahrerin, Taucherin und Fallschirmspringerin. Du bist eine Inspiration.

Coulson Duerksen, meine Online-Redakteurin für www.drnothrup.com – danke, dass du als Autorin und Redakteurin eine Antenne für alles hast, das gesund und nachhaltig ist. Du bist eine großartige Ergänzung für das Team. Und es ist herrlich, mit dir zu arbeiten.

Tosha Silver – du bist genau zur richtigen Zeit in meinem Leben aufgetaucht, um mich an die göttliche Ordnung zu erinnern und daran, wie man sie nutzt. Mein Leben und mein Herz haben tiefe Heilung erfahren. Und eine neue Ära hat begonnen. Für uns beide. Und alles kann sich ganz schnell ändern.

Bob Fritchie – danke, danke, danke für deine Hingabe an die göttliche Liebe und dafür, dass du einen so praktischen Weg ersonnen hast, um dies allen auf der Welt zu verkünden. In persönlicher Hinsicht danke ich dir dafür, dass du immer für mich und meine Familie erreichbar bist. Danke auch dafür, dass du ein so guter Freund, Führer und Mentor bist. Ich schätze dich mehr, als Worte auszudrücken vermögen.

Doris E. Cohen – danke, dass du mich mit der Kraft der Träume verbunden hast. Und dass du diese Magie seit so vielen Jahren regelmäßig in mein Leben bringst.

Deborah Kern – danke für deine Freundschaft, dein Spiegeln, deine göttliche Präsenz, deinen Mond in den Fischen, deine Transformation. Für alles.

Melanie Ericksen, die berühmte Meerjungfrauen-Medizinfrau – ich empfinde so viel Dankbarkeit für die Neumond- und Vollmond-Zeremonien, die uns so wunderbar mit Mutter Erde, unserer Mondnatur und den Freuden der Freundschaft verbunden halten.

Priscilla Reynolds – danke dafür, dass du meine Seelenschwester bist, trotz der jahrelangen Trennung. Unsere Pfade und Geschichten erfreuen mich unbeschreiblich. Und das Beste kommt noch.

Ich danke all den erfahrenen und zuverlässigen Mitgliedern meines »Betreuten Lebens«-Programms hier zu Hause. Stephen Meehan, der mit seinem profunden Wissen über Pflanzen, Blumen und Schönheit in meinem Garten buchstäblich den Himmel auf Erden erschaffen hat. Der Garten bereitet mir so viel Freude und Vergnügen. Mike Meehan und sein Team für das Umgraben und Buddeln und die Baumpflege gut gelaunt um fünf Uhr morgens. Mikre Brewer, weil er seit Jahren der zuverlässigste und humorigste »Mann fürs Grobe« ist. Carlo Dorio, weil er mich vor jedweden Klempner-Notfällen gerettet hat und es eine Freude ist, mit ihm zu arbeiten. Vern und Mike Cassidy, Vater-und-Sohn-sind-beide-geniale-Elektriker, danke ich dafür, dass sie alles in Schuss halten und für »Erleuchtung« sorgen. Charlie Grover dafür, dass du seit Jahrzehnten so unerschütterlich und augenzwinkernd da bist und mich und mein Unternehmen mit so viel Ergebenheit und Humor unterstützt. Und Pat McCabe für das Housekeeping mit Sinn und Verstand und für die Liebe zu Mr Moon.

Ich danke meinen Brüdern und meinen unglaublichen Schwägerinnen John und Annie, Bill und Lori – eure Unterstützung, Liebe und Freundschaft werden immer wertvoller für mich. John, ich schätze dein betriebswirtschaftliches und finanzielles Wissen und deine Unterstützung. Wir müssen in einem vergangenen Leben etwas richtig gemacht haben, dass wir jetzt hier gemeinsam auftauchen und uns aneinander erfreuen können.

Meiner Schwester Penny und ihrem Mann Phil (der uns als seine »Schwester-Frauen« bezeichnet) – danke für die Cappuccinos, die Budwig-Frühstücke, die Workouts, die Spaziergänge am Strand. Für das partnerschaftliche, visionäre Team Northrup. Für eure Inspiration, eure Freundschaft und euer Lachen, mit dem ihr nicht nur mich, sondern auch viele Hundert andere bereichert.

Mom – ich danke dir für das Rückgrat und die Disziplin. Und dafür, dass du immer noch für so viele ein altersloses Vorbild bist. Möge das Leben für dich immer leichter und freudvoller werden.

Annie und Katie, meine schönen Töchter – ihr seid die Juwelen in meinem Leben. Ihr bringt es dazu, vor Schönheit und Freude zu singen. Und vor Bedeutung. Danke dafür, dass ihr mich als eure Mutter ausgewählt habt.

Penelope Ann, meine Enkelin – ich bin verzaubert von dir. Und von der Aussicht auf all die Abenteuer, die wir gemeinsam erleben können. Angefangen mit Feenhäuschen. Danke auch an deinen Vater Mike dafür, dass er ein so guter Dad ist.

Und schließlich danke ich Diane Grover, meiner Rundum-CEO – der Frau hinter der Frau. Du hast mich bemuttert, mich getröstet und mir beigestanden, als ich gelernt habe, in meine ureigene Mitte zu finden. Du bist mit deiner Liebe und Unterstützung sogar bei mir geblieben, als mir alles schwerfiel. Du bist ein unerschütterlicher und fröhlicher Bestandteil meines Lebens. Du zeigst mir, dass sich das Leben lohnt. Und Spaß macht. Du bist eine kostbare Perle. Komm bloß nicht auf die Idee, dich auf dein Altenteil zurückzuziehen.